# СОБЛАЗНЕНИЕ ПРИНАДЛЕЖАЩИЙ
## Соблазнитель
## Соблазнители
# - ЕЩЕ ОДИН
## банальность
# УПАНИШАДА
# : НАПОМИНАНИЕ ДЛЯ ВЕЧНАЯ ЖИЗНЬ

Автор Индерприет Каур

S-КУБ

*СОДЕРЖАНИЕ/ КАРТА ДЛЯ НАВИГАЦИИ ПО ЛАБИРИНТУ ЖИЗНИ*

ЭТАП ПЕРВЫЙ В ЖИЗНИ: КОГДА СЕРДЦЕ ПРАВИТ 7

ВТОРАЯ ФАЗА ЖИЗНИ: КОГДА ТЕЛО ВЛАДЕТ 130

ТРЕТЬЯ ФАЗА ЖИЗНИ: КОГДА МОЗГ ВЛАДЕТ 250

ЧЕТВЕРТАЯ ФАЗА ЖИЗНИ: КОГДА ДУША ЦАРЬ 350

ДОЖДЬ ЦВЕТОВ 460

СОБЛАЗНЕНИЕ СОБЛАЗНИТЕЛЯ СОБЛАЗНИТЕЛЕЙ
– ЕЩЕ ОДНА БЕСЦЕННАЯ УПАНИШАДА

# *ОТКАЗ ОТ ОТВЕТСТВЕННОСТИ*

*ЕЩЕ ОДИН БЛАГОДАРНЫЙ ОТКАЗ ОТ ОТВЕТСТВЕННОСТИ, КОТОРЫЙ НУЖНО ПРОПУСТИТЬ А-ХЕ-ХЕ…*

Это художественное произведение. Все персонажи — всего лишь инструменты, созданные Автором, чтобы показать важность нашего выбора в реальных сценариях. Любое сходство с реальными людьми, живыми или умершими, или с реальными событиями является чисто случайным.

## Copyright 2021 Индерпрет Каур

# ПРЕДИСЛОВИЕ / ПРИВЕТСТВИЕ

*Намаскар! \*\*\* Аааааааааааа \*\*\**
Услышав мой дикий смех, посмотрите, как сверкают ваши глаза от возможности какой-то дикой одноразовой встречи с нимфой из леса, однако использование слова из развитой древней цивилизации омрачает ваши горячие ожидания, как и сейчас. твой заинтригованный взор видит во мне какую-то умную женщину, в жилах которой течет кровь Риши, которая может увести тебя в темные кусты, а потом стыдливо исчезнуть! Однако, поскольку я действительно умен, я понимаю язык вашего молчания. Ваше молчание показывает мне, что вы достаточно заинтригованы, чтобы начать. Чувствуя воодушевление, я зачитал свое откровение: Чтобы я мог гарантировать вам плодотворное и значимое совместное путешествие до конца этого тома, мне потребуется пообещать мне, что вы полностью сосредоточитесь на мне и только на мне! В начале это может показаться скучным, но все же придерживайтесь этого, так как я обещаю, что самое интересное начинается со строки, которая идет после следующей строки!

Все эти линии, возникающие у тебя на лбу, как у философа, покажи мне все о суматохе, творящейся внутри! Твои мысли колеблются между тем, чтобы продолжать отбывать тюремный срок, удовлетворять ненасытные смертные нужды своей тупой жены в скучной жизни до вечности, или же оставить всех своих близких позади,

## СОБЛАЗНЕНИЕ СОБЛАЗНИТЕЛЯ СОБЛАЗНИТЕЛЕЙ – ЕЩЕ ОДНА БЕСЦЕННАЯ УПАНИШАДА

чтобы отправиться вместе со мной в новое путешествие к Планета Венера, где ваш ненасытный аппетит к развлечениям с каждым мгновением является требованием, в отношении которого мы никогда не идем на компромисс! Ты - кто еще не знает, что он уже раб вина, которое только я подаю!

Теперь я приближаюсь к вам на шаг, достаточно, чтобы рассеять любые сомнения относительно того, регулярно ли я принимаю душ или нет.

***Clicktiiclick***, я щелкаю пальцами, чтобы вернуть вас сюда из ваших глубоких мыслей. Я спрашиваю вас кокетливо: «Я сказал, Намаскар! Вы готовы начать?" С мошенническим видом ты довольно флегматично спрашиваешь меня: «А есть ли в конце счастливый конец?» Как я понимаю ваш вопрос, моя голова робко склоняется. С вздымаясь грудью, я ничего не говорю. Видя высокую страсть в моем ответе на твое желание, ты ухмыляешься. Видя себя развлекающимся и потенциал для того же впереди, вы готовы сделать все, что я хочу, поэтому, как и подобает королю, вы царственно поднимаете руку и произносите популярное изречение на санскрите: «Субхашам Шхайграм!» (На санскрите означает, что любая полезная задача: выполнить ее как можно скорее)! (Хорошая задача должна быть реализована в кратчайшие сроки!)'! ...

# МОЛИТВА В НАЧАЛЕ ЭТОГО ДЕЛА, БЕЗ ОЖИДАНИЯ ОТ НЕГО ВЗАМЕН

О, Знающий Знания всех Знаний, моя единственная просьба к тебе — никогда не исполнять мою молитву! Не потому, что ты всегда делаешь все по-своему, независимо от того, какой смысл мне спрашивать, а потому, что теперь я понимаю, что ты лучше знаешь, что лучше для меня в этом случае моего существования из многих других форм жизни, через которые я прошел. ...

Когда я падаю, моя вера в тебя колеблется, но потом благодарю тебя за то, что ты дал мне способность рассуждать, чтобы понять, что я пал не потому, что тебя нет или что я один сражаюсь в своих ежедневных битвах, а потому, что я сомневался в твоем существовании, потому что я ослушались или не смогли истолковать Твоего повеления, Твоих законов! Спасибо, что вовремя наказал меня, так что теперь, что бы я ни делал, я стараюсь делать это как можно ближе к тому, что вы бы наказали, таким образом, чтобы максимизировать мою общую прибыль...

СОБЛАЗНЕНИЕ СОБЛАЗНИТЕЛЯ СОБЛАЗНИТЕЛЕЙ – ЕЩЕ ОДНА БЕСЦЕННАЯ УПАНИШАДА

# РЕЗЮМЕ РАССКАЗЧИКА ДЛЯ ПОЛУЧЕНИЯ ПУБЛИКАЦИИ, ЧТОБЫ РАСКАЗАТЬ ЭТОТ ЭПОС ВАМ

## ВВЕДЕНИЕ

Истина сама по себе одна, но то, что придает смысл Наблюдателю, только тогда, когда рассматривается относительно! Например, возьмем Солнечную систему в качестве примера. В Солнечной системе планета Земля постоянно вращается — это утверждение является приемлемым фактом, который мы можем использовать в качестве основы для построения наших собственных тавтологий. Однако эта истина имеет значение для наблюдателя только тогда, когда он смотрит на нее по отношению к солнцу, в то время как при взгляде на себя истина, которая имеет значение, состоит в том, что она статична. Точно так же, как фиксировать истину как факт — это работа ученого, так и фиксировать истину, имеющую отношение к наблюдателю, — это работа поэта. Поскольку эта книга представляет собой попытку отразить точку зрения Поэтов, истории построены таким образом, что мы воспринимаем реальность по сравнению с событиями, происходящими во Вселенной нашей Героини Маюри. Какая сущность делает человека Маюри? Ну, во-первых, это имя означает павлин на санскрите. Подобно павлину, танцующему под дождем, взволнованно распускающему хвост, словно веер, демонстрируя огромную палитру богатых цветов в своей божественной славе, Героин тоже глубоко верит в необходимость готовиться ко всем различным возможностям в этом лабиринте змей и лестниц на каждом шагу. жизни! Хватит болтать об имени Героини этой Драмы, когда это имя всего лишь ярлык для ценностей, которые также присутствуют во всех людях, поскольку все мы плывем в одной лодке - Земля, как и она, так мудро мы сейчас перепрыгнем на следующая тема!

## КВАЛИФИКАЦИЯ

Почему вы должны выбрать меня, а не моих конкурентов, потому что я не просто наделена силой языка, но в отличие от большинства авторов, которые никогда не рожали сами, но пишут о родовой боли, испытанной во время родов, я пишу на основе своего опыта, который исходит от подвергаясь воздействию как восточного, так и западного стиля жизни, где в первой половине моей жизни это был восток, а другую половину моей жизни на западе, что означает, что это возлагает бремя быть тем **недостающим звеном** , которое необходимо для объединения восток и запад!

# СОБЛАЗНЕНИЕ СОБЛАЗНИТЕЛЯ СОБЛАЗНИТЕЛЕЙ – ЕЩЕ ОДНА БЕСЦЕННАЯ УПАНИШАДА

## ЗАДАЧА

*Нам нужны глаза того ребенка, который мог видеть то, что есть Очевидное, когда он, смеясь, кричал: «Император голый!»...*

Зачем вообще собирать знания из разных источников, когда все они должны говорить одну и ту же ложь, только завернутую в разные цветистые слова? Знания, полученные из таких источников, не только вводят в заблуждение, но и просто опасны! К сожалению, работа большинства авторов подобна тому пузатому священнику, преподающему другим уроки аскезы, и, таким образом, вот еще одна банальная Упанишада, чтобы заполнить эту пустоту! Эта работа - попытка спасти человека от этого великого огня низкочастотных сил, безжалостно пожирающего все и вся на своем пути! Этот огонь не похож на обычный огонь, который превращает все в пепел, но он хитер, поскольку он поглощает внутренности, обманывая человека, даже если он не знает о своих потерях!

Поведение большинства персонажей Священных Писаний имитирует реальные жизненные трудности, с которыми приходится сталкиваться большинству из нас. Большинству людей нравится верить, что они находятся в ситуации, не похожей ни на что другое, но как только они начинают смотреть как третье лицо, они невероятно удивляются, узнав, насколько они ошибались! Теперь они могут видеть, как поведение персонажей в похожих ситуациях ведет себя одинаково, только имена изменились! Единственный случай, когда мы находим исключения, - это когда мы имеем дело с людьми, которые отказываются идти на компромисс со своей Свободой жить своей жизнью, которая верна их сущности, их этическому я! Это литературное произведение поможет вам найти эти компрометирующие ситуации, а затем использовать методы, которые помогут вам защитить свое сердце в этот век, когда каждое сердце становится мишенью, заменяя его камнями, с пугающе тревожной скоростью!

Это произведение литературного искусства пытается привлечь внимание к объединению востока и запада буквально и востока и запада метафорически, где восток относится к внутреннему миру, а запад — к внешнему, объединяясь для борьбы со всеми проблемами, которые угрожают этому прекрасному творению, теперь основанному на Ведические Принципы, иначе его там нет...

## ОПЫТ

Чтобы передать это послание, чтобы найти свою жажду Вечной Истины, подобно змее, я сбросил эти смертные шкуры пола, цвета, национальности, таксономии, чтобы испытать небытие, понятие «шунья»/ноль на санскрите, чтобы увидеть очевидное...

## АРХИТЕКТУРА

Ты во мне, а я в тебе, так что кому как не мне не понять твоего постоянного ненасытного аппетита к развлечениям с каждой минуты до Таким образом, в отличие от большинства нарративов, которым нравится структурировать свое изложение по мере его развития во времени, я тоже использую этот подход, но только не в традиционном монолитном стиле. Я добавляю в него специю Масала, делая его гибридом, скрещивая его с управляемой событиями структурой!

# ЭТАП ПЕРВЫЙ В ЖИЗНИ: КОГДА СЕРДЦЕ ПРАВИТ

*Песня, которую поет одинокий соловей,*

*Когда люди слышат, они думают, что это для любовника, который забыл ее,*

*Не понимая, что эта тоска в песне для каждого сердца, которое резонирует со сладкой болью.*

*а ведь это ни для кого...*

СОБЛАЗНЕНИЕ СОБЛАЗНИТЕЛЯ СОБЛАЗНИТЕЛЕЙ
– ЕЩЕ ОДНА БЕСЦЕННАЯ УПАНИШАДА

# ФУНДАМЕНТ

*Что может быть лучше для меня, чтобы заложить фундамент моей семьи, чем священное баньяновое дерево!*

*Секрет его бессмертия? В отличие от его груш, которые не могут преодолеть свои ограничения движения только вниз, они могут двигаться и вверх...*

## ПЕСНЮ СОЛОВЬЯ - 'ТУ ТА ТУ ТА ТУ'

*Песня соловья должна быть визитной*

*карточкой красоты,*

*когда мои ноги возбуждаются,*

*танцуя под бессмертную песню-Любовь,*

*когда играет волшебная флейта...*

### ЧИРП -ЧИРП!

«Мааааааммммми... Мы только что закончили интернет!»

Бедная мамочка! Часто содрогается от мысли, что если когда-нибудь ее старшая дочь Маюри, которой сейчас восемь лет, и младший сын Чандрашекхар, которому сейчас четыре, исчерпают свои мошеннические игры и уловки, которые волшебным образом исходят из какого-то бездонного колодца. воображения и любопытства, у которого нет ни начала, ни конца! И когда придет этот день расплаты, она предстанет перед их расстрельная команда одна! Подобно Уроборосу, змее, пожирающему собственный хвост, их вопросы тоже демонстрируют круговой характер. Пример? «Мамочка, что было раньше, курица или яйцо?» Звучит просто для ребенка, но для мамы это ситуация «сделай или умри», потому что теперь на карту поставлена вся ее репутация мудрой женщины! Если она потерпит неудачу, ее дети могут никогда не воспринимать ее всерьез, а если нет, то они всегда будут подчиняться каждому ее слову как евангелию! философское отступление также исчезло!

Пока мать Адити была занята на кухне, готовя еду, чтобы подать ее своим маленьким чертям и отцу маленьких чертиков - самому Воплощенному сатане, дети также были заняты на крыше, еще раз радуясь счастливому событию, связанному с тем, что их старые дети отправляются на покой. тряпичная кукла и замена ее другой игрушкой. Мать не выделяет никаких средств на покупку игрушек, но на этот раз она подумала, что выбор качества над количеством поможет занять детей на долгие годы, поэтому на этот раз она купила дорогую игрушку-соловья. Мастер, должно быть, провел много бессонных ночей, чтобы сделать это механическое чудо, высокая себестоимость которого оправдала изделие - холеный соловей с красивым хвостом, красивой окраской и блестящим телом. И чтобы сделать его еще более особенным, внизу есть маленькая кнопка, которая при нажатии поет.

Вскоре он стал источником отличного развлечения для детей и всех детей по соседству. Поиграв с соловьем несколькими способами, исчерпав все новые возможности , маленький Чандрашекхар вздохнул, бросив птицу на колени старшей сестре, со скучающим выражением лица воскликнул: «С меня хватит! она поет, я готов биться головой о стену!" Маленькая старшая сестра Маюри серьезно относится к угрозе, так как она сама достигла этого порога, поэтому начинает чесать затылок, найти какую-нибудь новую игру, чтобы поиграть с игрушкой, которая удовлетворит их чудовищный аппетит к веселью и, что более важно, также спасет жизнь ее брату! Настал момент озарения, когда она начинает хлопать в ладоши и с обычным для нее энтузиазмом восклицает: «У меня есть блестящая идея, но для того, чтобы я раскрыла план, вам сначала придется дать клятву хранить тайну от матери. Само собой разумеется, почему, когда вы стали такой же жертвой, как и я, от ее непредсказуемых извержений вулканов!»

Широко раскрыв глаза, он проницательно спрашивает: «Ну хорошо! Каков план?» Она шепчет ему на ухо секретный план, опасаясь, что настоящие соловьи могут услышать их коварный план, а затем разрушить его, пожаловавшись на их проделки своей матери! «Послушай же! Почему бы не бросить птицу с самой верхней точки крыши, чтобы посмотреть, как наша милая птичка летит вниз, а затем издает громкий треск!»

План интуитивно обращается к его озорному уму. Он дает свое нервное согласие, внося свой вклад в план, делая его более захватывающим, калеча его тело. Маюри теперь вдвойне довольна: во-первых, от радости увидеть настоящий снос , а вторая причина также скрыта от ее соучастника в преступлении, так как это радость от проверки ее силы убеждения, даже если это касается ее собственного брата. , который намного моложе!

Не сообщая никаких подробностей своего плана никому, особенно всей убийственной Ма, как можно тише, маленький монстр мчится как можно быстрее, чтобы добраться до самой верхней точки на крыше, делая спорт из своего мини. -гонка к самой вершине! Маленький Чандрашекхар отрывает крылья, чтобы посмотреть, летает ли он еще, прежде чем его ждет участь смерти и лицемерия! Он размахивает руками и произносит команду по-военному: «1 2 3 Вперед!» Летя вниз, птичка не забывает весело петь и говорить свои последние самые важные слова этому большому нехорошему миру - "Чирик, чирик"...

Прятки

Удовольствие от уничтожения малышами своей любимицы и мамы, самая дорогая покупка для любой игрушки, вскоре испаряется, когда они слышат голос приближающихся шагов своей мамы! Они смотрят друг на друга с разинутыми ртами, прежде чем улететь, чтобы спрятаться за колонной. Стойте тихо, недоумевая, почему матери должны быть такими глупыми? Спорить с ней не мудрость, а самоубийство! Так как они любят свою жизнь, они не возражают, как будто они когда-либо в конечном итоге оскорбляют ее, даже если случайно, это их шея на алтаре нарциссического и биполярного тирана. Они молчат.

Мама, полностью вооруженная своими интуитивными способностями, которые естественным образом приходят к женщине, когда она становится матерью, слышит далекий чирик-чирик, не понимая, то ли это ее уши с возрастом начали шалить, то ли это какая-то другая уловка. ее маленькие дьяволята, чтобы наконец запереть ее в сумасшедшем доме, поскольку звук, который, как ожидается, исходит сверху, вместо этого исходит снизу! Она вопросительно смотрит вниз, и на самом деле это не должно было быть таким большим сюрпризом, но все же, очевидно, это было так, поскольку она снова протирает глаза в недоумении, увидев, как все ее худшие страхи обретают форму!

## СОБЛАЗНЕНИЕ СОБЛАЗНИТЕЛЯ СОБЛАЗНИТЕЛЕЙ – ЕЩЕ ОДНА БЕСЦЕННАЯ УПАНИШАДА

Она задается вопросом: «Мои глаза, как взрослые, совершенно не видят никакой красоты в разрушении, которое видят эти дети! Разве детский мозг — большой извращенец, который видит красоту и удовольствие в разрушении, особенно любого красивого предмета, достойного поклонения, да еще и самым жестоким образом?! Господь помилуй! Поскольку это также наводит меня на мысль, что, когда я был ребенком, я, должно быть, был большим извращенцем, поскольку я, в конце концов, являюсь Шаблоном, из которого родились эти маленькие извращенцы!»

«Вы, маленькие монстры!» — восклицает она, одновременно сканируя комнату в поисках пластиковых тапочек. Они предназначены для ходьбы, но, к сожалению, ее гиперактивный извращенный мозг порождает коварные идеи, которые могут быть только детищем очень тиранического ума! так как дети - ее подпись с половиной, поэтому в предвкушении они уже противостояли этому, безопасно бросив их за гору сложенных сундуков и чемоданов, гарантируя, что туда никогда не вернется враг!Обнаружив, что ее перехитрили, она теперь получает вдвойне сердитый. Не тот, кто быстро спустится она вместо этого переключает свое оружие в руку. Итак, она переключает свое оружие в свои сильные руки в качестве инструмента для порки и бежит за своими детьми, выкрикивая непристойности, которые очень не подобают любой религиозной и набожной женщине! Она начинает безжалостно шлепать их с силой, которой просто достаточно, чтобы поранить муху. Дети жалеют ее, так как это наказание кажется ей больше, поскольку их кожа теперь слишком толстая, чтобы чувствовать боль, а ее хрупкие руки начинают чувствовать боль от собственных побоев! ...

Искренний совет: почему любая здравомыслящая мать захочет убить собственное творение? Ну ответ кроется в твоем вопросе, батенька, что они НЕ В РАЗУМЕ. Они биполярны. Итак, сделайте свой дом океаном от вашей матери! Страх не в том, что вы можете ужасно скучать по ней, страх в том, что она тоже может прийти туда!

СОБЛАЗНЕНИЕ СОБЛАЗНИТЕЛЯ СОБЛАЗНИТЕЛЕЙ
– ЕЩЕ ОДНА БЕСЦЕННАЯ УПАНИШАДА

# БАЗОВЫЙ КОНСТРУКТОР ДЛЯ ДЕРЕВА БАНЯНА БИРГИ-ГАЙ

## МАТЬ РАСПИЛЕНА / РАЗДЕЛ ИНДИИ И ПАКИСТАНА, 1947 Г.

*Когда Дьявол добился своего...*

Какая пародия на семьи Гхаи и Бирги, которым пришлось увидеть, как их собственная Родина распиливается на две части!

Дедушка Шри Рам из Маленького Аакааша Бирги чувствует, как холодок пробегает по его спине, когда он становится свидетелем того, что, должно быть, является одним из тех ужасных событий во всей Истории Человечества, когда он видит копье ненависти, пронзившее сердце Матери-Индии, в один миг. самой леденящей кровь и душераздирающей оргии крови, что даже камни, должно быть, начали проливать кровавые слезы!

Шри Рам чрезвычайно привязан к месту своего рождения, настолько сильно, что он скорее умирает, чем переезжает в другое место, но в тот момент, когда он слышит историю о младенце, которого вырвали с колен матери, а затем жестоко убили, он обнаруживает, что изменить свою позицию! Он видит в этом сообщении скрытое послание, которое Божественное пытается донести до него, что пришло время ему вместе с его семьей уйти, поскольку Земля, которую он всегда любил, потому что она плодородна для людей. процветать, но теперь он изменил свою природу, как теперь вместо этого для дикарей!

Он не забывает благодарить эту новость, ведь если бы не это, он до сих пор жил бы с ложным чувством безопасности, которое может создать дезинформация или незнание фактов! Дело в том, что в стране, где правоохранительные органы либо слабы, либо коррумпированы, все наши ценности в опасности! То, что мы видим сейчас, это то, что все наши худшие страхи принимают форму этого демона, который остановится только тогда, когда бесплатно украдет всю нашу землю, продаст нас, наших женщин и детей в рабство! ...

Добравшись до Дели, он начинает поиски любого дома. К своему большому разочарованию, он обнаруживает, что все дома, которые он встречает, либо уже заняты Мускулистыми людьми, либо владельцами-мусульманами, которые все еще достаточно храбры, чтобы противостоять шторму! Потом разочарование за разочарованием. Шри Рам устал, но голос надежды говорит ему не сдаваться. Защитник всех Защитников позаботится о том, чтобы его усилия были вознаграждены! Повинуясь этому голосу, он продолжает свои поиски. Он замечает дом, который выглядел неухоженным. Даже дверь выглядела незапертой, как будто Хозяин был кем-то, кто больше не ценил свою жизнь! Он не знает, что на него нашло, и прямо врывается в дом! Перед ним пожилая женщина лет восьмидесяти пяти. Их взгляды встречаются. Он начинает смотреть на дверь, чтобы уйти. Увидев, как он уходит, она очень любопытно просит его остановиться и уйти только после того, как ответит на ее вопрос. Он терпеливо ждет.

Старушка: «Ты пришел сюда, чтобы убить меня, но теперь, когда я стою перед тобой, вместо того, чтобы убить меня, ты поворачиваешься спиной, чтобы уйти! Почему?"

Шри Рам: «Это не столько из-за жалости к убийству кого-то, кто слабее меня, что противоречит моему этическому я, сколько из-за того, что, вопреки распространенному представлению о том, что побеждает тот, у кого больше мышечная сила, в то время как на самом деле победителем выходит тот, у кого в руках самое эффективное оружие разрушения! Так что, даже если вы старая леди, которой нужна помощь, чтобы добраться до ванной, все еще с пистолетом в руках, вы сильнее!»

Услышав это замечание, старушка начинает смеяться! Он ошеломлен, так как никогда не слышал, чтобы кто-то так громко смеялся над чем-то настолько серьезным!

Шри Рам: Я видел, как люди смеялись над самыми странными вещами, но никогда так много, и это тоже над чем-то настолько серьезным! Это не имеет для меня никакого смысла! Пожалуйста, разгадайте эту тайну до того, как я умру, не из-за депрессии от страха и ужаса, написанных на каждом лице, которое я вижу вокруг себя, а из любопытства!

Старушка: Единственное сожаление в моей жизни состоит в том, что, несмотря на то, что я знаю, что только пройдя через множество форм жизни, мы получаем эту человеческую форму, я до сих пор не смогла сделать ни одной работы настолько великолепной, чтобы я могла получить любое место. в раю!

Итак, моя скромная просьба к вам: сначала пообещайте мне, что вы сделаете все, о чем я вас попрошу, чтобы я достиг своей Цели?

Шри Рам: «С пистолетом рядом с тобой я сделаю все, что угодно!»

Старая Леди: «Я не хочу, чтобы мысль о жалости к старой леди омрачала твой разум! Убедитесь, что вы меня убьете, потому что даже если бы я давно умер, моя привязанность к этому жалкому трупу не исчезла! Итак, я хочу, чтобы вы сделали эту услугу для меня! Таким образом, вы получите хорошие очки Кармы за то, что из милосердия убили меня, а меня за то, что я пожертвовал собой, отдав что-то ценное тому, кто нуждается в этом больше, чем я...

Шри Рам: «Мусульманка предлагает мне пожертвовать своей жизнью только для того, чтобы помочь мужчине-индусу, а это значит, что причина этой войны не имеет ничего общего с религией!

Это событие помогло приоткрыть завесу религиозных предубеждений, чтобы увидеть, как ложная пропаганда искажает истинную картину для нас, нас, тех девяноста восьми процентов, кто становится жертвами, главным образом потому, что мы получаем новости после того, как ущерб нанесен! Разум, стоящий за этими заговорами, опьянен их Силой, думая, что никто не смотрит, не понимая, что, когда Ям, Посредник Смерти, орудует своей палкой, они заплатят суровой дорогой!

Теперь мои сознательные глаза могут видеть, что проблема заключается в учении, которое обучает людей обращать других в принятие их образа жизни! Это учение противоречит тому, как мы видим, что Создатель Всех Создателей сотворил этот Мир! Все разные религии должны уважать чью-либо веру, даже если они думают, что их вера правильная, точно так же, как окрашивание всего мира в один и тот же цвет разрушит всю его красоту, сделав даже самое красивое самым скучным, мы позволяем этому быть! Когда в Науке Тавтологии основание оказывается ложным, все предположения, основанные на нем, также считаются Ложными и, даже если к этому было приложено много усилий, отбрасываются, так почему же тогда мы все еще следуем Книги, которые утверждают, что Земля плоская, а не Книги ведической науки, чьи открытия не ограничиваются только тем, что Земля круглая, но еще много других открытий, которые невозможны без знания передовых методов?! Теперь я вижу настоятельную необходимость полной реструктуризации того, как мы видим нашу Землю, путем переноса концепции отдельных Стран на одну Страну, которая представляет всю Мать-Землю в ее целостности, то есть состоит из более мелких управляемых автономных единиц. которые являются самостоятельными единицами, что помогает свести к минимуму области конфронтации, поскольку было обнаружено, что основная причина большинства войн находится в моменте времени, когда зависимости не выполняются эффективно!

## СОБЛАЗНЕНИЕ СОБЛАЗНИТЕЛЯ СОБЛАЗНИТЕЛЕЙ – ЕЩЕ ОДНА БЕСЦЕННАЯ УПАНИШАДА

Он закрывает глаза, образ его маленькой дочери Шивдеви появляется в его бхумадхье (область на лбу между бровями, также называемая третьим глазом), когда палец на спусковом крючке становится достаточно твердым, чтобы выпустить пулю! На стенах появляются пятна крови, образующие узор, напоминающий ему Тришул, трехконечное копье, которое держит Господь Шива! Он пытается и пытается стереть, но все еще не знает, почему его острые глаза все еще могут различать их темные тени…

Позже, когда его маленькая дочь Шивдеви слышит об этом инциденте, она не знает, почему это напоминает ей эпизод, когда Шри Кришна из эпоса Махабхарата крадет масло, поэтому она тоже начинает называть его Маханчхор (Масляный вор) среди многих других его любящих. имена …

## 1943 КОНСТРУКТОР (ААКААШ, СЕМЯ)

*Я — семя для создания моей империи, где каждое последующее поколение будет нести мою подпись...*

Ценность Отца даже выше, чем Аакаш (Небо на хинди), это подтверждают все мудрецы всех времен! Итак, когда Шри Картар Сингх Бирги назвал своего младшего Сына Аакашем, он и не подозревал, насколько хорошо его имя подходит для важной роли, которую он будет играть в будущем как отец для своих детей...

Самым большим преимуществом быть младшим среди восьми братьев и сестер является то, что ему никогда не придется прибегать к каким-либо нездоровым средствам, чтобы привлечь внимание, как той женщине, которая сожгла свой собственный дом, чтобы привлечь внимание, поскольку он уже в изобилии получает его от каждого члена семьи. !

Будучи мужчиной-Козерогом, он обладает разносторонней личностью. Чернокожий, сильный и хорошо сложенный, он также был благословлен разумом, о котором молились все его груши! Большинство вычислений, которые его груши даже не могут сделать, он может решить все эти длинные и неуклюжие вычисления в уме сам! Единственным источником заработка является храм, где настоятелем служит отец - Сардар Картар Сингх. Мать Аакааша - Мата Шивдев Каур - невероятно красивая женщина, и, опасаясь гнева женско-либеральных ассоциаций, мы не будем называть ее машиной для рождения детей, но как только они услышат это число, есть вероятность, что они немедленно отменят свое возражение, так как число является суммой всех пальцев обеих рук вместе взятых – большая жирная десятка!

Происходя из сильного религиозного прошлого, он растет с глубоким знанием священных писаний. В юности он решает стать социологом по призванию в правительстве Индии, а в качестве хобби - писателем / поэтом. Таким образом, прозаичность стабильной работы компенсируется впрыскиванием горькой правды в его стихи. Ирония и острота в стихах его стихов в конечном итоге раздражают многих, особенно когда мишени лицемеров оказываются с изображенными персонажами, что делает его собственного персонажа более равноценным.

## 1947 КОНСТРУКТОР (АДИТИ, ГЛИНА)

*Я глина, вместилище для создания его
империи такой, что подпись нашего союза,
которая будет присутствовать в каждом
последующем поколении...*

Еще более цельным, чем любой Океан, является прощение матери, об этом свидетельствуют все мудрецы всех веков! Итак, когда Шри Гопал Сингх Гхай называет свою четвертую Дочь из шести Адити (Мать Бога Солнца, Эпос Рамаяна), мало ли он подозревал, насколько хорошо ее имя подходит для той важной роли, которую она будет играть в будущем. как мать своим детям...

Отец Адити - Шри Гопал Сингх (имя происходит от одного из многих имен Господа Шри Кришны), уволившись с военной службы, начинает небольшой бизнес по продаже запчастей для мотоциклов и велосипедов, чтобы удовлетворить потребности семьи. Это высокий и хорошо сложенный мужчина, сложенный как воин, как человек, который не только защищает свою жену и детей, но и жену и детей других семей от нежелательных захватчиков. Военная подготовка дала ему не только сильные руки, но и самодисциплину и структуру, необходимые для того, чтобы вести наполненную смыслом жизнь и служить источником вдохновения для его детей.

Мать Адити – Ма Агья Каур Гхай, причина красоты дочери – невероятно красивая женщина, наделенная прекрасными острыми индийскими чертами лица и не менее прекрасным умом. Ее дочь Адити всегда чувствует себя в долгу перед красивой белой кожей, острыми точеными чертами лица, как у лебедя, и еще более прекрасным умом, который, как шипы с цветком розы, всегда помогал ей в защите!

Будучи семьей, где все члены семьи занимаются семейным бизнесом в качестве источника дохода, формальному образованию уделяется меньше внимания, чем изучению семейного бизнеса. И поэтому Адити становится более похвально, когда она преодолевает все препятствия и получает степень по английской литературе, а позже, когда она получает степень магистра, учится, пока ее сын спит у нее на коленях!

Адити — женщина, наделенная острым умом, который помогает ей побеждать всех в каждой области, и это тоже с умопомрачительным отрывом. То, что ее победа не является случайным вмешательством судьбы, ясно из того, что это событие повторяется из года в год!

S-КУБ

## АБСОЛЮТНАЯ ЧИСТОТА - БРАК НА ВЕЧНОСТЬ

*О моя рабыня полная луна,*

*Ты сияешь для меня в небе, моя милая сияет для меня на земле,*

*Луна вверху совершает свои движения изящно, моя луна внизу совершает и здесь движения, совершает свои движения незаметно ко мне,*

*Мои глаза терпеливо ждут дня, когда моя луна осветит меня своей полной силой, как полная луна наверху,*

*Я проведу всю ночь, глядя ему в глаза,*

*Все мое тело неподвижно, как ночь, его тело также неподвижно, как звезды,*

*Я не позволю такой ночи когда-либо закончиться,*

*Я свяжу эту ночь крепко веревками своих ресниц, и не дам луне исчезнуть!*

СОБЛАЗНЕНИЕ СОБЛАЗНИТЕЛЯ СОБЛАЗНИТЕЛЕЙ
– ЕЩЕ ОДНА БЕСЦЕННАЯ УПАНИШАДА

### ЕЕ ВЕЧНОЕ ОЖИДАНИЕ?

Красота Адити заставила даже прекрасную луну склонить голову в его почтении. Ее завораживающая красота — большое благословение, но это же благословение становится причиной и ее проклятия! Это абсурд, вы должны задаться вопросом, как что-то, что является благословением, может быть также и проклятием? Что ж, в самом деле, в обществе нет недостатка в красивых молодых мужчинах, но та же самая красота становится проклятием, потому что теперь она должна научиться скрывать свою красоту от нежелательных стервятников, которые чуют кровь за много миль, и поэтому налетают на нее, чтобы принести в своем замке против ее воли! Итак, чтобы избежать ненужных осложнений, она одевается просто, с минимальным количеством украшений и минимальным макияжем, чтобы она могла спокойно сосредоточиться на учебе в колледже, прежде чем выйти замуж.

Ма Агья (имя, означающее «Просьба» на санскрите), мать Адити — очень умная женщина. Из тех, кто может пересчитать крылья любой далеко летящей птицы! Как любящая и заботливая мать, она хочет для своей красивой и воспитанной дочери самого лучшего, высокообразованного мужчину. Однако все вокруг нее уже начали смеяться над ее ожиданиями, поскольку она уже бросила вызов нормам, отпустив свою дочь в колледж, в то время как большинство мужчин в сообществе не имели даже среднего образования, как из-за неблагоприятных обстоятельств, созданных из-за Разделение между Индией и Пакистаном большинству мальчиков пришлось пожертвовать своими потребностями в образовании ради поддержки мужчин в ведении своего бизнеса. Что не является хорошей новостью для супружеских перспектив Адити, поскольку теперь для образованной женщины количество подходящих холостяков из пула возможностей теперь составляет менее одного процента! Узнав обо всей этой статистике, она полна ужаса перед большой вероятностью долгой одинокой жизни впереди! Страх начинает расти и поглощать ее изнутри день и ночь каждый раз, когда она слышит об отказе ее мудрой матери за отказом от предложений из-за их неграмотности!

Когда Ма Агья входит на кухню, где ее дочь сидит возле глиняной печи и готовит чапати (индийский хлеб), погрузившись в глубокие размышления, она спрашивает ее, в чем причина беспокойных морщин на ее лбу. Адити высказывает свои сомнения: «Что со мной будет? Буду ли я жить обузой для своих братьев! Придется ли мне терпеть насмешки людей, презирающих мои способности и смеющихся надо мной за моей спиной? Сможете ли вы когда-нибудь найти мужчину, достойного вашей хорошо образованной дочери?» Когда Ма Агья видит, что ее дочь Адити проявляет признаки срыва под давлением необходимости найти мужчину в ближайшем будущем, она смеется! Затем, объясняя ей большой секрет своего спокойствия по поводу чего-то, что было большой причиной беспокойства ее дочери, она говорит: «Моя дорогая прекрасная дочь Адити, ты сама говоришь мне, что терпение — это добродетель, но у тебя самой ее нет! **Иметь веру! Когда вы каждый день молитесь о хорошем Муже и все же сомневаетесь, получите ли вы его когда-нибудь, это сводит на нет все преимущества молитвы или вашей веры!** Верьте в судьбу и ее таинственные пути, нам неизвестные, как они работают, как работают. Мужчина, которому суждено стать вашим мужем, уже родился для этой цели. Так что мужайтесь, и он сам найдет к вам дорогу!»

Услышав слова Матери Агьи, Адити теперь находит новую надежду, когда она с радостью говорит себе свое новообретенное откровение: «Я подобна сорняку марихуаны, чье безумие растет, когда ему не дают размножаться, и все же это безумие — именно то, что мне нужно, как сейчас, все мои чувства в полной силе, передают невидимые, тайные сообщения, предназначенные для моего возлюбленного, чтобы расшифровать, и когда это хорошее время придет, он придет в мою скромную обитель, которую я готовил для его приветствия, чтобы начать новое будущее вместе».
В следующее мгновение раздается звонок в дверь. Сердце Адити замирает, она бежит открывать дверь, прижимая руку к груди и говоря себе: «Это он?» Нет. Это почтальон.
...

## СЛАДКОЕ НЕДОРАЗУМЕНИЕ

Как только мать-дочь закончили разговор о том, что мужчина, предназначенный для нее, придет к ней сам, в ответ на их молитвы приходит предложение от семьи Бирги. Однако, оказывается, предложение сделано не нашему Герою нашей истории Аакаашу, а его старшему брату Махиндеру! Аакааш ждет женитьбы своего старшего брата, поэтому по соглашению он женится только после того, как его брат женится.

С большой надеждой и волнением принимается предложение Бирги. Оба брата решают пойти туда вдвоем, на вечер приглашения на чай с закусками. Адити счастлива, но слишком застенчива, чтобы попросить свою мать сфотографироваться, и Агья подумала, что, поскольку уже слишком поздно обменяться фотографиями, это не должно быть большой проблемой, поскольку они увидят друг друга лицом к лицу.

В назначенный день оба завидных жениха вместе встречаются с Адити. Парень, о котором идет речь, слишком хорошо одет в свой лучший костюм, который у него был, с добавлением блестящего галстука для некоторых спецэффектов, чтобы скрепить сделку с будущей невестой Адити. Аакааш оделся более небрежно, чтобы не украсть шум у потенциального жениха, вооружившись советами, которые пригодятся, когда придет его время.

Дуэт прибывает на чаепитие в нужное время. В воздухе витает волнение. Махиндер нервничает от волнения. Оба с нетерпением ждут, чтобы увидеть лицо будущей невесты. Мать Агья усадила дуэт, и как только приветствие с обычными любезностями закончилось, Аакааш шутит: «Когда мы увидим Ид-ка-чханд?» Агья улыбается и говорит: «Позвольте мне попросить Адити принести чай с горячими самосами в качестве закуски». Когда входит Адити, медленно держа поднос с чаем в руках и склонив голову, они чувствуют, что их ожидание хорошо вознаграждено. Установив поднос, она поднимает глаза только для того, чтобы увидеть мужчину перед собой, предполагая, что она встретится взглядом с мужчиной. Мужчина впереди оказался Аакаашем, младшим братом настоящего человека, о котором идет речь!

Глаза Адити встретились с глазами Аакааша, и у него были чувства, которые неуместны для мужчины к женщине, предназначенной для его брата! Он тут же энергично замотал головой, чтобы выйти из-под чар, наложенных на него красотой Адити. Лицо Адити покраснело до темно-красного цвета и выдало ее секрет развития любви к Аакаашу, что она тоже находится под тем же заклинанием! Тайно она принимает Аакааша в мужья.

Теперь Махиндер понятия не имеет о тайном

## СОБЛАЗНЕНИЕ СОБЛАЗНИТЕЛЯ СОБЛАЗНИТЕЛЕЙ – ЕЩЕ ОДНА БЕСЦЕННАЯ УПАНИШАДА

общении, которое только что произошло между Аакаашем и Адити... Присутствие Адити просто пугало его. В своем волнении он едва мог говорить и сидел неподвижно и неловко в своих манерах. Всякий раз, когда он открывал рот, чтобы заговорить, его язык выдавал его, и поэтому наиболее точное описание слов, вылетающих из его рта, — «бессвязное заикание»! В замешательстве он пролил чай на свою белую рубашку, и тут же раздался ужасный крик! Он действительно выглядел неуклюжим человеком, и никто не может винить Адити за то, что она указала на него пальцем и разразилась неконтролируемым смехом, и все это было нацелено на него. Махиндер очень обижается и встает, готовый уйти.

Теперь, указывая на нее пальцем в ответ, он выходит из себя и гневно говорит Адити: «Ты гордая женщина, твой смех несет в себе семена твоей гибели!» Мать Адити, Агья, тоже охвачена гневом, когда он выпаливает: «Ваша дочь оскорбила меня, посмеялась надо мной, я никогда не женюсь на этой непослушной женщине!»

Адити просто посмотрела на свою мать, а затем на землю, сбитая с толку обвинением и большим непониманием переключателя!

Мать Агья начала извиняться за Адити, которая не сказала ни слова. Аакааш сказал все, чтобы успокоить брата, но все его лицо было красным от гнева и он собирался уйти. Аакааш выходит вперед и говорит: «Я не хочу, чтобы кто-то был обижен из-за недопонимания. То, что Махиндер считает большой проблемой, Адити считает тривиальной! случится и в будущем! Поэтому было бы благоразумно не жениться на Адити. Теперь, сказав, что я хотел бы внести на стол новое предложение».

Затем Аакааш смотрит на Мать Агью, чтобы благословить ее разрешением жениться на ее дочери Адити. Мы не хотим оставлять дом Гхаи с горечью и

враждой на всю жизнь, поэтому, если Адити согласится, я хотел бы сделать шаг вперед и взять Адити в жены». кивок скрепляет сделку.
Брат Махиндер также чувствует облегчение от результата и бесконечно благодарен Аакаашу за то, что он пожертвовал своим будущим, женившись на такой тщеславной женщине, просто чтобы сохранить фамилию, в то время как Аакааш задается вопросом, как прекрасно его блестящий ум пришел на помощь и все уладил. как горох в стручке. Теперь и ему, и его старшему брату до конца вечности предстоит наслаждаться плодами его маленького белого фокуса! С этой мыслью довольный Аакааш сам готовит для всех еще чая для новой порции чая, к большому удовольствию Матери Агьи.

    Они выбирают простую помолвку между Адити и Аакаашем, а затем ждут, пока старший брат найдет себе невесту, чтобы они могли пожениться в тот же день на той же церемонии. Достаточно скоро старший брат Махиндер находит себе пару, и обе пары женятся в одно и то же время. Обе пары выбирают один и тот же пакет для медового месяца, чтобы отправиться в красивые горы в Найнитале, штат Химачал-Прадеш, Индия.

    Удвойте хлопоты, удвойте удовольствие!

СОБЛАЗНЕНИЕ СОБЛАЗНИТЕЛЯ СОБЛАЗНИТЕЛЕЙ
– ЕЩЕ ОДНА БЕСЦЕННАЯ УПАНИШАДА

## РОСТКИ

*Когда рождается ребенок,*

*ребенок плачет, возможно, потому, что он*

*еще помнит о своих прежних рождениях,*

*что жизнь — не ложе из роз, а беспощадный*

*тиран, который без колебаний щелкает*

*кнутом, когда кто-либо нарушает*

*космические законы...*

**ПРОИЗВОДНЫЙ КЛАСС, 17 МАЯ 1973 Г. АДИТЬЯ ХРУДУЯМ (ГИМН, НАПИСАННЫЙ ВО СЛАВУ СОЛНЦА, НАЙДЕННЫЙ В ЭПИЧЕСКОЙ РАМАЯНЕ).**

*Как дитя, выходя из темного лона матери на*

*свет, плачет,*

*мы, взрослые, тоже должны теперь*

*утешаться нашими срывами,*

*так как этот момент должен быть как*

*сообщение*

*от Божественного,*

*что смерть тьмы началась,*

*освобождая место для новой реальности,*
*чтобы проснувшийся глаз мог прорасти...*

Пара празднует годовщину свадьбы, еще не подозревая, что это повод для двойного празднования, ведь дар Вселенной уже прижился, связав будущее пары вместе еще на долгие годы блаженного единения!

Что может быть более благоприятным временем, чем семнадцатое мая, около двух часов дня, когда Животворящее-Отец-Солнце находится ближе всего к Матери-Питательнице-Земле! Под Его лучезарным изобилием девочка-Телец выпрыгивает из чрева Матери Адити, освобождая ее от всех строгих правил диеты, которым она следовала, чтобы защитить развивающегося ребенка от любого дискомфорта!

Мать радуется своей победе, когда видит Белое в своей смуглой дочери, Отец радуется своей победе, когда видит Черное в их смуглой дочери, а все вокруг радуются, видя этот уникальный экземпляр плода, который кричит на все мир красота той грешной ночи, когда семя пустило корни!

Увидев, как их дочь каждый раз, когда идет дождь, начинает танцевать, как пьяный павлин, они со смехом решают назвать ее *Маст Маюри, Пьяный павлин, танцующий под дождем ...*

# СОБЛАЗНЕНИЕ СОБЛАЗНИТЕЛЯ СОБЛАЗНИТЕЛЕЙ – ЕЩЕ ОДНА БЕСЦЕННАЯ УПАНИШАДА

## СКРЫТИЕ ДАННЫХ

*Сокрытие данных для обеспечения минимальных головных болей для заинтересованных сторон.*

Можно было бы подумать, что, пережив мучительную боль, эквивалентную разламыванию двадцати костей, мать даже случайно не испугается мысли о том, чтобы снова пережить этот опыт, но то, что происходит на самом деле, прямо противоположно тому, что Логика предположение говорит! Как видно из всех рисовых шариков и воды, которыми они кормят ворон каждый день, чтобы подкупить СуперКундалини, чтобы снова благословить их сильным сыном, таким как отец, после того, как они подарили им прекрасную дочь, подобную матери. Почему ворона? Потому что научные исследования показали, что ворона — одно из очень немногих животных, обладающих сознанием, как мы, люди, и после специального упоминания в Писании Бхагавад-гиты. Считается, что наши предки часто приходят к нам в гости, проживая свою жизнь в образе вороны!

Подобно тому, как благословение снова приходит в утробу Адити тихо и незаметно, она тоже следует тому же протоколу, удерживая волнение в течение следующих нескольких дней на случай, если это не одна из ее диких фантазий, улетающая без особого содержания. ! Итак, только после нетерпеливого ожидания естественного подтверждения она радостно сообщает эту новость своему Дорогому Мужу - равноправному соучастнику преступления!

Выйдя с новостями, муж Аакааш бежит к телефону,

чтобы поделиться новостями со своей ближайшей сестрой! Когда жена Адити видит, как он берет трубку, она приходит в ужас и сразу бросается вперед, чтобы вырвать телефонную трубку из его рук. Она сразу заканчивает надвигающуюся катастрофу, хлопая трубкой по трубке с достаточно громким стуком!

*Мать Адити* : «Кажется, вы совсем не знаете нас, женщин ! Мы все женщины все еще несем проклятие, которое царь Юдхиштхира в Эпосе Махабхарата дал всем нам, женщинам, никогда не способным хранить какие-либо секреты, и поэтому только потому, что она ваша сестра, не делает ее исключением из правила! Впрочем, разве вы не помните, что на свадьбе моя младшая сестра, гордо и громко бья себя в грудь, сказала перед всем собранием, что другое ее имя — «Громкоговоритель!» Теперь вы мне скажите, если еще есть шанс, что она не будет делать эту работу так же, как это делают дикторы на Всеиндийском радио! Трансляция настолько широкая, что охватит весь ваш офисный круг, наш районный круг и всех, кому интересно слушать ее нескончаемую тоску! Если бы это было в ее силах, она бы воспользовалась услугами спутников, чтобы передать эту новость с Луны на всю вселенную! Короче говоря, «просто застегните молнию!» Она говорит это, сложив руки, как в Анджали-мудре в йоге.

*Отец Аакааш: потирая свой все еще плоский живот* : "ты знаешь все о том, какая информация должна оставаться частной, охраняемой или общедоступной, тогда, о мудрая женщина, скажи мне, что даже если мне удастся скрыть эту информацию от людей до сих пор, но что произойдет, когда этот твой живот раздувается больше, чем десять футбольных мячей!.. Тогда как же ты скроешь свою грязную тайну от огласки!

*Мать Адити* : «Вот эмпирическое правило! Ты просто всегда говоришь очевидное. Я начала с того, что даже не показывала Новости тебе, которая похожа на мою вторую половину, и все же без подтверждения этой естественной репродуктивной системы я хранила этот секрет. Так что, в некотором смысле, я начал с нуля, а затем, когда больше внутренних изменений начали проявляться внешне с такими симптомами, как тошнота, рвота, изменение вкуса среди многих других, я сделал круг более заметным, добавив вас , Мы начнем расширять круг, включая людей только в случае **необходимости.Следуя** этой научно обоснованной модели инкапсуляции, мы защищаем не только свое собственное здравомыслие, но и эмоции наших близких и дорогих вовлеченных и всего общества во многих известных и неизвестными путями. Месяца через три, когда малыш окрепнет, мы сможем показывать новости в нашем защищенном кругу, который состоит из наших близких родственников и доверенных друзей. Теперь я хочу поделиться своими выводами из ведической науки! Поскольку защитные энергии у новорожденного все еще развиваются, разумно не подвергать младенцев никакому чужому прикосновению или сглазу злых и завистливых людей! Я предлагаю, когда родится ребенок, мы также устроим религиозную Церемонию, где мы накормим бедных и всех, кто хочет отпраздновать наше счастье и удачу как один из нас!

## КОРОВА, КОТОРАЯ ТАК СИЛЬНО ЛИЗАЛА СВОЕГО ТЕЛЕНКА, ЧТО У НЕГО ПОШЛА КРОВЬ

*Когда я закрываю глаза, я слышу лучше,*

*Когда я закрываю уши, я вижу лучше,*

*Вот почему я решил встретиться с людьми с завязанными глазами и берушами, чтобы лучше их понимать...*

Когда приближается время приготовления вечерних закусок, мама взволнованно идет на кухню, чтобы приготовить пакоры со шпинатом, вкуснейшее индийское лакомство! Не тот, кто согласится остаться позади, дочь Бэби Маюри бросается вперед, чтобы схватиться за конец длинной фаты своей матери, которая выполняет свои обещания хранить тайну Victoria's Secret, но хорошо подметает пол, когда он скользит мимо. Это. Ее маленькие детские пальчики крепко сжимают его, чтобы мать не оскорбила ее еще раз, предпочтя одиночество ее очаровательной компании!

Мать начинает рубить. Подобно копиям обезьян, дочь Маюри тоже берет другой нож, который даже острее ее, чтобы превзойти ее в каком-то невидимом соревновании между ними! Но какое убойное удовольствие, когда Мать берет острый нож из рук дочери, а затем своими любящими руками кладет ее обратно на диван, который находится в ее поле зрения. Увидев растерянное выражение лица дочери, она добровольно дает свое объяснение, говоря ей любящие слова самым сладким голосом: «Ты Мой-Лидл-Принцесса! Пока вы не окажетесь под моей опекой, вам никогда не придется беспокоиться о приготовлении еды, так как это моя обязанность позаботиться о том, чтобы вы никогда не голодали! Я буду служить тебе, как рабыня, и все, что я прошу взамен, это чтобы ты просто сидела прямо перед моими глазами, потому что каждый раз, когда я вижу тебя, мое тело испытывает огромную материнскую радость!»

Эти «жемчужины мудрости» получает не только целевая аудитория, но и молчаливый наблюдатель — бабушка Шивдеви по отцовской линии, которая лежит в соседней комнате. Ее ноги подскакивают при этих словах, и даже когда ее колени болят, она идет с темпом, который

## СОБЛАЗНЕНИЕ СОБЛАЗНИТЕЛЯ СОБЛАЗНИТЕЛЕЙ – ЕЩЕ ОДНА БЕСЦЕННАЯ УПАНИШАДА

бросает вызов всем подобным утверждениям! Оказавшись лицом к лицу со своей невесткой Адити, она полностью забывает о своем собственном принципе никогда не давать никаких советов другим, пока их не попросят, и начинает свою лекцию, за спасение которой все будущие поколения будут ей обязаны. из темного будущего из-за безграмотности их матерей!

*Бабушка со стороны отца* : «Как и любая хорошая мать, я уверена, что вы не сделаете ничего, что повредит развитию вашего ребенка, но, к сожалению, вы также совершаете ту же ошибку, что и большинство женщин в наши дни! Причина, по которой я стал более осторожен и встревожен вашими словами, заключается в том, что слова предсказания Господа Кришны в эпосе Бхагавад-гита о том, что в Калюге (Эре Тьмы) так случится, что Корова будет так сильно лизать своего Телёнка, что он начнёт до крови!». Любовь — это помочь расправить крылья, чтобы птица могла улететь от вас. Такое поведение только сделает ребенка зависимым от вас и инвалидом на всю жизнь! се силь пар парат нишат», что означает, что «когда веревка постоянно проходит по одному и тому же месту, даже такой твердый материал, как камень, начинает проявлять признаки износа».

*Мать Адити* : «Причина, по которой я могу сопоставить твой совет со своим собственным, заключается в том, что я тоже воспитана матерью, которая, будучи из того же поколения, что и ты, следует тем же ценностям, что и твои. Основная причина изменения моего метода по сравнению с предыдущим поколением заключается в том, что время уже не то же самое. В то время, когда моей матери было десять лет, и она училась в пятом классе, ей не разрешалось продолжать учебу, несмотря на то, что она была лучшей в классе, что имело смысл в таких условиях, поскольку ее ценность не в том, чтобы сжигать масло в полночь, чтобы получить высшие оценки, поскольку система все еще не была настроена на то, чтобы женщины работали в тех же офисах, что и мужчины, ее вклад больше, если она работает на кухне! Но теперь, когда Время перевернулось, нам действительно нужно сделать стойку на голове, чтобы увидеть ту же реальность! Это не означает, что нам больше не нужно есть, но нам нужно изменить приоритеты, сместив это с основной цели всей семьи на более управляемый временной интервал!

В идеале детство должно быть золотым периодом жизни, главным образом потому, что мы могли бы играть на солнце весь день, но в этот век нескончаемой скуки домашних заданий и стресса от выживания в этой высококонкурентной среде единственное солнце, которым дети могут наслаждаться. есть в сказках! У меня тоже есть материнское сердце, как у тебя! Каждый раз, когда я упаковываю эти школьные сумки, похожие на борцов сумо, для своих детей, я вижу всю эту несправедливость, которой подвергаются маленькие дети этого поколения! Это одна из главных причин, по которой я изо всех сил стараюсь их баловать, выполняя всю домашнюю работу сама, чтобы у них было время поиграть в свои глупые игры! Многие мои друзья отправляют своих детей на подработки за деньги, но если есть возможность, мы не будем этого делать, так как я открою вам хорошо хранимый секрет, что в тот момент, когда вы посвящаете детей в эту гонку за деньгами, знайте, что вы только что познакомили их с дьяволом!»

Бабушка молчит. ...

## ЧАСТИЧНАЯ БАБУШКА!

Маленькая Маюри и ее двоюродная сестра Чина, которая старше ее на год, лежат в позе кобры лицом вверх. Сестра Чина читает вслух сборник рассказов, который она одолжила у одногруппницы, получив от нее

## СОБЛАЗНЕНИЕ СОБЛАЗНИТЕЛЯ СОБЛАЗНИТЕЛЕЙ – ЕЩЕ ОДНА БЕСЦЕННАЯ УПАНИШАДА

строгое указание вернуться в тот же вечер. Ничто не могло остановить их от их целеустремленной решимости сдержать свое обещание, но мало ли они знали, что их выигрышная матрица имеет небольшой недостаток! То есть исход любого соревнования зависит не только от скорости и точности участников, но и от внешних факторов, которые нам неподвластны, которые также играют с нами, как с третьим скрытым секретным игроком! Итак, как бы в подтверждение этой гипотезы, скорочтение действительно прерывается, когда соседка постучала в дверь, чтобы сообщить роковую новость, которая, как молния, рушит все планы этих двух маленьких девочек по достижению своих целей! Новость в том, что Ма Адити опоздает из школы из-за того, что собрание, проводимое каждое утро на открытой игровой площадке, затянулось! К несчастью для детей, директор школы в своем энтузиазме по избавлению общества от марихуаны за один день продолжала и продолжала, пока бедный ученик не упал на землю от обморока под гневом беспощадного Солнца! Все смотрели на него с большим уважением и благодарностью, как если бы не его жертва, будущее их собственных жизней было бы таким же, как и он – лежащим на земле без чувств! Итак, поскольку Мать Адити была выбрана той, кто будет сопровождать ребенка, чтобы отвезти его в ближайшую больницу, она вынуждена отказаться от своей гордости, которая презирает саму идею получения помощи от кого-либо, особенно учитывая, что она еще молода и в состоянии спросить свою свекровь, заставив ее, наконец, признать, что наличие свекрови в доме, даже если оно старое и дорогое, все же имеет некоторую пользу! С этой мыслью она просит бабушку взять на себя приготовление пищи для детей!

Когда бабушка слышит сообщение, ее первая мысль идет не о ее ноющих коленях, а о беспомощной матери в нужде, и поэтому, не задумываясь, она выполняет просьбу, но когда она смотрит на огромную кучу бобов, у нее случается припадок! «Я просто не могу сама почистить всю эту кучу бобов, а затем приготовить всю еду для всех вовремя, если только... К счастью, этот эллипс после предложения нес семена ответа, который она искала — Дитя. -труд, работа!" Найдя решение своей проблемы, бабушка взволнованно просит маленьких девочек бросить все, что они делают, чтобы помочь ей приготовить обед для всех в доме! Пока двоюродный брат продолжал читать, маленькая Маюри бросает все, чем занимается, чтобы помочь G-Ma. Кузина Чина ведет себя как маленький сопляк! Она сразу же озвучивает свой отказ с объяснением, которое соответствовало ее поведению, ее логика заключалась в том, что только слуги выполняют работу по дому, а она не слуга, а принцесса сердца своего отца, и что любой, кто когда-либо пытается заставить ребенка делать то, что противоречит ее характер - тиран, который обязательно получит по заслугам, когда они предстанут перед Верховным судом наверху! Теперь, когда она сказала все это, не дожидаясь ответа, она пытается возобновить свою работу до конца, но не может! Потому что теперь весь этот фокус сместился с конструктивной работы над чтением на разрушительный гнев по поводу Малышки Маюри. Что сделала Малышка Маюри, чтобы заслужить гнев Малышки Чины? За то, что не стала соучастником ее восстания против бабушки-тирана, в то время как Маленькая Маюри, все еще не подозревающая о вендетте, которая назревает в голове Малышки Чины, довольна собой за то, что может сама почистить всю картошку! Она чистит каждую картофелину медленно и тщательно, в конце концов, эта задача требует большого мастерства для ребенка ее возраста, возраста, где каждая маленькая или большая задача имеет одинаковое значение!

## СОБЛАЗНЕНИЕ СОБЛАЗНИТЕЛЯ СОБЛАЗНИТЕЛЕЙ – ЕЩЕ ОДНА БЕСЦЕННАЯ УПАНИШАДА

В то время как малышка Маюри уже забыла о старом задании, кузина Чина — нет. Она внутренне дрожит из-за того, что рискнула всем своим уважением перед глазами Милой Бабушки по отношению к ней. Теперь она не может завершить ту самую задачу, ради которой рисковала всем, поскольку все ее внимание теперь было поглощено огнем мести, горящим в ней из-за предательства ее собственной сестры Бэби Маюри, покинувшей их союз, и ее обман не просто конец на этом, когда она посыпает солью свои раны, объединившись с лагерем тиранов! Такое предательство непростительно! Ее собственная младшая сестра Маюри бросила ее под автобус. По мере того, как мысли кузины Чины углубляются все больше и больше, ее подозрения растут пропорционально всей теории заговора, состряпанной злой головой несчастной Малышки Маюри! Теперь она может видеть, как ловко Малышка Маюри добилась успеха в своем мотиве получить высокие оценки в сердце бабушки, в то время как бедная Чина падает в глазах нашей дорогой бабушки. По мере того, как время идет все больше и больше, ее подозрительный ум становится все более творческим в своих подлых предположениях, все больше подпитываемых ревностью и духом соперничества, которым мы все наделены! Кузина Чина искоса смотрит краем глаза на Малышку Маюри, которая смеется и весело делает бабушкину работу, как будто они оба — команда, а она — какой-то злой посторонний, замышляющий разделить их!

Когда бабушка замечает, что посуда для приготовления пищи алюминиевая (символ AL в периодической таблице), она чуть не теряет сознание! Выйдя из временного оцепенения, она первым делом выбрасывает в мусор все алюминиевые сосуды, а затем готовится к лекции невестке о всех пагубных последствиях попадания AL в организм при приготовлении пищи, так как, к счастью, совсем недавно она читал в аюрведическом и другом научном журнале, что AL является вредным нейротоксичным металлом! Высокий уровень этого металла может привести к проблемам с центральной нервной системой (ЦНС), включая болезнь Альцгеймера! При высоких температурах приготовления пищи вероятность попадания металла в пищу, а затем из пищи в организм чрезвычайно высока! Когда малышка Маюри слышит эту тревожную информацию, ее большие глаза становятся еще больше. Восхваляя ум бабушки Малышка Маюри не может не прокомментировать контраст между двумя зрелыми дамами: «Бабушка, как получается, что бабушки такие мудрые, а матери такие же невежественные? Вот почему теперь моим любимым занятием стало выяснять, почему *матери должны быть такими глупыми!?*» Кузина Чина воспринимает все похвалы бабушке из уст Маюри как лесть, попытку стать для бабушки дороже, чем она сама! Теперь она еще больше боится последствий. Еще хуже то, что у бабушки тоже большие зубы в животе! А это значит, что она не может переварить такие эпизоды непослушания и отдыхает только после того, как поделится этим со всеми, кого встретит! Теперь совсем скоро она станет звездой всех светских кругов! Тогда они приложат все усилия, чтобы ее образ выглядел как холодная, эгоистичная ведьма! Тогда все узнают и порадуются от моей беды ценой моего образа!

Наконец, дай Бог здоровья бабушке! Любого количества благодарности достаточно за эту огромную услугу, которая не только помогла спасти ее будущее поколение от голодной смерти, но и, если действительно есть рай после смерти, она обязательно получит там место! Обрадованная успехом своего проекта, бабушка хочет поделиться своим счастьем со своей помощницей, предложив малышке Маюри награду в виде покупки

## СОБЛАЗНЕНИЕ СОБЛАЗНИТЕЛЯ СОБЛАЗНИТЕЛЕЙ – ЕЩЕ ОДНА БЕСЦЕННАЯ УПАНИШАДА

любых золотых сережек по ее выбору! Услышав это решение, от которого пахло фаворитизмом, кузина Чина не может позволить награде ускользнуть прямо из-под носа, не устроив драку! Итак, чтобы получить приз, она начинает свою собственную маленькую драму, чтобы перевернуть столы! Для этого она начинает с истерики и большой суеты из-за несправедливости действий бабушки, которая награждает только одного, а не другого, даже если оба являются ее собственными внуками. «Пристрастность! Пристрастность! Это несправедливо, и когда-то мой отец, и незачем напоминать, является также и вашим старшим сыном, слова которого имеют наибольший вес при решении всех семейных вопросов, включая ежемесячное пособие, которое вы получаете от каждого из ваших сыновей! Теперь, дорогая бабушка, с этим новым часть информации, пожалуйста, попробуйте еще раз!?"

Теперь очередь бабушки. В жилах бабушки течет не только та же кровь, но и серебристо-белые волосы, которые дают ей преимущество, достаточное для того, чтобы она вышла победительницей! «Сначала выставляешь собственную бабушку какой-то беспощадной тиранией, которая щелкает кнутом по несчастным деткам, которые вполне живы только благодаря милости своего хозяина, а потом шантажируешь меня, чтобы я дала и тебе награду, не подчиняясь моей воле! Теперь, дорогая Малышка Чина, с этой новой информацией, пожалуйста, постарайся быть милосердной и принять свою потерю, чтобы стать лучше после этой потери! Похоже, ваша мать не очень хорошо учит вас, поэтому позвольте мне исправить эту ошибку, сообщив вам, что послушание законным приказам старших — это величайшая форма уважения, которую кто-либо может дать. Уважение — это любовь. Любовь это Бог. Таким образом, где есть любовь, там и Божье изобилие. Вот почему часто можно увидеть горничных, обладающих большей физической силой, чем эти женщины, которые ничего не делают! Даже если вы хорошо питаетесь каждый день, и при этом у вас не потеет спина, я никогда не вижу выражения благодарности на вашем лице, но теперь, когда я не выполнил свой долг, и это тоже по независящим от меня причинам, вместо этого сотрудничества со мной, вы готовы съесть меня вместо этого! Так почему бы мне не наградить человека, который помог мне в тушении пожара? Скрытый побочный эффект моих действий также заключается в том, чтобы пристыдить человека, который пытался манипулировать системой в своих интересах, создавая большой шум. Вы обвиняете меня в фаворитизме к другому, когда на самом деле мои суждения благоволят вам, как будто я действительно был бы именно тогда, я бы наказал вас! Истинное правосудие беспощадно! Если бы я дал всем одинаковую сумму призовых денег за одну и ту же работу, тогда ценность моего вознаграждения стала бы бессмысленной!

В этот момент Ма Адити, голодная и обеспокоенная тем, что, возможно, ее дети тоже голодают, в большой спешке входит в дверь! Увидев Мать Адити, бабушка забывает все свои собственные уроки сострадания к находящейся в стрессе матери и вместо этого сразу же начинает ругать ее за все ее пугающее поведение!

*Бабушка* : Я знаю, у тебя не осталось страха перед этой старухой, которая теперь ненавидит свою жизнь за то, что продолжает жить даром, но, по крайней мере, боишься гнева Божьего за то, что нарушил древнюю традицию подготовки наших девочек к их будущему, вовлекая их в домашние дела. !

*Ма Адити* : Дорогой мой, выживает тот, кто может приспособиться к изменениям окружающей среды! В предыдущем поколении женщин обучали тому, как стать

## СОБЛАЗНЕНИЕ СОБЛАЗНИТЕЛЯ СОБЛАЗНИТЕЛЕЙ – ЕЩЕ ОДНА БЕСЦЕННАЯ УПАНИШАДА

эффективными домохозяйками, но теперь, когда время изменилось, наши стратегии тоже должны измениться! Теперь женщины получают высшее образование так же, как и мужчины! Это означает, что женщины тоже начнут получать хорошую работу, у них появятся собственные деньги, а это также означает, что они смогут вести любой образ жизни по своему выбору! И эта свобода жить своей жизнью – лучший подарок, который может сделать любая мать! Итак, чтобы моя дочь могла достичь этой цели, я выполняю все домашние дела, чтобы она могла сосредоточиться на своем образовании, а приготовление пищи похоже на плавание. В тот момент, когда вы опускаете младенца в воду, он автоматически поворачивает голову, чтобы сделать следующий вдох. То же самое должно происходить и при приготовлении пищи. В тот момент, когда она улетит от меня, автоматически сработают ее инстинкты выживания, и в мгновение ока она будет готовить вкусные блюда в соответствии со своим вкусом!

Бабушка хочет сказать несколько слов согласия со своими невестками выше, но вместо этого не знает, почему она просто перешла к следующему вопросу:

*Бабушка*: Я выбросила все алюминиевые сосуды! Чувствуя себя раздраженной после долгого дня только для того, чтобы услышать новые «хорошие новости», Ма Адити тоже отвечает с такой же страстью:

*Ма Адити:* Хай Хай! (выражение раздражения на языке хинди), вы их бросили! Твой отец сейчас приедет платить за новые суда!? Вы уже даже не внесли ни копейки на расходы, но как будто этого недостаточно, вы теперь начали создавать мне еще больше убытков и проблем?

Теперь ма Адити бессвязно бормочет: «Моя мечта — когда-нибудь победить тебя!»

*Бабушка*: «Что ты сказал?»

*Ма Адити (лежит)*: «Я сказала, что список твоих

милостей для меня продолжает расти день ото дня!»

Говоря, что она кланяется ей со сложенными руками и говорит: «Джай Мата ди! (Бабушка, мы приветствуем тебя!)!»
Когда дети видят, что их мама делает доброе дело, они тоже любят подражать обезьянам, присоединяются к ней, складывая руки и кланяясь бабушке, а затем напевая говорят:

«Джай Мата ди!

Джай Мата ди!

Джай Мата ди!

(Бабушка, приветствуем тебя!)»...

## ПРОИЗВОДНЫЙ КЛАСС - 15 ФЕВРАЛЯ 1977 Г., ЧАНДРАШЕКХАР.

*Ночь счастлива своей луной вверху, и мои*

*колени довольны моей луной внизу,*

*Ты играешь со многими игрушками, но моя*

*единственная игрушка — это ты...*

Муж Аакаш и жена Адити играют в Игру Мокш-Паддам, широко известную как (Змеи и Лестницы). Когда они думают о том, чтобы добавить еще больше острых ощущений, играя за какой-то приз.
*Отец Аакаш* : «Я за равенство с женщиной, поэтому, если ты проиграешь, ты подаришь мне сына, а если выиграешь,

## СОБЛАЗНЕНИЕ СОБЛАЗНИТЕЛЯ СОБЛАЗНИТЕЛЕЙ – ЕЩЕ ОДНА БЕСЦЕННАЯ УПАНИШАДА

я дам тебе любую сумму денег, которую ты захочешь. И когда ты прочитаешь мелкий шрифт, ты сможешь смотри, там написано, валютой будут фальшивые деньги из игры «Монополия»!»
Оба весело смеются!

В начале царствования времен года – весны, когда повсюду цветут цветы, маленький цветочек от Всевышнего тоже готовится расцвести в Доме Бирги! Прибытие младенца известно всем по его громким крикам, пронзающим ночную тишину! Чем громче он плачет, тем больше радуется сердце каждого, слушающего этот звук жизни, сырой и безудержный! Луна тоже шепчет свои благословения домам Бирги и Гаи! СуперКундалини подарила им красивого сына, который еще больше укрепил семейные узы. Новая сестра Маюри начинает прыгать и хлопать в ладоши от радости, наблюдая за своим младшим братом в колыбели с его глубокими глазами Водолея, светло-коричневой кожей, озорными мерцающими глазами, озорной улыбкой и блестящим голубым подгузником на нем, из-за которого он выглядел очень ей съедобен. Когда она готовится положить на него свой огромный рот, чтобы поесть, мать со смехом шлепает ее, напоминая ей, что он не какой-то объект для еды, который она пытается съесть! Все вокруг дружно смеются!

Бэби все время улыбается, приветствуя всех вокруг себя, которые боролись друг с другом за свою очередь держать его на руках.

Чтобы поделиться своим счастьем с миром, отец Аакааш приглашает всех родных и близких присоединиться к ним в их счастье. У него вся улица украшена цветами, лентами и ароматными цветами! Еда доступна в изобилии! Ансамбль играет веселые песни и ставит, что поднимает всем настроение. Шествие начинается от резиденции Бирги, охватывая всю улицу, и люди танцуют всю дорогу до Храма!

Держа его на руках, отец Абнаш радостно восклицает: «Наш спаситель, который будет носить фамилию Бирги для всех поколений, прибыл! Так как мой сын выглядит таким же прекрасным, как Луна, отныне мы будем называть его **Чандрашекхар** (санскрит: Чандра — луна, Шекхар — гребень», что также является эпитетом, который носил Господь Шива) — Принц всех сердец!» ...

## СОБЛАЗНЕНИЕ СОБЛАЗНИТЕЛЯ СОБЛАЗНИТЕЛЕЙ – ЕЩЕ ОДНА БЕСЦЕННАЯ УПАНИШАДА

### Я НЕ ЛЮБЛЮ ТЕБЯ… ТЫ МНЕ НРАВИШЬСЯ

*Причиной всех преступлений являются либо Деньги, либо Сердце. Мысль, несущая семя решения этой проблемы, должна быть правильной, поскольку на моем лице появляется улыбка. Теперь я стал жить как дерево…*

Вбегает маленький Чандрашекхар с огромными глазами и ярко-красной помадой на щеках. Когда его молодой двоюродный брат Каран, который только что достиг половой зрелости, не упускает возможности тайно встретиться с дамой, которая так щедро жертвует! Он тут же протягивает свою большую руку, чтобы действовать как забор, останавливая взволнованный бег Чандрашекхара! С озорной ухмылкой на лице он наклоняется, чтобы заглянуть в его безмерно большие глаза, и спрашивает его со своим обычным любопытством и плутовством: «Негодяй, скажи нам, кто целует тебя за закрытыми дверями, может быть, если мы спросим ее, она Проявит ли она свою щедрость к нам, менее удачливым тоже?» Затем, оглядываясь назад с двойным плутовством, маленький Чандрашекхар выдает все о своем грязном маленьком секрете в столь же коварном стиле: «ваша мать».

Смеющееся лицо кузена Карана теперь начинает походить на высосанное манго. …

## КОГДА ОН ПРОДАЛ СВОЮ МАТЬ ЗА ПРОКЛЯТЫЕ БОРЬБСКИЕ ПЕРЧАТКИ

Мальчики будут мальчиками! Маленький Чандрашекхар играет с мальчиком намного старше его. Чтобы сделать игры более интересными, он предлагает добавить в них « *изюминку* », подняв ставки. Теперь они начинают играть за награды. Все равны, не говоря уже о том, что меньший проиграл!

Теперь победитель просит проигравшего расплатиться с ним самой ценной вещью, которая у него есть. Он говорит, что самое ценное, что у меня есть, это моя мама, пряча за спиной свои любимые борцовские перчатки.

Оба идут к его матери. Старший говорит матери, теперь ты моя! Дай мне все масло, которое у тебя есть! Твой сын уже продал тебя мне за спичку! Она начинает оглядываться. Дети сразу чуют опасность, а дети, будучи детьми, просят самого врага показать свое намерение! Все, что ей нужно было упомянуть, это о ее печально известной палке, которую они с любовью окрестили своей ведьминой метлой, и обе исчезли!

## СОВЕТЫ ВСЕЛЕННОЙ

Та чистая детскость, та абсолютная чинность, с которой ведет себя ребенок, может многое обогатить психологические наблюдения. Полуденное солнце в самом разгаре, что для Матери Адити является сигналом того, что пора кормить ее маленького сына. Оставив сына одного, она идет на кухню за хлебом для сына. Когда она возвращается, то с удивлением видит, что новый гость с неба играет со своим сыном. Ее сын кормил ворону своей порцией еды со своей тарелки. Когда Ма видит эту сцену,

## СОБЛАЗНЕНИЕ СОБЛАЗНИТЕЛЯ СОБЛАЗНИТЕЛЕЙ – ЕЩЕ ОДНА БЕСЦЕННАЯ УПАНИШАДА

ее первым порывом является спугнуть ворону, которая с удовольствием ест еду, которую она с огромными усилиями приготовила для своего единственного сына. Когда она поднимает руку в воздух, чтобы отогнать обидчика, она с удивлением видит выражение ужаса на лице своего сына, которое выражало искоса. Заметив контраст между их реакциями, она автоматически опускает поднятую руку. Теперь она чувствует прилив сострадания не только к своему сыну, но и к совершенно другому существу из животного царства! Это событие вызывает в ней воспоминание о вечном секрете, который передала ей ее Мать Агья, который был продуктом ее собственных выводов из ведической литературы. Она настойчиво говорила ей всегда быть щедрой в даянии. Как наш Десятый Гуру религии Хальса, Гуру Гобинд Сингх джи также говорил нам о том, что нужно делиться с другими не менее чем десятью процентами того, что вы получаете. Когда вы отдаете, не ожидая получить что-либо взамен, без вашего ведома происходит Волшебство! То, что вы дали, возвращается в основном с щедрыми бонусами!

Мне стыдно! Несмотря на то, что я знал все об этой Вечной Тайне, большую часть времени я был скуп, возможно, потому, что у меня все еще есть сомнения в Его милосердии или, что еще хуже, в том, что Он вообще существует!

Затем она садится рядом со своим сыном и ласково говорит: «Многие матери должны учить своих детей делиться своими самыми любимыми вещами со всеми другими детьми, но теперь, увидев полосу обмена в вас на уровне персонажа «Даанвир Каран» из древнего эпоса Махабхарата, который был известен своей благотворительностью, поскольку он не отказывал никому, кто приходил просить его имущество Поэтому для меня учить вас уроку даяния бессмысленно, когда вы

тот, кто учит меня, все еще я, как более опытный, научу вас поговорке, которая имеет большее значение в наше время».
«Мейн бхи бхукха на раху, аур садху бхи бхукха на джай»
(Я тоже не голодаю, и нищий тоже голодным не остается)...

СОБЛАЗНЕНИЕ СОБЛАЗНИТЕЛЯ СОБЛАЗНИТЕЛЕЙ
– ЕЩЕ ОДНА БЕСЦЕННАЯ УПАНИШАДА

## ПОЛИМОРФИЗМ — ЗЕРКАЛЬНЫЕ ИЗОБРАЖЕНИЯ

*Тохе мохе мохе тохе*

*Антар кайса, антар кайса...*

*(Ты меня ты,*

*Где разница...)*

*- Гуру Рамдас, четвертый Гуру религии Хальса*

*Жена Адити:* Я ссорюсь со своим мужем без всякой причины. Как будто со временем наши разногласия вбивали между нами клин все глубже, настолько, что он предпочитает засиживаться в офисе допоздна, чем иметь дело с постоянной холодной энергией в доме! Расстояние между нами сейчас кажется слишком большим, чтобы мы могли преодолеть его в течение этой жизни! И все же это утверждение не может быть правдой как память или любовь - лицо моего сына является зеркальным отражением моего мужа, которое я лелею, за вычетом энтропии недоразумений, которые приходят со Временем - Великим Реверсом! Каждый раз, когда мое сердце скучает по тогдашнему Аакаашу из счастливых дней ухаживания, я вместо этого играю с нашим сыном, поскольку он является другой формой тебя, о мой дорогой муж! Когда я вижу это сходство, все энергии любви во мне находят себе подпитку точно так же, если не больше!

Точно так же, экстраполируя эту мысль на универсальный уровень, когда я вижу ваши характеристики в ком-то еще, например, в ком-то с вашим именем, в ком-то с таким же почерком, как у вас, в ком-то с такими же глазами, как у вас, я рефлекторно испытываю к ним нежные чувства, как к некоторым зеркальным отражениям. из вас! Что заставляет меня задуматься, неужели любить своего мужа за его чистые помыслы — это то же самое, что любить все чистое, то же самое, что любить того, кто выше всех, кто чище всех?

**С этой мыслью я теперь чувствую себя свободным от рабства того, что принадлежит тебе и тому, что принадлежит мне, как сказал Гуру Говинд Сингх, десятый Гуру религии Хальса, когда ему сообщили о смерти всех четырех его сыновей, которые погибли, сражаясь за защиту своей свободы. выбора, он сказал что-то такое, что мог бы сказать человек, обладающий духовным сознанием: «Чар моаэ то кья хуа, дживат кай хаззар» («Ну и что, если вся моя кровь, четверо сыновей умерли, тысячи других, сражающихся за одно и то же дело, все еще живи, дай мне такое же счастье, как и моим собственным сыновьям!)**

Эти мысли заставляют ее целовать сидящего рядом с ней сына, поглощенного игрой со своей игрушкой-армейцем. Получив этот внезапный приступ привязанности, он склоняет голову, стесняясь, и снова задается вопросом, почему матери должны быть такими непредсказуемыми!?

# СОБЛАЗНЕНИЕ СОБЛАЗНИТЕЛЯ СОБЛАЗНИТЕЛЕЙ – ЕЩЕ ОДНА БЕСЦЕННАЯ УПАНИШАДА

## ЛЕПКА ИЗ ГЛИНЫ

*Эк ОМ кар, Сатнаам, карта пурах, нир бхао, нир вер, акал мурат, аджуни се бханг, гур парсад, джап*

*Один Бог Ик ОМ*

*Настоящее имя Сат Нам*

*Делатель - Вечный - Куртах Пурах*

*Без страха - Нир Бхау*

*Без ненависти - Нир Вайр*

*Timeless Image - Акаал Мурат*

*Никогда не рождался, никогда не умирал - Аджони*

*Самосуществующий - Саибханг*

*Благословения Гуру - Гурпрасад*

*Поклонение - Япончик*

*- Мул Мантра (что на английском означает Основная Мантра), Гуру Грантх Сахиб*

Кто мы? Полная подпись похотливого момента, разделенного двумя телами, порождающая совершенно новый уникальный продукт! Этот гениальный продукт не только отражает всю родовую историю двух участников, но также раскрывает многие тайные энергии, связанные со страстью, которые доминировали в исследовании новых земель и посеве новых семян, которые принесут сочные плоды ! Как только этот продукт появляется на свет, родители часто настолько заняты другими социальными и жизненными обязанностями, что мы забываем воспользоваться моментом благодарности, чтобы восхититься беспрецедентной точностью, с которой было создано это творение! И когда родители обнаруживают, что восхищаются своим творением, они часто склонны забывать о меньших чудесах организации встречи нужных людей в нужное время и с нужными энергиями, которые привели к созданию большего чуда в виде ребенка.

Поскольку ум ребенка воспринимает всю информацию, не зная о последствиях, отец Акааш осознает важность знакомства детей с ведической литературой. Таким образом, человек, воспитанный на этих принципах, может сделать правильный выбор. Поскольку ведическая литература не входит в школьную программу, родители берут на себя ответственность за то, чтобы они знали, как ценно оставаться верными Божественности в себе. Всегда.

## СЕКРЕТЫ ВИКТОРИИ

Во время одной из тайных проверок комнаты дочери отца Аакааша его глаза сверкают, когда он видит, как его усилия были вознаграждены, когда он наткнулся на романтический роман «Victoria's Secret», тщательно спрятанный под грудой газет! Прямое столкновение с ней не принесет пользы, так как тогда она станет более осторожной и может начать уничтожать все улики, так что теперь проблема сместилась с сохранения его секрета в секрете на раскрытие секрета без того, чтобы владелец секрета знал, что вы знаете его секрет. Он атакует тему лишь косвенным образом.

## СОБЛАЗНЕНИЕ СОБЛАЗНИТЕЛЯ СОБЛАЗНИТЕЛЕЙ – ЕЩЕ ОДНА БЕСЦЕННАЯ УПАНИШАДА

*Отец Аакааш* : «Я не против того, чтобы мои дети познавали реальность через фильмы и романы, так как это безопасный способ переживать различные типы эмоций через актеров, без стрессового компонента, связанного с такими реальными жизненными ситуациями! не могу рекомендовать их вам, так как они настолько далеки от истины, насколько это возможно! Удовольствие — одна из главных движущих сил всех действий. Всякий раз , когда неопытный любитель открывает для себя новые источники радости, становится чрезвычайно легко сойти с ума и таким образом стать рабом этих сиюминутных удовольствий. Я ни в коем случае не предлагаю вам прекратить все действия, которые доставляют вам удовольствие, но что всякий раз, когда вы наслаждаетесь, вы делаете так, чтобы вы всегда контролировали ситуацию, чтобы вы оставались на месте водителя, а не являлись источником своего удовольствия. Имейте в виду, что женщина – это «XX» полный набор хромосом, которые несут полную генетическую информацию; Хотя все биологические книги называют человека набором хромосом «XY», это несколько вводит в заблуждение, потому что слушателю кажется, что «Y» — это какая-то чужеродная хромосома, тогда как на самом деле это все та же X-хромосома, только отсутствует одна четверть полной ноги «X». Поэтому, чтобы избежать путаницы, мы должны называть их X-1/два раза! Следовательно, на самом деле именно «отсутствие» набора хромосом отличает людей от мужчин и женщин, что делает мужчину больше, чем женщину, в некоторых отношениях и меньше в некоторых других». комнате, Маленький Чандрашекхар, который внимательно слушал, не может больше сдерживать язык, так как чувствует, что у него есть ответ на эту извечную загадку, выпаливает ответ: "Я знаю, куда делась пропавшая нога! Прямо здесь, в моих штанах!" Отец Аакаш улыбается своей очаровательной улыбкой.

# СОБЛАЗНЕНИЕ СОБЛАЗНИТЕЛЯ СОБЛАЗНИТЕЛЕЙ – ЕЩЕ ОДНА БЕСЦЕННАЯ УПАНИШАДА

## ПРОКСИ-МАТЬ / МОДЕЛЬ БЛИЗНЕЦОВ

Дети танцуют, радуясь началу летних каникул и временной свободе от контроля учителей и строгих требований лицемерных школьных правил и распорядков! Поскольку дети еще ни разу в жизни не видели пляжа, отец Аакааш принимает все меры, чтобы это изменить! Так что, если бы кто-то и получил награду за лучшего отца, он бы сделал это за все жертвы, необходимые для того, чтобы его дети испытали красоту игры с чудовищными волнами океана, ударяющимися о берег, а затем тихо возвращающимися, как будто ничего никогда не было. случилось раньше!

Когда дети впервые в жизни видят пляж, их глаза расширяются, и даже если они не купались, их манят гигантские пенистые волны пляжа. Отбрасывая все эти статистические данные об утоплении детей как нечто, написанное ассоциацией защищающих матерей, которые ослеплены своей любовью к своим детям, изменяют данные, чтобы использовать их как идеальное оправдание для того, чтобы навсегда держать своих детей привязанными к своей груди, они перехитрили ее. убегая так далеко, что все ее заинтересованные голоса не могут больше заглушить их радость в их заигрываниях со смертью!

Как и все дети в воде, играя с волнами, когда она приходит, они радуются, катаясь на волне, когда она уходит, они кричат еще раз! Однако, как и все хорошие вещи, чтобы закончить их поездку, также заканчивается, когда какая-то женщина из толпы теряет всякую ориентацию, увидев змею, и беспокоится о детях, начинает кричать во всю глотку: «ЗМЕЯ, ЗМЕЕЕЕЕЕЕЕЕЕЕЕЕЕЕЕЕЕ! Если бы только эта сверхмудрая мать была достаточно мудра, чтобы держать рот на замке, ничего бы не случилось; сама змея испугалась бы, увидев слишком много людей, и тихо ускользнула бы, не причиняя вреда, но теперь из-за панического крика женщины, который должен был спасти толпу, стал самой причиной всего последовавшего хаоса! Все люди, опасаясь за свою жизнь, разбегаются в разные стороны! В этой ситуации «сделай или умри», когда все мыслительные процессы впадают в спячку, все бездумно бегут в любом направлении, чтобы спасти свою жизнь, но только сестра из всей толпы первой оглядывается, чтобы найти, где ее младший брат. ! К счастью, он был не слишком далеко от нее и оказался на четвереньках, чтобы не упасть на землю. Оставив всю панику из-за нехватки времени, она снова бежит назад, чтобы забрать своего брата, и только когда они оба держатся за руки, и она может привести их в безопасное место, она, наконец, отдыхает!

Ма вытягивается так далеко от окна, чтобы посмотреть весь эпизод, что если бы она потеряла сознание, то могла бы упасть на голову своим собственным детям! Увидев этого маленького сына, Чандрашекхар говорит: «Как ужасно, когда заголовки новостей сообщают, что вместо змеи причиной травм своих маленьких детей была мать!» Теперь оба брата и сестры **снова задаются вопросом, почему матери должны быть такими невежественными!?** Теперь, когда ее дети спаслись от смерти не раз, а дважды, Мать Адити вдвойне счастлива видеть лица своих детей живыми и здоровыми! Мать опускается на колени и миллион раз благодарит СуперКундалини! Брат Чандрашекхар чувствует любовь с такой улыбкой, что он тоже делает женщин дома счастливее, починив теперь шаткий карниз окна!

Увидев эту редкую сцену бескорыстной любви, Мать Адити не может не воскликнуть в изумлении:

## СОБЛАЗНЕНИЕ СОБЛАЗНИТЕЛЯ СОБЛАЗНИТЕЛЕЙ – ЕЩЕ ОДНА БЕСЦЕННАЯ УПАНИШАДА

«Невинность — это признак детства. Детство — это признак чистоты, поскольку новорожденный все еще такой, как хотел Всемогущий, еще не подвергающийся столь большому злу. отрицательные силы, готовые разрушить чью-то индивидуальность, чтобы сделать их похожими на самих себя – мертвыми! Тогда разве связь между младшими братьями и сестрами не является самой чистой? Тогда разве связь между младшей сестрой и ее младшим братом не является самой чистой? Как справедливо кто-то когда-то сказал, что *старший сестра как вторая мать*! Когда сила старшей сестры с ее младшим братом объединяется, этот союз имеет силу даже победить Ямраджа - Посредника Смерти! Несмотря на то, что вы оба способны поднимать свою ношу, и тем не менее, если когда-либо наступит неблагоприятное время, между вами обоими существует вера и доверие, что вторая половина всегда будет рядом, чтобы смягчить удар и не даст другой потерпеть неудачу! с Я подвергну их звону Его строжайших испытаний в будущем, их узы любви выдержат все испытания и из которых они выйдут еще крепче!»

## АВАТАР / МНОГОЗАДАЧНОСТЬ

*Проклятие кастрюли, за которой наблюдают, в том, что она никогда не закипит!*

Это доказанный факт, что вся вселенная находится в постоянной вибрации, тогда это должно означать, что все эти писания, проповедующие нам добродетели терпения, обязательным условием которого является тишина, должны быть сожжены в том же огне за распространение лжи, что и их утверждения. противоречат сами себе, когда также говорят, что даже мельчайшая частица, из которой мы состоим, — атом, тоже находится в вибрации? Единственное поддерживающее утверждение, которое может предотвратить этот костер наших почитаемых писаний, это заявление, которое может исходить только от того, у кого есть видение поэта, поскольку они кажутся избранными, чтобы выступать в качестве посредников для общения со всем и вся. в том числе и о знании этого проклятия на сторожевом котле: 'Проклятие наблюдательного горшка в том, что он никогда не закипит!'! Итак, чтобы использовать этот секрет для многозадачности, нужно сначала начать задачу, которая потребует времени, но не минимального внимания, а затем вместо того, чтобы смотреть, как закипает котелок, вы переключаетесь на другую задачу!

Даже в компьютерных науках одной из многих структур памяти, которые у нас есть, является известная структура стека (Last-In-First-Out (LIFO). Существует распространенное заблуждение, что многозадачная машина может выполнять все задачи одновременно, но факт заключается в том, что даже самые эффективные многозадачные компьютеры могут обрабатывать только одну задачу за раз.Именно эффективность, с которой компьютер управляет временем ожидания между переключениями между задачами, является критерием, который действует как один из основных решающих факторов качества. выходных данных! Даже самый умный мозг, будь то любой компьютер, выполняет только одну задачу за раз! Они меняют задачи, как только текущая задача достигает своей цели. Точно так же мы можем наслаждаться разными вкусами жизни, переключаясь на новые роли, как в соответствии с требованием текущей задачи.Мы сначала хороним текущую задачу в тайниках памяти / временная амнезия, которая необходима нам, чтобы отдать должное нашему настоящему без каких-либо помех от воспоминаний, которые подобны призракам из прошлого, не позволяя нам наслаждаться нашим временем. выложись на полную катушку! Таким образом, можно в полной мере насладиться настоящим моментом в новом Аватаре. **Таким образом, играя в этот Волан между Вспоминая и забывая, можно наслаждаться каждым моментом!**

## РАЗРУШЕНИЕ КУЛЬТУРЫ?

Прокляните злое время за то, что в терпении разрушили всю красоту! Нетерпеливая Материнская Бабушка Агья больше не может сопротивляться тому, чтобы увидеть единственную дочь из трех, которую она тайно любит больше всего! Секрет ее тайного фаворитизма: в этой дочери она видит самое прекрасное из возможных проявлений себя, поскольку она отражает все те скрытые в себе хорошие качества, которые теперь нашли выражение в этом плоде, сделавшем его самым желанным и прекрасным! Во время своего неожиданного визита она чувствует себя счастливой, ожидая увидеть свою прекрасную дочь Адити, занятую приготовлением еды для детей после ее долгого рабочего дня, в то время как о возможности увидеть своего зятя не может быть и речи, поскольку рабочие часы известно, что они поглощают почти все дневное время, но затем, когда она видит сценарий в реальном времени, она вскоре понимает, что ей придется сделать стойку на голове, чтобы увидеть соответствие своим ожиданиям! Ее идеальная красивая дочь, которая должна была готовить на кухне, находится снаружи, а ее зять, который должен был быть снаружи, готовит на кухне! Теперь она надеется, что ее следующее предположение также неверно, так как то, что она не увидит Мать в обеденный перерыв на кухне, означает, что дети теперь будут голодать, и все же отчетливый аромат, который может исходить только от здорового аюрведического стиля приготовления пищи, заставляет ее сдерживать себя от приготовления пищи. каких-то предположений и так прямо просит объяснить все ее наблюдения, так как они противоречат всему тому, что она видела все эти долгие годы своего существования в этой форме жизни! Теперь ей так любопытно, что, несмотря на боль в коленях и мало энергии от путешествия, она бежит на кухню, чтобы наконец получить ответы на все свои вопросы, прежде чем сойдет с ума от предположений, построенных на предположениях! Обладая острым умом, не требуется много времени, чтобы понять, что это ее собственный зять Аакааш готовит еду для ее любимой кумира, дочери Адити и детей! На мгновение она стоит безмолвно, так как провела всю свою жизнь, веря, что в тот день, когда мужчина начнет работать внутри, а Женщина начнет выходить на работу, знайте, что темные века начались! Что беспокоит ее еще больше, так это то, что ее собственная дочь, которой она сама покорно передала эстафету проверенных Ценностей, которые могут помочь сделать дом домом, работает самым эффективным образом! Когда она выражает свое разочарование, она не может видеть, что эта несправедливость больше не продолжается перед ее глазами, поэтому без дальнейших промедлений она бросается вперед, а затем выхватывает ковш из рук зятя Аакааша, чтобы наконец положить конец этому. момент смущения, что тоже на глазах у ее дорогого зятя, что тоже причиной всего этого является ее собственная дочь, которую она всегда считала своим лучшим представителем самого лучшего себя! Она говорит извиняющимся голосом: «Я извиняюсь от имени моей невежественной дочери и обязательно буду ругать

## СОБЛАЗНЕНИЕ СОБЛАЗНИТЕЛЯ СОБЛАЗНИТЕЛЕЙ – ЕЩЕ ОДНА БЕСЦЕННАЯ УПАНИШАДА

ее за то, что она заставила своего Человека, достойного поклонения, выполнять все свои обязанности, как какая-то бесплатная рабыня! Короче говоря, вся моя жизнь — это большая жертва как матери, которая сделала все, чтобы воспитать свою дочь добродетельной женщиной, только чтобы в конце концов обнаружить, что все, что я делала, было напрасно! Что меня беспокоит еще больше, так это то, что мое собственное поведение никогда не могло вдохновить ее настолько, чтобы она делала все так же, как я! Помогите мне понять, если тот день, когда мужчины и женщины поменяются ролями, не является ли это признаком того, что время совершило переворот прямо у нас под носом, а мы даже не знаем, как и когда все это произошло? Если это не какое-то дурное предзнаменование, сигнализирующее о серьезном упадке нашей древней культуры, то что еще может быть?!" Услышав ее озабоченность, зять Аакааш сначала смеется своим смехом, который действует на нее как успокаивающий бальзам, а затем принимает ковш, вынутый из рук его свекрови Агии, начинает свое обращение своим успокаивающим голосом: «Если помощь жене в ее работе делает человека рабом, то с большой гордостью я говорю: «Да, я раб, но это заявление неполный, так как он зависит от моего следующего предложения: «но я раб только вашей дочери и ничей другой! Некоторым мужчинам, которые сомневаются в своей мужественности, может быть стыдно выполнять задачи, которые традиционно выполняются женщинами, но, поскольку во мне нет такого ложно-мужского шовинистического настроя, я иду вперед и намеренно занимаюсь женской работой, чтобы доказать себе, что Меня устраивает моя мужественность, и такое отношение, безусловно, сделало меня лучше! Если уж на то пошло, чтобы обеспечить бесперебойную работу этой системы, я получил специальное разрешение от своей работы на то, чтобы перевести свои часы с дневной смены на ночную! Таким образом, я и моя жена не тратим силы на выполнение одной и той же задачи! Значит, когда я отдыхаю, она работает; когда она отдыхает, я работаю, и в этом большой секрет наших отдохнувших и свободных от стрессов лиц!

Что касается другого вашего беспокойства по поводу разрушения нашей культуры и наследия, то, моя прекрасная леди, я согласен, что ваши опасения также беспокоят меня, но попытайтесь взглянуть на это так: когда вы привязываете колесо от воловьей повозки к сверхскоростному поезду для тогда не нужно быть гением, чтобы сказать нам, что такая Колесница обречена на провал! В традиционной домашней модели мы видим женщину как корову, которая остается в пределах дома, чтобы прокормить все домашнее хозяйство, в то время как мужчина, как Лошадь, охотник, который выходит на улицу, чтобы добыть ресурсы, необходимые для нормального функционирования хозяйства. семья. Эта модель разделения труда доказала свою эффективность с древних времен, но из-за более мощного влияния Запада нам тоже нужно соответствовать требованиям изменившейся среды, плывя по течению! Проблема теперь с нами, средним классом обслуживания, состоит в том, что мы больше не могли стать ни богатым Западом, ни старым духовным Востоком! Нынешний способ, которым мы видим единый мир, основан на национальных границах. Обман! Мир объединен их Идеологиями! Когда воздух, океаны, земля и другие природные ресурсы взаимосвязаны, и изменения, происходящие в одной части мира, также влияют на другую сторону мира, то почему руководящие органы и правила и положения по всему миру должны будь другим? Я не говорю раскрашивать весь мир в один цвет, так как его красота заключается в его разнообразии! Секрет сосуществования не в том, чтобы обратить всех, как мы, а в том, чтобы уважать различия других!

Услышав такие мудрые слова из уст своего зятя, свекрови Агье становится стыдно за охватившее ее чувство ревности! Затем, отмахнувшись от своих абсурдных эмоций, она, смеясь, дополняет его: «Глупая я, что завидую своей дочери из-за того, что ей повезло иметь Человека, чья помощь сравнима с наймом десяти слуг вместе взятых!»

## ДЛИННЫЕ ЖЕЛАНИЯ

*О милосердное Солнце! Почему ты должен*

*прийти, чтобы закончить такую ночь!*

*Как враг, ты вырвешь у меня любимого,*

*не будь таким жестоким,*

*У меня есть только моя единственная луна,*

*единственный и неповторимый...*

Когда отец не возвращается, когда его ждут, мать сидит как сумасшедшая, опьяненная вином тоски боли и тревоги разлуки, так что теперь, когда он сейчас приходит, он выглядит вдвое красивее, и тревога действует как укол. страсти в животе. Теперь каждый шаг, который она слышит, вкладывает в ее ноги такой заряд энергии, что без всяких тапочек и даже поправок на волосах ее бег прекрасен, даже если ее намерения злы! Запереть его навсегда, а потом бросить ключ в какой-то глубокий колодец, место, откуда никто никогда не сможет найти...

Вся эта демонстрация нежности бессмысленна для человека, возвращающегося из путешествия с пустым желудком. Зная, что путь к сердцу мужчины лежит через его желудок, она направляется на кухню и без дальнейших проволочек варит ему кашу. Когда мама подает детям кашу и они кладут в рот первую ложку, они недоверчиво моргают! Почему? Потому что каши, которую готовила мама, каждый день так или иначе не хватало. Иногда воды было слишком много, иногда соли было слишком мало, короче говоря, никогда не было идеально. Дети задаются вопросом, неужели ее истинное намерение состояло в том, чтобы наказать «его» детей, только так они начинают жаловаться ему, когда разговаривают по телефону, тогда он обязательно бросит всю работу и прибежит обратно! Это вовсе не значит, что именно любовь к своим детям действительно связывает его с ней, а не только с ней самой!

Эта каша в тот день, когда он неожиданно вернулся, имела такой замечательный вкус, какого еще не пробовала! Дети не могут не обменяться насмешливыми взглядами друг с другом и замечают: «Дорогая Папауа Гвинея, заставляй маму ждать побольше раз, так мы каждый день будем получать такую изумительно вкусную кашу, но пожалуйста, имейте в виду, чтобы она не ждала, что долго, что вы выбить ветер из нее! А если нет мамочки, то нет и каши - хорошо это или плохо! В этом наихудшем сценарии мы все проиграем, потому что тогда мы все обязательно умрем с голоду! Что не пойдет никому на пользу!»

Затем дети обмениваются тайным смехом и еще раз говорят себе: «*Почему матери должны быть такими глупыми!?*»

Видя такое эмоциональное проявление привязанности, он чувствует себя виноватым в том, что заставил ее прекрасную жену так ждать. Итак, чтобы компенсировать все это, он обещает ей взять ее и детей с собой, когда бы ни случилось следующее путешествие.

## САМЫЙ СМЕРТОНОСНЫЙ УКУС ЧЕРНОЙ ВДОВЫ

*Жена Адити мужу Аакашу* : «Мне нужно объяснение прямо сейчас, иначе мой разум взорвется, если я не выговорю его! Все это время я была на седьмом небе от счастья, думая, что ни одна женщина не может быть счастливее меня в том, что у меня есть мужчина, у которого самая чистая сердце всего, но теперь, услышав одно это заявление из твоих уст, вся моя вера в мужчин испарилась! Я всегда гордилась собой за то, что у меня образованный Муж, и поэтому никогда не буду реагировать так же, как неграмотный человек на улице, только на Когда дело доходит до грубых инстинктов, все мужчины ведут себя одинаково! Если бы я только знала это до замужества, я бы бегала по улицам, предупреждая всех, чтобы они никогда не отдавали свою свободу ни одному мужчине!

Теперь его очередь вести себя невинно и не отвечать на ее косвенные вопросы.

*Муж Аакаш:* «Вы продолжаете и продолжаете хлестать меня своим ядовитым языком, даже не давая мне понять причину этого! Разве это справедливо в вашем суде, мой Лорд? Почему мои уши улавливают холодность и отстраненность в голосе. моей жены, что слаще меда»?

Теперь жена Адити поворачивается к нему спиной, показывая, что дело действительно серьезно.

*Муж Аакаш* : «Твой голос всегда сладок и приветлив, как соловей. Пожалуйста, поприветствуй меня еще раз, но на этот раз в своем лучшем украшении, которое дал тебе Бог, — в своей опьяняющей улыбке!»

*Жена Адити теперь спокойнее поворачивается от показа*

*ее задом наперёд:* «Почему ты захотел увидеть мои ногти сейчас и разочаровался, когда заметил, что они не выглядят ухоженными?»

Мудрецу достаточно слова, и он более чем мудр, тотчас понимает дело, но все же мало толку, как то, что женщине кажется серьезным, мужчине кажется пустяком! Он ничего не подозревая показывает все о своей новой подруге-вдове, которую он встречает на автобусной остановке, чтобы подбросить детей, не понимая, что каждое слово, которое он говорит с этого момента, заставляет его попасть в ловушку этой лисицы!

*Муж Аакаш* : «О, я хотел рассказать вам об этой даме, которую только что встретил. Она мать маленького Сиддхартхи, чей муж давно умер. Долг всех наших мужчин — сделать так, чтобы она никогда не чувствовала отсутствия своего мужчины! Она вчера сделала свежий маникюр и просто хотела, чтобы я был частью её счастья, касаясь и чувствуя её руку на себе. Теперь ты не только моя жена, но и мой друг, поэтому я чувствую, что это не будет означать, что я переступлю пределов, когда я открою вам эту тайну, что, когда я держал её изящную руку в своей, мне было очень щекотно и мягко, как плюшевые подушки, которые соблазняли меня сжать их, но я сделал это совсем чуть-чуть! следующий уровень? Потому что это обручальное кольцо на моем пальце, которое является постоянным напоминанием о моей верности тебе и моей любви к тебе, требует от меня жертв и отрицаний!"

Теперь, когда кот вылез из мешка, начинается ад! Она может видеть ужасные последствия того, что шаги этой Ведьмы приближаются к её дому, а затем, используя свои уловки контроля над разумом, вырвет у неё всё - сначала её Мужа, а затем её детей за то, что они использовали их в качестве детского труда, чтобы подмести её полы! Отмахиваться от этого врага как от никем будет скорее

## СОБЛАЗНЕНИЕ СОБЛАЗНИТЕЛЯ СОБЛАЗНИТЕЛЕЙ – ЕЩЕ ОДНА БЕСЦЕННАЯ УПАНИШАДА

доказательством ее самодовольства , чем недооценкой силы врага! А что-если он еще скрывает от нее еще много таких так называемых безобидных происшествий! Значит, злые похотливые желания уже тайно работают за кулисами, чтобы объединить этих потенциальных любовников! Опасный! Пресекайте зло в зародыше, как говорится, и это ее долг сделать это немедленно!

Как только приходит осознание приближающейся битвы, нет времени для самоуспокоенности, а только «марш вперед»! Атака!

*Жена Адити* : «Я выбрала тебя своим Мужем именно потому, что я видела все качества, которые делают человека великим, и все же, когда я вижу это противоречие в тебе, я снова сомневаюсь в своем понимании тебя! Я могу понять, как даже человек с характером также может сойти с ума, столкнувшись с желающей женщиной, но, пожалуйста, просветите меня, как такой мужчина может также забыть о своей верности своим детям, которые связаны кровью и все еще становятся жертвами ее ухаживаний?

Муж Аакаш прекрасно знает, что в словесной дуэли с женщиной она легко может победить мужчину, поэтому прибегает к единственному способу - промолчать!

Не справляясь с токсичностью ситуации, ситуация только ухудшается с каждым днем.

Вдова счастлива, думая, что у нее есть муж по доверенности. Не довольствуясь тем, что они просто наслаждаются их компанией на улице, высаживая детей на школьной автобусной остановке, она думает о том, как извлечь больше из этих отношений. Она приходит, чтобы оставить своего сына мужу Аакашу, чтобы тот присматривал за ребенком, пока она не сможет выполнить некоторые из своих поручений.

*Жена Адити вдове* : «Абсолютно нет! Мы здесь не занимаемся благотворительностью! Предупреждаю вас, даже если я увижу вашу тень через семь домов, я арестую вас и посажу за решетку за преследование моего человека!»

Адити ведет себя с ней грубо. Увидев грубое поведение своей жены по отношению к тому, кто ему искренне дорог, он выходит из себя и инстинктивно поднимает руку, которая тяжело приземляется на ее лицо, издавая громкий звук, от которого трепещут сердца детей, которые стояли рядом! До сих пор они были молчаливыми свидетелями всей этой драмы, но теперь они вмешиваются. Низким и почтительным голосом Чандрашекхар говорит вдове: «Нет хорошего способа сказать это, но поскольку только один меч может жить в мече -случай, вам придется уйти. Маюри тоже молча жертвует всеми своими мечтами о многообещающем романе с сыном ради всеобщего блага.

Слово мудрым, и она более чем мудра.

Она исчезает.

Конец.

## 1984 ПОЙМАННЫЙ В АДУ ГЕНОЦИДА

*Дхармо Ракшати Ракшитах*

*(Защитник дхарма (Этика),*

*Сам Защитник-Защитников защищает*

*защитника дхарма (Этика))*

*- Вед Шастр/ Ведическая литература*

Когда волк приходит в овечьей шкуре и завоевывает их доверие, чтобы взять на себя роль их защитника, тогда знайте, что дни овец близятся к концу! Таково же

## СОБЛАЗНЕНИЕ СОБЛАЗНИТЕЛЯ СОБЛАЗНИТЕЛЕЙ – ЕЩЕ ОДНА БЕСЦЕННАЯ УПАНИШАДА

состояние страны, когда происходят 1984 бунта!

*Маленькая Маюри своему брату Чандрашекхару* : «Под перекрестным огнем оказалась и моя дорогая маленькая семья! Теперь, когда я читаю страх и ужас, написанный на лице моего отца, мое лицо тоже начинает показывать похожие выражения, хотя и по разным причинам, его из-за толпы, а мое из-за реакции моего отца на передачу толпы! Мои опасения подпитываются, когда я вижу, как он вытаскивает единственный старый ржавый меч, который у него был с незапамятных времен, и, увидев который, я быстро ищу тайник, место, куда, даже если бы он его обнаружил, он все равно никогда не смог бы добраться! Теперь отец смотрит то тут, то там, не чуя грандиозного нечестного игры, затеянного его собственной маленькой дочерью. Теперь, когда отец видит, как его единственное оружие таинственным образом исчезает, он отказывается от дальнейших поисков, принимая это за знак свыше, и в тот же миг прекращает поиски! Увидев, как он бросил поиски оружия, я вздохнул с облегчением! Теперь я вижу признаки ужаса на лицах осуждающих людей, которые задаются вопросом, какое объяснение может дать дочь поступку, поставившему под угрозу жизнь ее собственного отца!? Мое оправдание просто! По моим наблюдениям вся эта фальшивая драма не имеет под собой никаких оснований и длится дня три-четыре или меньше! Как только пыль уляжется, бизнес возобновится, как будто ничего и не было. Можно было бы ожидать, что судебная система накажет преступников, а также, возможно, вознаградит оставшихся в живых какими-то бессмысленными званиями и медалями, но вместо этого мы на самом деле видим в этой реальной окружающей нас среде, которая страдает от материализма, так это то, что эти наемные головорезы из мафии, когда они убивают, получают щедро платят и продолжают свободно бродить

по улицам, в то время как тот же поступок, совершенный моим отцом, даже если он был совершен для самозащиты и защиты семьи, даже если он гражданин, который платит налоги так же, как и большинство, будет сфабрикован и приговорен к какому-то жестокому наказанию, которое хуже смерти! Этот инцидент преподал мне важный урок выживания:
Когда мы оказываемся посреди болота коррупции, кумовства, групп, использующих грязную тактику манипулирования толпой, чтобы удовлетворить свою бесконечную жадность к деньгам, чтобы купить эти опасные изменяющие сознание наркотики, которые могут помочь заглушить крики спасения, исходящие из измученной души. внутренне бунтуя против образа жизни, который является полной противоположностью их истинного я, за то, чтобы стать тем, кого они всегда презирали, как та лошадь, которую дрессировщик не мог приручить, потому что она беспокоилась каждый раз, когда видела свою тень, преподает важный урок: везде, где правит лицемерие, разумно бороться с ним с помощью инструмента дипломатии! Попытаться стать мятежником с силой, которой еще недостаточно, чтобы свергнуть великана, даже когда такое событие является фальшивым, как некая буря, которая скоро уляжется, тогда пытаться бороться с этой временной бурей - не храбрость, а самоубийство! Это все равно, что разрушать долгосрочные цели ради краткосрочных целей!»
В отличие от мудреца, который окаменел от мысли о быстро приближающемся враге, маленькие дети в семье - нет! Он счастлив, потому что использует свое воображение, а не разум, который уже предвидел свою победу, победив врага их ловкими ударами карате! В то время как Мать Адити из общины Хальса идет в дом своей соседки-индуиста Мандодари, чтобы попросить ее о помощи, предоставив ей приют, пока эти дикие ветры не

## СОБЛАЗНЕНИЕ СОБЛАЗНИТЕЛЯ СОБЛАЗНИТЕЛЕЙ – ЕЩЕ ОДНА БЕСЦЕННАЯ УПАНИШАДА

утихнут!

*Мать Притам:* Я буду добр к своей добыче не из жалости или какой-то такой глупости, а потому что завтра, когда настанет моя очередь молиться перед моим хищником, я тот, у кого улыбка...

*Сосед-индус, Мандодари* : Моя этика не позволяет мне давать убежище людям, принадлежащим к региону, за которым охотится мое правительство. Мне придется прожить остаток жизни предателем, предавшим приказы лидера этой страны!

*Хальса Мать Адити* : Хватит! Слышать такие обманчивые слова от такой образованной женщины, как вы, заставляет меня очень нервничать за все будущее этого великого народа! Если у вас когда-нибудь будет возможность увидеть отчет об анализе нашей ДНК (дезоксирибонуклеиновой кислоты), вы будете удивлены, увидев удивительно высокую степень скрещивания всех людей во всем мире, в этом отчете даже показаны ссылки на многие другие виды, такие как рыбы, обезьяны и многие другие животные, если уж на то пошло! Испокон веков такие несправедливости творились путем искажения фактов! Толкатели повестки дня настолько эффективны, что могут легко заставить нас поверить, что тиран любил, как Бог, в то время как все те, кто отстаивал свои Права, были смутьянами! С незапамятных времен религия служила отличным инструментом в руках манипуляторов, чтобы использовать любовь к нашим предкам как повязку на глазах, чтобы мы никогда не видели очевидного!

*Сосед-индус, Мандодари* : То, что вы говорите, резонирует со мной, и все же, почему я не могу принять это?

*Хальса Мать Адити* : Причина твоей неспособности понять это в том, что ты тоже стала жертвой постоянного промывания мозгов, которое началось не сейчас, а много веков назад! Как вообще возник этот вопрос, что мы и индусы разделены, когда все наши Гуру были индусами! Если бы только Гуру Говинд Сингх джи, наш основатель, знал бы, что это уведет нас от наших корней, он бы никогда этого не сделал! Если его собственный отец, Гуру Тег бахадур джи, индус, как может его намерение когда-либо состоять в том, чтобы не жить в гармонии с индуистской общиной? Теперь, когда я переживаю этот немыслимый момент, когда тень видит себя отдельно от своего тела, я вижу, насколько умным и организованным должен быть враг! Это заставляет увидеть горькую правду, что мы все голые, что вокруг нас смерть, и когда какая-либо информация просочится на наш уровень, будет уже слишком поздно! Когда это осознание возвращается ко мне, я слышу во мне громкое эхо слов из священных писаний: «Дхармо Ракшати Ракшитах» (Защитник дхарма (Этики),

Сам Защитник-Защитников защищает защитника дхарма (Этики)), и это возвращает мне улыбку! Когда вы когда-нибудь видели среднего человека, такого как вы и я, принимающего участие в арсенале и мародерстве, особенно когда у нас осталось мало времени после их ежедневных сражений, связанных с обеспечением себя и потребностей своей дорогой семьи! Индусы сейчас молчат, потому что думают, что это их не касается, не понимая, что время всегда обращается вспять, а потом, когда это произойдет, знайте, что вы будете улыбаться, потому что те, кому вы помогли тогда, помогут вам и сейчас! Даже если я вижу, что налоговые структуры больше похожи на взносы в какую-то коррумпированную финансовую пирамиду, я все равно плачу, а затем принимаю лекарство от депрессии, чтобы заглушить во мне голоса протеста за то, что я делаю вещи, противоречащие моей этике!

*Сосед-индуист, Мандодари*: Субхашам Шиграм! (На санскрите означает, что любая полезная задача:

## СОБЛАЗНЕНИЕ СОБЛАЗНИТЕЛЯ СОБЛАЗНИТЕЛЕЙ – ЕЩЕ ОДНА БЕСЦЕННАЯ УПАНИШАДА

выполнить ее как можно скорее)! (На санскрите означает, что любая полезная задача: выполнить ее как можно скорее)! Пожалуйста, поторопитесь и пригласите к нам всю свою семью, если вы чувствуете, что внешние условия стали для вас благоприятными!

## ВХОД В ПАСТЬ ОГНЕННОГО ДРАКОНА НАЗЫВАЕТСЯ / СИСТЕМА ОБРАЗОВАНИЯ

*Гурурбрахма гурурвишнух,*

*гурурдево махешвара |*

*Гурухсакшат парабрахма*

*тасмай шригураве намах ||*

*(Гуру — это Брахма, Гуру — это Вишну, Гуру — это Господь Шива. Воистину, Гуру — это высшая реальность. Возвышенные поклоны Ему.*

*- Сканда Пурана*

Если кто-то хочет научиться какому-то искусству, то первое, что он ищет, — это знания в этой области и наличие работы, подкрепляющей его работу. Чем больше работа подчеркивает продвинутые навыки для создания конечного продукта, тем больше гениальности создателя выходит на первый план! Теперь, зная ценность качества в продуктах, мы тоже хотим, чтобы лучший учитель научил нас этим навыкам. Итак, теперь, когда мы готовы заплатить что угодно, чтобы нанять этого гения, этого учителя/гуру, где он? К счастью, вам не нужно брать еще один долг из синтетических источников, чтобы учиться, поскольку это то, чему вы можете научиться самостоятельно! Где этот гуру и как он может научить меня? Гуру находится в каждом творении природы. Все, что вам нужно, это глаз, который видит, как движется

## СОБЛАЗНЕНИЕ СОБЛАЗНИТЕЛЯ СОБЛАЗНИТЕЛЕЙ – ЕЩЕ ОДНА БЕСЦЕННАЯ УПАНИШАДА

предмет исследования. Так что лучшие мозги здесь не нужны. Приостановите все мысли, поскольку теперь вы становитесь немой машиной, слепо следуя шаблонам проектирования, используемым Природой. Сейчас мы занимаемся реверс-инжинирингом! Так как путь Создателя Всего неоднократно доказал свою безвременную эффективность , он должен быть правильным путем, он должен нести в себе инструкции, которым мы должны следовать.

Причина, по которой учения Создателя Всего не синхронизированы с системами образования, заключается главным образом в том, что учебная программа больше направлена на то, чтобы помочь нам лучше устроиться в нашем обществе! К несчастью для человечества, одна из самых важных тем в мире – Система Образования также является одной из самых непонятых! Как? Потому что то, что на самом деле предназначено для тренировки мозга в направлении критического рассуждения и логического мышления, вместо этого отупляет ребенка, не поощряя никаких здоровых дебатов. Результат: Система получила одноразового, копеечного работника, а взамен Сотрудник получил стабильную работу, однако от вас скрывают, что она стабильна только до тех пор, пока ваши навыки востребованы. Обман! Таким образом, Индивидуум мало осознает свои Бесконечные потери! Ирония ситуации в том, что та самая система, которая убила в ребенке гения, того гения, который мог бы создать целую новую систему, чувствует себя бесконечно обязанным этой системе за то, что она помогает оплачивать его нужды и нужды его семьи! Стабильная работа для человека означает, что родителям никогда не придется беспокоиться о том, что их дети переживают трудные времена. С таким мышлением родитель убивает себя, никогда ничему другому не учится, думая, что его жертва поможет его ребенку вести счастливую жизнь. Теперь, когда тот же ребенок вырастает и становится родителем, он тоже проходит через тот же цикл страха и ложного чувства Жертвы. Этот цикл повторяется от одного к другому без перерыва!

В результате Индивидуализм проигрывает этим фальшивым сторонникам лжи! Вот почему из-за плохой системы преподавание, которое должно было бы быть самой почитаемой работой, является таковым только тогда, когда учитель спит на лекции, поскольку все, что они приносят с собой, - это неприятная ценность, поэтому, пожалуйста, делайте то, что вы делаете лучше всего - спать!

## СОБЛАЗНЕНИЕ СОБЛАЗНИТЕЛЯ СОБЛАЗНИТЕЛЕЙ – ЕЩЕ ОДНА БЕСЦЕННАЯ УПАНИШАДА

## КОГДА Я СНЯЛА СВОЮ СТАРУЮ КОЖУ БЭБИ МАЮРИ, ЧТОБЫ ПРЕВРАТИТЬСЯ В МОЮ НОВУЮ КОЖУ БАБУШКИ МЭЙЮРИ / ПЛЫВИ ПО ТЕЧЕНИЮ

*Элемент Воды в нас напоминает нам, что куда бы мы ни пошли, мы отдаем себя, чтобы ассимилироваться с сущностью окружающей среды.*

*- Мачта Маюри, Опьяненный павлин под дождем*

Сцена родительского собрания в школе ребенка отца Аакааша Маюри — «Модель, которая гарантирует, что богатые станут богаче, а бедные станут еще беднее»! Безукоризненно одетая юная учительница младших классов с огромными глазами стоит на сцене, обращаясь ко всем гордым родителям своих теперь уже высококультурных детей, призывая их к открытому и честному обсуждению всех и каждой проблемы, с которой сейчас сталкиваются их дети. Ее ободряющие, красноречивые и пламенные слова заставляют отца Аакааша забыть свой главный жизненный принцип, который всегда помогал ему оставаться спокойным в общении с самыми разными людьми, а именно: «всегда оставайся нейтральным с людьми». Люди мне не враги, и я людям не друг! Пока она говорит, ее слова попадают в нужное место в «Отце Аакааше» маленькой Маюри. Итак, отец Аакааш к настоящему времени чешется на своем месте, беспокойный, пока он не высказал свой голос против несправедливости, которой подвергается его дочь, которую он любит больше, чем себя, со стороны учителя по имени мисс Фокс. В свое время, когда его дочь рассказала ему о несправедливом происшествии, он сдержал свой гнев, чтобы пламя его гнева не охватило и его дочь! Тогда он отмахнулся от этого, как от какого-то случайного разового происшествия, и пообещал себе заняться этим вопросом, если это когда-нибудь повторится. Теперь, когда эта младшая учительница, словно специалист по чтению по лицу, замечает некоторую озабоченность на лице отца Аакааша, она тут же ухватывается за этот случай на пути к славе. Она призывает его поделиться своей заботой со всем собранием, заботой об одном, а может быть и о всех!

Та же самая речь, произнесенная мужчиной мужчине, не производит такого большого впечатления, в то время как произнесенная лицом противоположного пола ROI (окупаемость инвестиций) взлетает до небес! Тогда легче рухнуть стене мужской гордости и заставить его упасть ей на шею в знак благодарности за великий поступок, когда он открыл глаза! Даже если благоразумие говорит, что выплеснуть кишки священнику на исповедальне не решает никаких проблем, роет себе могилу, все равно отец Аакааш не может больше сдерживаться и выбалтывает все кровавые подробности тайного события, тлеющего в нем на глазах. этого любительского священника! «Послушайте, эта несправедливость, которая до сих пор не нашла покоя, как стрела, все еще вонзившаяся в мое сердце! Услышав ваши слова ободрения, вы тот самый человек, который, наконец, может помочь вытащить эту стрелу, чтобы я мог спать спокойно! Инцидент таков: «Классный руководитель, миссис Фокс, моей маленькой дочери Маюри, в наказание за преступление, которое можно было легко проигнорировать — забыла на детской площадке свою тетрадь, в которой было домашнее задание! Сначала она расплела свои длинные волосы.

## СОБЛАЗНЕНИЕ СОБЛАЗНИТЕЛЯ СОБЛАЗНИТЕЛЕЙ – ЕЩЕ ОДНА БЕСЦЕННАЯ УПАНИШАДА

дёргая её за волосы в процессе, вызывая физический и эмоциональный стресс, приучая её терпеть несправедливость, которая ранит душу. Она не остановилась на этом. Затем она попросила весь класс сказать в один голос: «Маюри — неудачница, Маюри - обезьяна, Маюри - дура", неоднократно, наказание, которое не соответствует преступлению! Я боюсь, что такая токсичность никогда не позволит ей выжить в этой среде! Пожалуйста, примите самые строгие меры против нее, прежде чем ситуация выйдет из-под контроля! "

Услышав только слова, которые ищет младшая воспитательница, у нее заблестели глаза! Какая прекрасная возможность для того, чтобы ее имя засветилось во всех средствах массовой информации! Если она сможет правильно разыграть этот инцидент, она сможет увидеть свое имя, написанное золотыми словами в истории человечества за то, что спасла маленькую девочку из лап ведьмы! Так что, не теряя ни секунды, с высоко поднятой головой, как какой-нибудь воин, направляйтесь так быстро, как только может, к кабинету директрисы, чтобы поднять еще больший шум! Как только директриса разобралась со своей историей, она тут же посылает батрака, чтобы привлечь учительницу, мисс Фокс - великую злодейку всех времен, к себе в кабинет!

*Директор выглядит сердитым* : «Ты, ведьма! У тебя камень вместо сердца? Твоя душа давно умерла, оставив после себя тело, которое теперь только распространяет неприятный запах, чтобы маленькие дети могли его вдохнуть и, таким образом, умереть медленной смертью от твоего трупа. ?»

Нелепый поступок может найти свое оправдание только в столь же нелепой причине! Мисс Фокс очень хорошо осведомлена обо всех психических заболеваниях, от которых она страдает! В конце концов, это все вина Бога за то, что он дал ей тело, которое никогда не позволит ей прожить свою жизнь с максимальным потенциалом! Втайне она ненавидит Бога за то, что он дал ей такое уродливое тело, которое никогда не позволит ей осуществить свое истинное желание стать лучшим актером в киноиндустрии. Всю свою сдерживаемую ненависть к несправедливости Бога по отношению к ней она дала ей вырваться из-за разрушения будущего этих маленьких детей, чьи манеры близки к тому, как Бог должен выглядеть и действовать! В конце концов, если бы не злые манипуляции Бога, она бы наслаждалась будущим, которого по праву заслуживает! Каждый раз, когда она открывает свой ящик, вид всевозможных лекарств, которые она принимает от различных болезней, насмехается над ней, смеется над тем, что она снова ставит ее под сомнение в любви Бога к ней и Его творению! Она задается вопросом, является ли ее неправильный выбор причиной ее бедственного положения сегодня, или это Бог - какой-то безжалостный тиран, ожидающий удара кнутом по любому, кто попытается ослушаться Его, даже немного! Все эти негативные мысли и ненависть в ней хотят, чтобы она навредила самому прекрасному божьему творению – детям! Каждый раз, когда она смотрит на уверенность этой маленькой девочки Маюри в себе, слышит ее беззаботный смех , не знающий страха перед реакцией людей, напоминает ей собственный смех, который она давно потеряла… Если только ревность не поглотит ее жертву. , вместо этого он будет потреблять только ее! Итак, чтобы утолить этот огонь мести, она тайно начала играть и экспериментировать с разумом этого ребенка, чтобы показать ребенку, насколько он выше ее, и поскольку она не может сделать это, увеличивая свой собственный набор навыков, она вместо этого расширяет контраст, снижение способностей ребенка! Теперь, чтобы

## СОБЛАЗНЕНИЕ СОБЛАЗНИТЕЛЯ СОБЛАЗНИТЕЛЕЙ – ЕЩЕ ОДНА БЕСЦЕННАЯ УПАНИШАДА

спасти собственную шею, она изобретает новую форму абсурдной лжи, которая оправдывает ее абсурдное поведение!

*Мисс Фокс:* «Вы дурак! Это не я глупа, а такие люди, как вы, с вашими светскими идеологиями! Ибо все вы, светские дураки, говорите нам, неверующим, что «все творения одинаковы, потому что они были созданы». тем же Богом», в то время как люди вроде меня с прогрессивными научными взглядами знают лучше! Истина в том, что Бога нет, и мы являемся творцами нашей собственной жизни, «Ахам Брахмасми» (Я Брахма, Господь Творения) ! Религия — это великая концепция не для поиска истины, а для поиска наших родословных! Таким образом, мы можем установить правила, которые гарантируют, что все наши будущие поколения станут правителями, а остальные — нашими рабами! Используя наши передовые знания в области психологии человека, мы можем использовать эти уловки в наших интересах. Мы можем использовать эти проверенные временем результаты хорошо задокументированных экспериментов над детьми в методах, которые могут отупить любого ребенка и воспитать другого, который выявит лучшее в наших линиях! Теперь позвольте мне рассказать вам хорошо- хранится в секрете, обнаруженном в ходе исследований, проведенных NASA, The Natio Национальное управление по аэронавтике и исследованию космического пространства, независимое агентство Федерального правительства США в Америке, утверждает, что девяносто восемь процентов детей попадают в категорию гениев! Для нас это означает, что есть шанс, что наше поколение потеряет первое место! Таким образом, это будет означать не только то, что нашим будущим поколениям придется пройти через ментальную травму вкуса поражения, но также является нашим долгом увеличить контраст между нами и ими, создав условия, которые могут привести этих несчастных только во тьму без них даже . подозревая злой заговор за их нынешним жалким состоянием, в то время как мы просто поднимем ноги и будем есть торт весь день! Цель религии состоит в том, чтобы стать большинством, чтобы мы могли влиять на банки голосов, которые затем могли бы принять законы, которые помогут попрать права меньшинств!

*Директор* : Ваши речи подобны какой-то королеве лицемерия. Я, кого вы обвиняете в невежестве, преподам вам важный урок: вы думаете, что делаете одолжение своим будущим поколениям, защищая их от дикой природы, но теперь подумайте еще раз, ставя на очках, которые помогут вам заглянуть в будущее, когда обретут форму разные возможности! Если бы наше Поколение стало номером один не благодаря своим навыкам, а хитрости, то разве вы не видите весь вред, который это нанесет нашим будущим поколениям! Отсутствие проблем в их жизни сделает их ленивыми. Как только они станут ленивыми, их готовность работать на себя, чтобы заботиться о своих потребностях и потребностях своей семьи, уменьшится. Когда это происходит, умы всех членов семьи портятся! Как только это произойдет, все общество заразится эпидемией жадности! Когда это произойдет, знайте, что конец жизни близок! Помните, что мы оба друзья, потому что у нас одни и те же конечные результаты, но мой способ их достижения отличается от вашего!

*Мисс Фокс* : Хватит спорить, светский дурак! А теперь послушай мой путь, который непременно обеспечит нашу победу! Все, что нам нужно сделать, это использовать силу нашей численности, чтобы заглушить голоса любого меньшинства! Смешно это или нет, мы все вместе смеемся над жестокими шутками, которые мы отпускаем над их

## СОБЛАЗНЕНИЕ СОБЛАЗНИТЕЛЯ СОБЛАЗНИТЕЛЕЙ – ЕЩЕ ОДНА БЕСЦЕННАЯ УПАНИШАДА

культурой и наследием, их внешностью, вещами, которыми они гордятся, всем, что действительно является их достоянием! Таким образом, достаточно скоро они начнут сомневаться в себе и своих верованиях предков! Теперь они начнут тайно проклинать Бога за то, что они родились в неблагополучной семье, и теперь их единственным желанием будет либо уподобиться Большинству, либо умереть! Если мы сейчас не предпримем никаких действий, очень скоро меньшинство станет большинством! Мы должны быть особенно осторожны с этой группой меньшинства - религией Хальса! В них течет кровь великих Святых, которые доказали свою способность к выживанию, превратившись в солдат, когда окружающая среда была вынуждена сражаться, чтобы защитить свою свободу от этих тиранических сил радикальных исламских Моголов! Если бы не их жертвы, весь мир окрасился бы в один цвет одной и той же Религии! Так что, если они однажды узнают обо всем, на что они способны, они легко нас догонят! Они займут все наши позиции в индустрии, а наши маленькие принцы и маленькие принцессы будут сидеть в сторонке, сложа руки, без всяких пирожных, которые они так любят! Все эти разговоры о горькой правде так сильно бьют мое сердце, что мне нужно отдохнуть! Так что, пожалуйста, уходите и позвольте мне еще немного обдумать мой план действий!»

Директрисе не нравится жестокость в ее подходе, и все же, поскольку они преследуют одни и те же цели, даже если это противоречит ее этике, она дает ей свое безоговорочное согласие, не произнося ни слова приличия! ...

Однажды ведьма получает безоговорочное одобрение Директрисы, всплескивает руками, бежит сначала налево, потом направо, не зная, как отпраздновать свою недавнюю победу! Не теряя ни секунды, злой ум Ведьмы тут же начинает генерировать новые идеи пыток! Теперь каждый день единственным источником развлечения в ее скучной жизни является изобретение новых способов мучить маленькую девочку, ровно столько, чтобы не вызвать возмущения со стороны однокурсников!

Как в сказке о Короле, жизнь которого прожил попугай по доверенности от злого колдуна! Каждый раз, когда она хотела навредить королю, она пытала попугая, точно так же мисс Фокс тоже начинает причинять боль и дискомфорт дочери, чтобы навредить отцу. Так по доверенности она мстит от отца! Однако, к несчастью для нее и к счастью для ребенка и ее семьи, дочь может понять истинную причину злых намерений учителя. Итак, что она делает сейчас? Будучи умной, она рассуждает. Так как только знание боли дочери может быть причиной боли отца, она просто не будет рассказывать дальше истории о своих мучениях дома! Простой! С этим откровением она начинает делать то, что прекрасно делает ребенок — Забывать. Она рассуждает: «Ведьма может мучить меня только до тех пор, пока я не окажусь в этой области школы, где она имеет власть надо мной, но когда я выйду из школы, я окажусь во власти моей заботливой семьи! Итак, пусть эта учительница-ведьма наслаждается своей обманчивой маленькой победой надо мной, а я наслаждаюсь своей настоящей победой, выйдя из огня ее пыток целым и невредимым! Никакая злая Ведьма больше не сможет причинить вреда счастью моей семьи!» С этой мыслью маленькая девочка улыбается, произнося новый урок жизни, который она только что усвоила: «Багаж дня заканчивается днем»!

У природы тоже есть свои способы служить справедливости. Как правильно сказал тот, что звук Его посоха не слышен, а чувствуется! Из-за того, что ведьма-Учитель в первую очередь занимается стрессом из-за своих новых планов по уничтожению ребенка, ее

## СОБЛАЗНЕНИЕ СОБЛАЗНИТЕЛЯ СОБЛАЗНИТЕЛЕЙ – ЕЩЕ ОДНА БЕСЦЕННАЯ УПАНИШАДА

собственная психика начинает атаковать себя! Неудивительно, когда Маюри узнает о высоком кровяном давлении и паническом приступе ведьмы, из-за которых ей пришлось оставаться в больнице больше месяца! А когда кота нет, мыши будут играть! Насколько нам известно, это оказалось лучшим временем в школьной жизни маленькой девочки. С течением времени характер маленькой девочки взрослеет. От полного болтуна дома до полного молчания в школе! Девушка, чье место было бы в десятке лучших, теперь опускается в десятку последних из пятидесяти учеников! Это служит скрытым благословением, поскольку иллюзия их победы сделала их достаточно самодовольными, и теперь она может дышать достаточно, чтобы пережить эти смутные времена! Она смеется и говорит себе: «Я желала внимания и признания со стороны этих привилегированных людей, которые думали, что они выше меня, но теперь я вижу, что они просто высокомерны! Чем они выше меня, если разница между нами только в том, что семьи, в которых они родились, были какой-то богатой привилегированной семьей, а моя принадлежала к буржуазному меньшинству! В этом отношении, как их семьи даже превосходят мои, когда эти семьи богаты из-за своего наследственного богатства или коррумпированных методов, в то время как мои все еще могут отправить своих детей в хорошую школу, несмотря на потерю всего их наследственного богатства во время всех грабежей во время Раздел Индии и Пакистана в 1947 году. Все это возрождение нашей семьи основано на силе их ума и упорном труде! Так что, даже если Бог дал выбор, чтобы выбрать нашу семью, мой выбор все равно будет в пользу семьи меньшинства среднего класса, поскольку я меньшинство, не имеющее гордости, чем большинство привилегированного класса, который просто высокомерный и пустой внутри!»
Теперь, со своими новыми посвященными глазами, она

далее наставляет: «Злой мотив учителя состоит в том, чтобы превратить мою жизнь в сущий ад, настолько, что я жалуюсь своим родителям. Затем, как только я пожалуюсь своим родителям, мои родители рассердятся и обидятся. Когда они разозлятся, они могут принять опрометчивое решение, забрать меня из школы и перевести в другую школу! Так как эта школа единственная, которая предлагает плавание, это будет большой потерей для меня и победой злого мотива ведьмы! Если подумать, этой старой ведьме нечего терять, испортив мне жизнь, потому что ее карьера уже достигла пика, и единственный путь для этой ведьмы — вниз, а с другой стороны, я еще маленький ребенок, для меня эти Это годы моего основания, и, как всегда говорит мой отец, основной принцип архитектуры гласит, что если фундамент непрочен, здание никогда не выйдет крепким! Этика может сказать, что я трус, эскапист, потому что убегаю от своих проблем, но я говорю, что вместо этого неверно ваше понимание, так как теперь своими новыми сознательными глазами я вижу, насколько храбрым и зрелым я только что стал, оставаясь на поле боя и лицом к лицу с проблемами! Научившись приспосабливаться и приспосабливаться к чужой среде, я чувствую себя умнее, чем раньше! В конце концов, зачем возиться с дорогостоящими суицидальными попытками камикадзе, когда те же проблемы можно решить, став никем / шунья (ноль)!

*Маленькая Маюри — своей матери Адити* : Всякий раз, когда возникает вопрос об исследовании причин, лежащих в основе нашего выбора, нам нравится верить, что наш выбор отражает наше истинное «я». Тем не менее, это утверждение очень легко сказать, но для любого, кто пытается вести такую жизнь, это самое трудное и самое трудноуловимое, поскольку уровень самодисциплины, необходимый для ведения такой дисциплинированной

## СОБЛАЗНЕНИЕ СОБЛАЗНИТЕЛЯ СОБЛАЗНИТЕЛЕЙ – ЕЩЕ ОДНА БЕСЦЕННАЯ УПАНИШАДА

жизни, является одним из самых сложных, чтобы сказать. наименее! Все мы, как минимум, рабы своих базовых потребностей для выживания! Глаза ребенка любопытны, любознательны в отношении открытия новых вещей, обучения без каких-либо предвзятых представлений. То есть это отличная возможность для взрослых увидеть, как увидит нетренированный, непредвзятый глаз, а не то, что делают эти мудрые взрослые? Они не просто убивают их возможность набраться опыта о том, как мы стали теми, кем мы стали сегодня, но вместо этого мы наказываем их за их оригинальные мысли и, что еще хуже, также передаем им наши ошибочные убеждения, опасаясь, что если они не остановятся, то их собственные дети может стать факелоносцем новой кровавой революции. Это риск их жизнями, а поскольку ценность жизни ребенка дороже для взрослого родителя, чем сам ребенок, родитель становится прекрасным инструментом в разрушении индивидуальности ребенка и распространении устаревших убеждений и лжи! Когда основой системы убеждений становится страх, а не какой-то здоровый набор проверенных тавтологий, она никогда не сможет произвести здоровых львов, а вместо этого может создать только бледных и трусливых личностей! В нашей религии есть удивительно великие герои из реальной жизни, которые никогда не колебались в том, чтобы пожертвовать своими жизнями, чтобы защитить свою свободу вести образ жизни, который соответствует их системе убеждений, но теперь окружающая среда изменилась, и наша религия слишком далеко отошла от своей сути - свобода, та самая причина, по которой она родилась! Теперь весь акцент сместился на простую внешнюю внешность, и это, должно быть, одна из самых больших глупостей нашей религии!»

*Мать Адити со смехом говорит*: «Моя маленькая девочка, твой хронический возраст девять, а ты говоришь, как женщина, которой девяносто, так что с этого момента, прямо как Баба Будда джи из Истории Хальсы, который тоже в ранние годы проявил мудрость, которая была не по годам удостоился этого титула, мы тоже будем называть вас, среди множества других имен, **«Бабушка Малышка Маюри»**!

«Джай Баба Будда джи ки; Jai hamari beti Grandma Baby Mayuri ki» на хинди. (Мы приветствуем Бабу Будду Джи; мы приветствуем нашу дочь Бабушку Малышку Маюри).

Маюри улыбается, Мать Адити тоже улыбается, но не по той же причине, а для матери причина в простоте, которая является самым драгоценным украшением для ребенка.

# СОБЛАЗНЕНИЕ СОБЛАЗНИТЕЛЯ СОБЛАЗНИТЕЛЕЙ – ЕЩЕ ОДНА БЕСЦЕННАЯ УПАНИШАДА

## ПОЧТЕННЫЙ УЧИТЕЛЬ / МОЙ СЫН! МОЙ СЫН!

*Rasri aawat jaat se sil par parat nisat*

*(Когда веревка постоянно проходит по одному и тому же месту, даже такой твердый материал, как камень, начинает проявлять признаки износа)*

*- Цитата древней мудрости на санскрите*

Мистер Термит — учитель математики, лысый, ему под пятьдесят. У меня родился сын после терпеливого ожидания более десяти лет! Этот сын — зеница его ока, человек, благодаря которому его подпись будет жить в грядущих поколениях!

Его внешнее поведение всегда этически корректно перед всеми учениками, чтобы они никогда не заподозрили, что он предан только своему сыну! Остальные — конкуренты его сына, поэтому его долг как отца — использовать свои знания о Кут-нити из ведической науки, искусства использования психологии для несправедливой выгоды, чтобы его сын всегда был впереди остальных. ! Все неэтичные уловки, которые он использует, чтобы его сын всегда был на вершине, он рационализирует их как часть своих отцовских обязанностей! Поскольку его высший долг учителя всех прямо противоречит его отцовским обязанностям, он заканчивает эту битву тем, что выбирает свою верность своему сыну только окончательно!

Учитель теперь неукоснительно следует своему тайному злому замыслу. Его стратегия заключается в том, что в школе он будет преподавать как профессионал, который передает ровно столько знаний, чтобы его ученики могли получать средние результаты, но, вернувшись домой, он обучает своего сына продвинутым методам быстрого доступа! Таким образом, он гарантирует, что его сын всегда будет получать высшие оценки, оставляя всех остальных с большим отрывом .

По счастливой случайности единственный сын г-на Аакааша Сингха Чандрашекхар также является учеником г-на Термита, однокурсником его сына. В один прекрасный вечер дует прохладный ветерок. Не желая пропускать такую прекрасную погоду, учитель решает вынести свои книги на улицу и вместо этого проводить тренировки на улице. Именно тогда Чандрашекхар видит учителя, его сына Принца и его близкого друга, сидящих снаружи. Поскольку в такую погоду обоим мальчикам нужна небольшая гонка, поэтому Принц также бросает все и приходит, чтобы взять Чандрашекара за руку, чтобы пробежаться по кварталу. Когда Чандрашекхар подходит близко к лежащему рядом с ним столу, его взгляд случайно падает на содержимое стола. Там лежали некоторые интригующие загадочные геометрические фигуры, которые произвели на него впечатление. Он хочет расспросить своего друга о них больше, но не знает, почему он этого не делает! Так что теперь оба мальчика хихикают и бегают по кварталу! При этом события того вечера казались такими же, как и в любой другой вечер, пока он не проспит ночь и не проснется на следующее утро! Утром, когда он лежит в полусне, все события прошедшего вечера вместе с визуальными образами интригующих головоломок возвращаются к нему с удивительным судьбоносным откровением: **Вся эта система устроена таким образом, что есть один путь,**

## СОБЛАЗНЕНИЕ СОБЛАЗНИТЕЛЯ СОБЛАЗНИТЕЛЕЙ – ЕЩЕ ОДНА БЕСЦЕННАЯ УПАНИШАДА

который каждый обучен следовать, а другой намеренно держится в секрете от остальных, чтобы сохранить свою святость от неграмотных людей, которые не знают, как сохранить красоту новой среды, которая, должно быть, украла план с небес, чтобы принести новый рай на Земле . Таким образом, теперь я вижу, как все эти образовательные материалы, учителя и руководства передают знания, написанные для людей, находящихся в открытом доступе. Итак, теперь Система, которая должна была возвысить качества ребенка до богоподобного уровня, вместо этого стала идеальной экосистемой для превращения их в безмозглых овец! Итак, правильный путь состоит в том, что мы начинаем смотреть на книги/учителей только как на средство инициации, а затем, получив от них знания, не ограничивать себя слишком только ими! В этом процессе открытия еще раз вернитесь к этим темам, на этот раз исследуя больше самостоятельно, экспериментируя, чтобы открыть новые секретные ярлыки! Это лучший способ, которым я могу дать своей душе удовольствие, которое она ищет, испытывая вещи. Делая вещи с полной предосторожностью, можно испытать как удовольствие правильным способом, так и удовольствие от боли неправильным путем, это действительно правильный путь...

Поскольку учитель не может допустить, чтобы на первом месте был кто-то, кроме собственного сына, мне нужно оградить себя от любых нездоровых сравнений. Так что лучший способ защититься - это скрыть от всех мою новую миссию, ведь один мудрый человек правильно сказал: "Когда живешь в одном пруду с крокодилом, разумно не отталкивать его!"

С этим осознанием я приветствую абсолютного учителя — математику, науку, знание, другими словами, знание того пути, по которому движется Бог, и, следовательно, это правильный путь для нас. Только когда я сам решаю проблемы, это становится моей второй натурой. Сейчас мне молиться за учебу, а не за спорт невозможно. Итак, я говорю свою индивидуальную версию Гуру-мантры, данную в Сканда-пуране: Да благословят меня духи организации и разума знания симметрии, когда я пытаюсь выполнить это колесо, которое я пытаюсь выполнить уже пятнадцать дней:

*Гурурбрахма гурурвишнух,*

*гурурдево махешвара |*

*Гурухсакшат парабрахма*

*тасмай шригураве намах ||*

(Гуру — это Брахма, Гуру — это Вишну, Гуру — это Господь Шива. Воистину, Гуру — это высшая реальность. Возвышенные поклоны Ему.

И о чудо, его радости нет предела, когда его ноги автоматически прыгают и совершают идеальное колесо! Увидев, как ее сын Чандрашекхар выполняет идеальное олимпийское колесо, обычно любая футбольная мама поощряет своего сына заниматься гимнастикой как карьерой, но Мать Адити не футбольная мама, поэтому она сразу же бросает ледяную воду на все его

## СОБЛАЗНЕНИЕ СОБЛАЗНИТЕЛЯ СОБЛАЗНИТЕЛЕЙ – ЕЩЕ ОДНА БЕСЦЕННАЯ УПАНИШАДА

многообещающие вдохновения. ругая его; — Я говорил тебе не делать этого, ты можешь поранить голову, а когда ты поранишься, всем в семье будет больно! Поскольку я знаю, что ты меня не слушаешь, я привяжу тебя к этому столбу, пока ты мне не пообещаешь, что больше этого не сделаешь! Пока его мать связывает его, он улыбается, поскольку он просто переживает момент озарения, зная ответ на вопрос, который так долго беспокоил его:
Вопрос: «Чем отличается нацистский тиран от матери»?
Ответ: «Нет».

# ВТОРАЯ ФАЗА ЖИЗНИ: КОГДА ТЕЛО ПРАВИТ

*Она исчезла,*

*теперь я совсем один,*

*играю на своей флейте в одиночестве...*

СОБЛАЗНЕНИЕ СОБЛАЗНИТЕЛЯ СОБЛАЗНИТЕЛЕЙ
– ЕЩЕ ОДНА БЕСЦЕННАЯ УПАНИШАДА

# КОНСТРУКТИВНЫЙ ФОКУС / КАК ИЗВРАЩЕНЕЦ УБИВАЕТ СВОЮ СКУКУ!

*Чандрашекхар* : Почему ты не появляешься? Я так напрягаюсь, а все, что мои усилия дали, это геморрой! После долгой борьбы, которая казалась мне бесконечной вечностью, я пробую каждый трюк из йоги, чтобы не сбиться с курса. Тем не менее, я подозреваю, что я должен быть звездой в классе людей с дефицитом внимания, поскольку, сидя в одиночестве на своем троне, я уже довожу до слез! Теперь, когда я жалуюсь и ругаюсь, по счастливой случайности мой взгляд падает на постер какого-то фильма с рейтингом в одну звезду в моей ежедневной газете с изображениями, которые попадают в точку! Вся моя боль волшебным образом исчезла! Увидев эти не что иное, как чудесные результаты, все меняется на противоположное. Теперь я с нетерпением жду перерыва в ванной. Когда я сижу на своем королевском троне, скука или праздность никогда не смогут победить меня, поскольку я всегда иду подготовленным, прежде чем идти в бой. Это должно устранить все недоразумения относительно того, почему я все еще нахожусь в ванной, даже после того, как причина, по которой я был там, давно ушла, поскольку нет нужды говорить, что моя настоящая тема все еще не...

# СТЕПЕНИ

*Видья дадати винаям, Винаям дадати паатратам,*

*пурататва дханамапноти, дханам дхармам та тацукхам*

*(Знание дает смирение, смирение дает характер,*

*когда один получает и то, и другое, он теперь испытывает радостное существование навсегда)*

*- Санскритская шлока из Хитопадеша 6*

# ИДОЛ СИСТЕМЫ КЛАССИФИКАЦИИ НА ОСНОВЕ ЦЕННОСТИ (ВАРАН-СИСТЕМА); НЕПРАВИЛЬНО ПЕРЕВОДИТСЯ КАК КАСТОВАЯ СИСТЕМА ВОССТАНОВЛЕНА НА СВОЮ ПЬЕДЕСТАЛ!

## СОБЛАЗНЕНИЕ СОБЛАЗНИТЕЛЯ СОБЛАЗНИТЕЛЕЙ – ЕЩЕ ОДНА БЕСЦЕННАЯ УПАНИШАДА

Отец Аакааш, с его сердцем поэта, готовится выполнить свой долг отца и прочесть поучительную лекцию, которая поможет его дочери выбрать призвание, в котором лежит ее страсть, и все же он в недоумении, почему каждый раз, когда он пытается к своему удивлению, он ничего не может сказать! Тогда он осознает настоящую причину этого конфликта! В основном потому, что этика и материализм являются противоборствующими силами, и это век Калюги/Век Материализма. Как я могу ввести в заблуждение своих собственных детей, если мой собственный опыт противоречит! Работа без каких-либо ожиданий - это идеально, но единственное место, где я это видел, это детская площадка! В этом конкурентном мире, где собака ест собаку, должен быть новый гибридный подход, чтобы убить двух зайцев одним выстрелом, о котором я собираюсь поговорить со своими детьми.

*Отец Аакаш* : Всякий раз, когда мне нужны ответы, я первым делом ищу своего гуру, пример того, как Архитектор всего реализовал решение этой проблемы. Тогда это просто реверс-инжиниринг оттуда. Даже если в крийя-йоге есть много прекрасных учений, все же одно из их светских представлений о придании равного значения каждому из творений Творца Всего прямо противоречит учению системы Варана о группировании людей на основе ценности, чтобы положить конец всем этим противоречивым взглядам. Мне придется провести собственное расследование по этому вопросу, используя строгие шкалы Критического Рассуждения, чтобы отдать должное моему Дхараму/долгу отца, который должен направлять свою любящую дочь. Чтобы найти правильный ответ, мне не нужно далеко ходить, поскольку ответ находится прямо здесь, исследуя способ, которым Творец всех Творцов создал наши тела. Когда мы теряем руку, мы все равно выживаем, но когда мы теряем сердце, человек не может, то есть Бог придал каждой части тела разное значение, тогда кто мы такие, чтобы говорить, что этот путь неправильный? Теперь, независимо от того, разделяете ли вы дуалистические или недуалистические взгляды или нет, это утверждение является фактом, независимо от того, какую форму очков вы выбираете, то есть то, что это мое наблюдение уже было использовано древней ведической наукой о разделении. наше общество на Варны (Категории) / неправильно переведенные как ужасная Каста, которые основаны на «ценности», которую они приносят на стол, а не на родословной, даже если при скрещивании чистокровных Лошадей их продукты имеют высокого качества! Причина, по которой эта прекрасная система не получила должного уважения, заключается в том, что вместо того, чтобы быть основанной на ценности, она быстро выродилась в систему, основанную на наследовании!»

*Маюри* : «Принимая во внимание все советы моей семьи и доброжелателей, взвешивая различные возможности, вытекающие из длительной битвы разделенного разума, я смогла сузить выбор до двух вариантов: либо степень бакалавра на английском языке, либо может помочь мне в общении с большей частью населения земного шара или высшее образование на языке компьютеров – 0/1 или Или/Или другими словами Язык Истины!

Должно быть, это было одной из многих божественных тайн, что все это время моя мать держала библиотеку книг по английской литературе из-за своих потребностей в обучении, не понимая, что, как обезьяна, я копирую ее и пытаюсь превзойти ее! Результат, я уже выпускник факультета английской литературы. Так что, даже если это означает, что у меня есть гарантия ежемесячной зарплаты до конца моей жизни школьного учителя, и это

## СОБЛАЗНЕНИЕ СОБЛАЗНИТЕЛЯ СОБЛАЗНИТЕЛЕЙ – ЕЩЕ ОДНА БЕСЦЕННАЯ УПАНИШАДА

соответствует моей писательской телеологии, я все равно не буду следовать этому потоку! Почему? Потому что величайшее достояние молодости — это большое количество огня в их животе! Если я не буду вкладывать их в утоление их жажды новых и неизведанных земель, в то, чтобы бросить вызов своим умственным и физическим способностям, чтобы выйти за их пределы, в упражнение всех областей моего тела, которые еще не были задействованы, чтобы полностью раскрыть свой потенциал, тогда без сомнения, я обманывал себя, что я состарился задолго до того, как состарился, а также никогда не осуществил свою тайную мечту о том, чтобы Лорд Индер, Управляющий природными силами, преклонялся перед моей доблестью!

*Ма Адити* : Я хочу узнать большой секрет того, как молодая девушка способна отвлечь естественное стремление своего тела к постоянному вниманию от людей к какому-то мертвому компьютерному экрану!?

*Маюри* : Что меня восхищает в компьютерах? Вот как компьютер подобен тому разумному другу человека, который знает все, но на самом деле является тупым неодушевленным куском металла, который просто изрыгает то, что мы, люди, только что скормили ему! Именно эта ирония и влечет меня к ней! Таким образом, имеет смысл выбирать только совершенно чуждую мне область, которая искушает меня своими битами и байтами, область, где есть много нового для изучения, запас, которому есть куда расти! "

# ПУРУШАРТ / ПРЕВРАЩЕНИЕ МАЛЬЧИКА В МУЖЧИНУ

*Смысл существования человека*

При оценке Риска, связанного с любым действием, следует уделять больше внимания отрицательным последствиям, а не положительным сторонам для любого Мужчины, поскольку только тогда, когда он в состоянии взять на себя ответственность за нужды своей семьи, он становится достойным быть Мужчиной! Это также означает, что это решение может решить или сломать Человека, поэтому Принц теперь активно принимает советы из всех источников, а затем, помня все входные данные из разных источников, он использует свой собственный мозг, чтобы найти правильный для него ответ и только он! После долгих размышлений его зрение проясняется, точно так же, как когда специалисты по шифрованию раскрывают настоящее сообщение, очищая доску химическими веществами, и выводят скрытое сообщение на передний план, так появляется сообщение, предназначенное для него, и только для него, с золотыми мигающими буквами. смелыми красками, которые он громко возвещает вселенной: «Мой путь — это не прогулка в парке, а путь, который идет в гору, вниз по реке, через канавы. серьезные испытания, так как это привьет мне дисциплину, необходимую для того, чтобы заработать мои крылья, так же как гусеница сначала переваривает себя, а затем выживает определенные группы клеток, превращая суп в красивые глаза, крылья, усики и другие взрослые структуры, чтобы окончательно трансформироваться в прекрасную бабочку!

Таким образом. начинает свой путь в получении степени магистра по математическим предметам. Ему не потребовалось много времени, чтобы осознать важность времени, поэтому всякий раз, когда приходили какие-либо приглашения на дружеские вечеринки из колледжа, он бросал их прямо в огонь, даже не открывая. В конце концов, когда вся жизнь человека зависит от одного этого удара, у любого сильного духом человека не остается иного выбора, кроме как привить ему самодисциплину до уровня, позволяющего пожертвовать всеми остальными желаниями только ради исполнения этого. жгучее желание желаний сделать свою жизнь самой и по-своему! Только тогда мы видим прекрасный момент превращения гусеницы в прекрасную бабочку. Все его жертвы, долгие напряженные часы сжигания масла в полночь, наконец, окупаются, когда после долгих тревожных моментов приходят результаты, подтверждающие его сильные математические способности, которые помогают ему стать самым молодым человеком, набравшим самые высокие баллы!

# СТУДЕНЧЕСКИЕ КРЕДИТЫ

Крик из голоса страха заставляет отца Аакааша пересмотреть свое решение взять еще одно финансовое бремя в виде студенческого кредита для своей дочери, чтобы получить высшее образование!

*Отец Аакааш* : И если я вообще могу принять еще одну финансовую головную боль, то не лучше ли инвестировать ту же сумму в покупку большего количества земли. Я уже немолод и позор мне, если я до сих пор не раскусил обман времени! Вопрос не в том, а когда время повернется вспять, и выживут не сильнейшие, кого мы видим, а те, кто приберег на черный день! Мое или/или: инвестировать в землю или в образование моей дочери. Инвестиции в землю обеспечат мое будущее и, возможно, многое другое, в то время как инвестиции в образование моей дочери — неблагодарное мероприятие, поскольку, в конечном счете, она для меня как залог для ее мужа. Когда она выйдет замуж, весьма вероятно, что мне тоже придется нести всю тяжесть очередной банальной пышной свадьбы! В сочетании со всем этим дополнительным финансовым бременем может быть просто окончательный предел! Даже сломав мне спину только для того, чтобы удовлетворить ее потребности, она может никогда не вернуть эти услуги и, что еще хуже, может бороться со мной, чтобы получить свою долю от моей собственности! Я боюсь того дня, когда мне придется полагаться на своих детей, чтобы заботиться о своих потребностях выживания! С другой стороны, покупка дома — это как иметь послушного сына, который будет со мной, когда мне больше всего понадобится помощь моих детей — старых и имеющих проблемы с заботой о себе. Вероятность роста цен на жилье весьма вероятна, учитывая, что большинство людей в Индии по-прежнему полагаются на воздержание как на предпочтительный метод контроля над рождаемостью! Это означает, что население обязательно будет расти, поэтому инвестиции в покупку земли в Индии — верный рецепт успеха!

Но опять же, почему я чувствую себя так неловко с этим решением. Должно быть, во мне есть этика, которая хочет, чтобы я пересмотрел это решение, которое может исходить только от камня, а не от отца, который любит свою дочь больше, чем себя! Если я вложу те же деньги в образование моей дочери, то я вложу не только в будущее моей дорогой юной дочери, но и в свое собственное, так как яркость ее будущего прямо пропорциональна свету моих усилий и меня! Если я отпущу свою дочь в колледж, который стоит меньше, но не предлагает интересующие ее курсы, тогда я увижу, как она вырастет дамой, смысл жизни которой — просто грустная сага о том, что мог бы и хотел бы... С другой стороны, если я дам ей денежную помощь, чтобы помочь ей заниматься искусством, к которому она имеет страсть, я смогу увидеть состоятельную даму. Когда она работает над вещами, которые ее мотивируют, ее повседневная жизнь будет полна радости, потому что работа ради работы — это отчаяние, а работа над вещами, в которых лежит страсть, действительно живет счастьем! И когда я вижу, как она стала настоящей женщиной, я чувствую себя довольным тем, что все мои усилия принесли хорошие сочные плоды! Закапывая свое золото в собственность, моя прибыль конечна, в то время как направляя те же средства на развитие моих детей, моя прибыль становится бесконечной, как и сейчас, я получаю гораздо больше очков в глазах Вечного! Я кричу:

*«Голосуй за жертвоприношение!*

*Голосуйте за настоящую любовь!*

*Голосуйте за раздачу!*

# 1991 КОГДА Я СНЯЛ СВОЮ СТАРУЮ КОЖУ, ЧТОБЫ ПРЕВРАТИТЬСЯ

S-КУБ

# В МОЮ НОВУЮ КОЖУ РОЗОВОЙ КОРОЛЕВЫ

ПОТОМ Я ИЗУЧИЛ ПРЕДМЕТ «ВАСТРА- ГОПАНА ШАСТРА ИЗ САНСКРИТСКОЙ ЛИТЕРАТУРЫ» — ИСКУССТВО ИСПОЛЬЗОВАНИЯ ОДЕЖДЫ ДЛЯ СКРЫТИЯ ЧАСТЕЙ ТЕЛА.

Дорогой дневник Маюри,
Аплам! Чаплам! Я должен сделать стойку на голове, чтобы увидеть, как все вокруг меня перевернулось! Я вижу скрытого во мне хамелеона, меняющего цвета на флуоресцентные и яркие цвета, чтобы соответствовать этой новой среде свободы! Каждый раз, когда какой-нибудь озорной порыв ветра сдувает мою вуаль, открывая всему миру все его скрытое содержимое, чтобы они могли его увидеть, мне больше не нужно беспокоиться о том, что это запятнает престиж моей семьи! Сокурсники в основном из моей возрастной группы, поэтому я не ожидал там слишком много сюрпризов, но когда я обнаружил, что молодежь из разных культур не только выглядит по-разному, но и придерживается разных традиций, я получил один из самых приятных сюрпризов. моей жизни! Какой прекрасный способ научиться новым способам выполнения одних и тех же действий, ведь красота заключается в разнообразии!
Теперь, когда я далеко от своих единственных доверенных лиц – моей семьи, я чувствую потребность в ней. По совету мамы я начала вести дневник. Почему дневник? Потому что это один из лучших способов

## СОБЛАЗНЕНИЕ СОБЛАЗНИТЕЛЯ СОБЛАЗНИТЕЛЕЙ – ЕЩЕ ОДНА БЕСЦЕННАЯ УПАНИШАДА

получить представление о том, чего тайно желает сердце человека, на понятном ему языке! Слова подобны полезному детективу, который может помочь раскрыть множество тайн, скрывающихся за нашим загадочным поведением. Итак, я тоже начинаю использовать этот инструмент для критического анализа ситуации, чтобы раскрыть настоящую причину моих действий!

Мое детство научило меня тому, как важно летать незаметно, и эта стратегия прекрасно окупилась, но теперь я удивляюсь этой неизвестной похотливой силе во мне, которая не слушает меня и имеет собственную голову! Эта похотливая энергия теперь хочет проявить себя! Как какая-то змея, которая должна была долгое время лежать свернувшись в маленьком грязном ящике, змея похоти во мне тоже чувствует, как она поднимает свой капюшон с силой, которая отбрасывает крышку на много миль! Как яд режет яд, так и я хочу вкусить того смертоносного яда, что называется молодостью, чтобы рассечь весь яд юношеских желаний, корчащихся во мне! Теперь мне надоедает переживать реальность как третье лицо, теперь я хочу переживать, проживая ее!

А теперь план покорить сердце каждого мужчины! Будучи студентом из города среди этих простаков из разных деревень, мой запас уже высок! Так что мне не нужно прилагать особых усилий, чтобы привлечь внимание этих деревенских простаков, и все же недооценка этих деревенских девушек может оказаться для меня роковой ошибкой! Я говорю это не из-за собственных комплексов неполноценности, а из своих наблюдений за тем, как быстро эта Деревенская Девушка украла у меня взгляды, когда проходила мимо с прекрасным Цветком Розы в волосах, обманывая его, заставляя видеть себя самой Розой! Эти деревенские девушки выглядят невинно, но с их знанием «Вастра-гопаны», искусства сокрытия одежды, они совсем не такие! Вооруженные этими уловками, они почти непобедимы, парализуя мозг массового человека, в этих делах развлечения нет места никакому размышлению! Что теперь делает эта девушка из Умного Города, чтобы победить в этой безумной гонке за первое место в чартах популярности за всю историю этого колледжа?! Перво-наперво, я стою перед зеркалом, думая о коротких путях, которые помогут мне подняться! Становится легко видеть, что простота не продается с тщеславной молодостью, тем более, что много раз видел, что тщеславие бежит со своими клоунскими колокольчиками и блестящими пестрыми цветами, которых достаточно, чтобы развлечь любую обезумевшую толпу, жаждущую всего, что попадется им на глаза! Яд молодости, текущий по моим венам, требует от меня привлечь внимание не одного, а каждого мужчины, управлять сердцем каждого мужчины, а затем сделать их своими рабами навсегда! Итак, чтобы исполнить это свое жилое желание, я сначала развожу огонь. Теперь я снимаю всю свою простую одежду одну за другой, а затем бросаю ее в огонь. Далее я снимаю все плакаты с королевами воинов, которые я тоже приклеила прямо в огонь. Вместо этого теперь на той же стене я размещаю фотографии самых популярных шлюх города! Это следующее Откровение должно прийти ко мне как какой-то большой подарок прямо с небес, так как теперь, в отличие от моих конкурентов, мне не нужно часами сидеть перед зеркалом, крася свое лицо, даже не проводя часы в каком-то спортзале, чтобы лепить каждое тело. мышцы в моем теле! Зачем беспокоиться о чем-либо, когда секрет сердца моего жильца в том, куда его глаза жадно устремляются и остаются там — эти Ноги, которые идут на мили и мили! Вот где деньги! Итак, теперь я тоже прыгаю в тот же вагон, что и эти деревенские девушки, и изучаю «Вастра-Гопану» — Искусство сокрытия одежды.

Понятно, кто только что выиграл желанный титул

СОБЛАЗНЕНИЕ СОБЛАЗНИТЕЛЯ СОБЛАЗНИТЕЛЕЙ
– ЕЩЕ ОДНА БЕСЦЕННАЯ УПАНИШАДА

**«Королева роз каждого сердца студента колледжа Rubberstamp - 1991 - мисс Маюри Гаи Бирги»** ! ...

## МИЛОСТЬ БЕСКОНЕЧНОСТИ БЕСКОНЕЧНА

Дорогой дневник Маюри,
Обман любви! Когда соотношение в колледже составляет пять девушек в классе из сорока пяти студентов, можно было бы подумать, что закон среднего числа преобладает, и поэтому каждая девушка может ожидать около восьми потенциальных женихов или около того, однако на самом деле мы наблюдаем обратное. ! Все борются друг с другом, чтобы добраться до Королевы роз, точнее, до единственной недосягаемой девушки! Теперь я понимаю, что вы не можете иметь все это! Вы должны чем-то пожертвовать, чтобы воплотить в жизнь цели с более высоким приоритетом! Из-за всех отвлекающих факторов, связанных с тем, чтобы стать мини-знаменитостью, я провалил свой первый год экзамена! Теперь мне нравится всеобщее внимание, но не ценой повторения целого года и появления черного пятна на моем дипломе, что может плохо сказаться на моей блестящей карьере в будущем! Мне стыдно смотреть в лицо всем студентам и преподавателям колледжа, которые и без того смеялись надо мной за моей спиной. Я сейчас сижу в своей комнате в женском общежитии, не зная, куда спрятаться, как вдруг слышу голос какой-то другой студентки, которая тоже плывет с ней в одной лодке, крича во все легкие: «Университет! Правила изменились! Всем учащимся, получившим отметку в пределах пяти баллов, не придется продолжать обучение еще на один год! Это исключение делается только в этом году! Да здравствует доска! Да

здравствует Совет! Ура!' Услышав это объявление, все девушки начинают выглядывать из своих комнат! Из-за нервного возбуждения от новости удивленный я стал выглядывать из моего окна, только чтобы наклониться так далеко, что я выпал прямо из окна. Я встаю, массируя недавно появившуюся шишку на лбу из-за падения, доставляя столь необходимое комическое облегчение всем наблюдателям! Я смелый, потирая свою небольшую черепно-мозговую травму, как ничего, я подхожу ближе к источнику голоса, чтобы снова услышать, как будто это были какие-то небесные откровения, поэтому я не мог слышать, я открываю уши, чтобы снова услышать объявление. Да, действительно, мои уши тоже услышали это в первый раз! Видя это небесное вмешательство для меня, я не знаю, как оправдать эту радость, которую я испытываю от этой мысли быть получателем Его милости! Но в следующее мгновение мой рассудок заставляет меня отмахнуться от этого как от какого-то глупого чувства, подкрепленного суеверием...

СОБЛАЗНЕНИЕ СОБЛАЗНИТЕЛЯ СОБЛАЗНИТЕЛЕЙ
– ЕЩЕ ОДНА БЕСЦЕННАЯ УПАНИШАДА

## СОВЕЩАТЕЛЬНАЯ ДЕМОКРАТИЯ

Дорогой дневник Маюри,
Как это вообще возможно? Я, который всегда гордился собой за то, что всегда отстаивал те вещи, которые соответствуют моей этике, но теперь у меня нет объяснения своему собственному бессилию не только в том, чтобы не только остановить зло, но и встать на сторону группы, которая безмозглые метатели камней!
Пока что я наслаждаюсь шутками и смехом, которыми делятся участники группы. Мало ли я знал, что тайная зловещая цель, стоящая за группизмом, состоит не в глупом веселье, а в том, чтобы отдать свои собственные мыслительные способности лидеру группы! Даже если я чувствую себя странно, делая что-то для лидера группы, я не знаю, почему я подчиняюсь ее желаниям без малейшего возражения! Все эти подсознательные тактики групповщины, наконец, всплывают в моем сознании в тот день, когда хулиган подверг меня первому испытанию, помогая ей заставить нашу кухарку уступить нашим необоснованно высоким требованиям, беспокоя его, преувеличивая его ошибки в его адрес. лицо, а потом, если он все еще не сдается, мы все дружно угрожаем ему, чтобы власти пришли, чтобы снять его с работы! Теперь по плану сижу добросовестно выполняю план! Я чувствую беспокойство и все же, к своему удивлению, как какая-то марионетка, я делаю то, что хочет хулиган, как будто это желание было моим, но на самом деле оно не мое, а хулигана! В ту ночь я сплю, ни о чем не думая, но на следующее утро, в три-четыре часа утра, я полностью проснулся. Мой разум активен, как будто он обработал все события предыдущего дня, и теперь я начал приводить

свои мысли в порядок: Позор мне! Я просто стал таким, с кем я никогда не смогу найти общий язык! Как? Как теперь я вижу, что я только что стал импотентом, который ничего не может сделать, даже если она знает, что хорошо от плохого! Отказавшись от своей индивидуальности , я стал безмозглой марионеткой в руках тирана, который будет использовать меня для достижения цели, которая даже не соответствует моей этике!

Вот что произойдет, когда Яма, Посредник Смерти, как упоминается в Вед-шастре/литературе, придет, чтобы решить мою судьбу после моей смерти: Яма: Почему я сделал то, во что не верил?

Я: Я сделал это, потому что так сказал мой лидер.

Яма хватает меня за горло и бросает прямо в ад!

Я: Почему? Ведь я старательно выполнял все приказы!

Яма: Потому что Бог дал каждому мозг, чтобы думать. Простой. Дело закрыто.

После этого убедительного гипотетического разговора, каждый раз, когда я видел новобранца из группы, я просто исчезал с места! Поскольку самое ценное, что я должен сохранить, это Бесконечное во мне!

## СМЕРТЕЛЬНЫЙ УКУС ПЕРВОЙ ЛЮБВИ

*Когда лицо становится лицом*

Дорогой дневник Маюри,
Люди предупредили меня об этой злобной змее, называемой эротической любовью, чей укус содержит настолько мощный яд, что, смешиваясь с кровью, оставляет свою жертву недееспособной, неспособной

## СОБЛАЗНЕНИЕ СОБЛАЗНИТЕЛЯ СОБЛАЗНИТЕЛЕЙ – ЕЩЕ ОДНА БЕСЦЕННАЯ УПАНИШАДА

даже молить о жизни, и все же я не знаю, как вся моя сообразительность перестала работать, когда я столкнулся с мою оценку в виде моего нового одноклассника! Похоже, всякий раз, когда Бог Эротической Любви Кама отправляется на миссию по пробуждению двух спящих потенциальных любовников, вероятность того, что Он добьется успеха, выше в тех случаях, когда энергии Молодости с сердцами еще не открыты силам любви, но стремятся найти тот, кто может возбудить свои ноги, чтобы танцевать бессмертную песню — любовь!

На этом первом этапе моей эротической любви одно лицо, которое появляется среди других лиц, принадлежит однокурснику Вишвамитре. Наши чувства синхронизированы друг с другом, и именно поэтому мы волшебным образом обнаруживаем, что наши пути пересекаются. Например, когда я вхожу, он уходит, заставляя нас смеяться каждый раз, когда это происходит! Я так удивлена, увидев внутреннюю трансформацию, что застенчиво спрашиваю себя: «Я чувствую, что могу расслабиться с ним и быть такой же глупой, как я есть на самом деле, потому что простое мышление деревенского простака слишком просто, чтобы что-то понять». Как мы, горожане, делаем то же самое, деревенские делают то же самое наоборот! Так вот, для меня не смеяться невозможно! Теперь дурак воспримет мой дикий смех как нападение на его Эго и, таким образом, может помешать ему развить какие-либо глубокие чувства ко мне, но поскольку он не один из тех маньяков эго, которые думают, что могут заполучить девушку, изменив ее на свой лад. , вместо этого он делает обратное, никогда не останавливая меня от того, чтобы говорить или делать глупости, до такой степени, что, если он когда-либо чувствует, что она все еще очень сдержана в своих ответах, он берет на себя ответственность убедиться, что она вернется к своей истинной природе. просто глупо! Например, когда Он шутил, он рассказал этот забавный случай: «Когда я пригласил ее на обед в «Ритц», она отказалась. Когда я соблазнил ее билетами в кино, она отказалась, но когда я пригласил ее на острую голгаппу на улице магазин, она с радостью приняла мое приглашение!»

## ТРИГГЕР, ПРОБУЖДАЮЩИЙ ВЛЮБЛЕННЫХ

*Страх проиграть в соревновании действует как спусковой крючок, который заставляет то, что лежит в неведомых глубинах подсознательного «я», открыться сознательному «я», попирая все предположения о превосходстве.*

Дорогой дневник Маюри,
Это просто еще один день блаженства без каких-либо особых предзнаменований, предупреждающих Героя и Героиню этого Колледжа Резиновых Штемпелей о значении этого дня, когда то, что было слухом для людей, теперь стало фактом. Все начинается, когда Герой на лету придумывает новую глупую игру. Игра, как он объясняет, похожа на викторину, где участник должен быстро произнести слово, которое рифмуется со словом, данным ведущим викторины. Пропускает даму первой, так как я еще не готова, говорю то, что передо мной — «дерево». Его ответ - «я». На что я не могу устоять перед тем, чтобы не сыграть какую-нибудь собственную комедию, подражая ему, говоря: «Я, я, я! Все, о чем ты можешь думать, это твое тщеславное я! Он дает слово «перчатка».

## СОБЛАЗНЕНИЕ СОБЛАЗНИТЕЛЯ СОБЛАЗНИТЕЛЕЙ – ЕЩЕ ОДНА БЕСЦЕННАЯ УПАНИШАДА

Когда я слышу это слово, на мгновение эта девушка, у которой есть готовый ответ еще до того, как вопрос заканчивается, не понимает, почему она не может сказать ответ, даже если знает его! многословное слово «любовь» из моих уст предназначалось для него, если это какой-то его изобретательный способ получить намек на мои чувства ко мне, не задевая его эго?

Окончательная причина срабатывания возникает, когда при въезде третьего колеса появляется угроза отрыва! Моя лучшая подруга по имени Чина потрясающе красива, и она тоже начинает проявлять влечение к тому же мужчине, что и я! Теперь каждый раз, когда приходит Чина, я чувствую неуверенность и ревность, поглощающие меня! Итак, в один судьбоносный день я решаю положить конец своему любопытству узнать правду: вознаграждена ли моя любовь или это всего лишь плод моего воображения! Но как женщина может пойти против своей внутренней природы и скрытности, поэтому то, что я делаю, является косвенной формой допроса, которая естественна для всех нас, женщин, особенно когда имеешь дело с этими мужчинами-хамелеонами, которые быстро меняют цвет с смена окружения! Дальше начинается моя опасная психологическая игра, исход которой мог бы закончить все счастливые времена с ним, но мне все равно, будет ли исход в мою пользу или только не конец моему любопытству! Чего я втайне желаю, так это прыгнуть на следующий уровень, чтобы испытать наслаждение, наслаждение, для которого у нее есть замок, но она не может открыть сама, потому что ключ с ним!
Итак, теперь я разыгрываю свою маленькую незаписанную драму, которая динамично меняет направление в зависимости от ситуации! Я серьезно говорю ему, что я действительно думаю, что он составит хорошую пару с моим лучшим другом, и, поскольку я не

эгоистичен, я даже готов взять на себя роль брокера, чтобы облегчить заключение сделки. Теперь, гордясь завоеванием титула Королевы роз, я предполагаю, что каждый мальчик в колледже хочет меня и только меня! А это значит, что единственный образ, который занимал его сердце, — это ее и только ее образ! Итак, теперь, когда он узнает о предложении от какой-то другой девушки, он обязательно откажет Злодею Чине, он человек с характером и такой мужчина не дает никому фальшивых обещаний, если у них нет к ним искренних чувств, а поскольку он испытывает чувства только ко мне, он тут же встанет на колени и вместо этого признается в любви ко мне!

Однако этого не происходит. В негодяе спрятался маленький бунтарь, который обнаруживает себя, отвечая ответом, совершенно противоположным всем ее ожиданиям, - кратким ДА! Сейчас моя ситуация сродни обезьяне, которая отпиливает ту самую ветку, на которой сидит! В этот момент, как тонна кирпичей, меня осенило откровением! Что все это время у меня был бриллиант, и я никогда не заботился о нем, но теперь еще хуже то, что я знаю ему цену, но должен буду отдать его кому-то другому, который может просто взять его, даже не выказав никакого чувства благодарности к моей бесценной жертве! Меня немного рвет на руку! Эта новая запись — мой лучший друг Чина определенно не любит его, и он тоже не любит ее или ее лучшего друга. Почему? Просто потому, что никто из нас не имеет представления о том, что такое любовь! Теперь, когда ситуация выходит из-под контроля, что-то должно произойти, и это слишком быстро, иначе на следующий день человек, который раньше кружил только вокруг нее, будет счастливо ходить рука об руку с другой женщиной, которая является ее собственной лучшей подругой! Двойной обман! Так как теперь я потеряю не только своего потенциального любовника, но и своего лучшего друга, ценность которого удвоится, так как сейчас мне нужен друг, который поможет мне справиться с адскими днями, которые предстоят так!

Бедный я! Весь замысел драмы полностью изменился! Пока вся драма не будет отброшена в безопасное место, я могу предвидеть ужасные последствия! Этот гигантский камень швыряется ко мне с горы! Если я ничего не сделаю, чтобы остановить это сейчас, все мои желания испытать радости юности будут подавлены, заменив их одинокой жизнью с четками в одной руке, молящими Бога о прощении за грехи, которые я должен был совершить, но никогда не делал! Еще большая проблема в том, что я не могу даже пойти драться со своей соперницей, таскать ее за волосы по грязи, вырубать до потери сознания, а потом требовать его как свой трофей, но поскольку моя соперница не враг, а ее закадычный друг, в котором Я вижу образ моей сестры, я не знаю, что делать! Теперь, если моя подруга, похожая на сестру, согласится на это предложение, то независимо от того, куда дует ветер, мои дни одиночества неизбежны! Если мой друг скажет да, то я уступлю его своему лучшему другу. Если я не выполню своего обещания, то я также предам его и даже больше ее, в каком-то смысле. Итак, мой лучший выбор или единственный оставшийся мне выбор - украсть марш у ее сестры, похожей на друга, признавшись ему в моей любви! Таким образом, сделав его своим любовником вместо того, чтобы позволить ей «сестру!»

Теперь, когда все мое женское любопытство победило все мои женские запреты, я не вижу ничего плохого в том, чтобы заглянуть в его сердце безобидным пиком. Медленно я чувствую, что должно произойти что-то волшебное, момент, когда девушка сбрасывает пелену стыда, чтобы стать невестой, которая полностью отдается! Когда оба признаются в любви друг к другу, влюбленным кажется, что весь мир на мгновение остановился, морские волны, кажется, остановились, прежде чем возобновить свои усилия в попытке поцеловать неуловимую луну ... Как только короткая пауза закончилась, когда мир возобновляет свою неутомимую деятельность, морские приливы слишком заняты своими возобновившимися попытками поцеловать луну, новорождённые любовники тоже теперь удивляются смыслу такого бессмысленного признания!?

## ЖЕЛАНИЕ ЗАПРЕТНОГО ПЛОДА

*Жизнь — это синхрония слезы и смеха. Слеза, для того единственного объекта, которого ты никогда не мог достать. Смех, который следует, при виде собственной глупости.*

*- Маст Маюри, Опьяненный павлин, танцующий под дождем*

## СОБЛАЗНЕНИЕ СОБЛАЗНИТЕЛЯ СОБЛАЗНИТЕЛЕЙ – ЕЩЕ ОДНА БЕСЦЕННАЯ УПАНИШАДА

Дорогой дневник Маюри,
«Когда я смотрю на него со знанием того, что он происходит из маленькой деревни с опытом земледелия, я вижу в нем простоту, божественное свойство, которое хочет, чтобы я полностью отдался ему, но все же я не могу, возможно, потому, что Потому что за моими колебаниями можно увидеть скрытое противоречие в этом предположении! Усиливая этот голос, я вижу его темную сторону, в которой он видит во мне свое завоевание, простой трофей, демонстрирующий миру свое превосходство над остальными друзьями. Как только мир увидит, как Королева Роз умоляет деревенского простака, я стану посмешищем, в то время как он, с другой стороны, начнет получать уважение, достойное поклонения! Что теперь делает дорогая Маюри? Проблемата: Как мне утолить жажду удовольствий, которые может дать только он, без риска какой-либо плохой ситуации шантажа, созданной этим самым человеком, который говорит, что любит меня сегодня? Я ничего не делаю. Я жду, когда настанет предназначенное мне время — моя первая брачная ночь! Таким образом, если он предназначен для меня, я наслаждаюсь с ним, иначе, если это не он, я все равно получу свое удовольствие.

Один раз укушенный, в два раза стеснительнее. Из-за неудачи в первый год из-за отвлекающих факторов, связанных с получением желанного титула Королевы роз, я теперь вдвойне осознаю важность конструктивной целенаправленности! Это хорошо для меня, что Великий Всевышний изо всех сил старался выручить меня из этой ужасной ситуации, но плохо то, что вероятность второго чуда подряд практически равна нулю! Поэтому теперь у меня не осталось выбора, кроме как обмануть свое сердце, заставив его сосредоточиться на самом важном — на учебе! Какая же стратегия может обмануть озорное сердце? Я соблазняю! Я программирую свое сердце на глубокий сон, чтобы использовать свой разум для достижения карьерных целей. И как только это произойдет, я уверен, что он будет настолько впечатлен моей сообразительностью, что бросит все остальное и согласится быть моим рабом, готовым делать все, о чем я его попрошу!

## ДОСТОЙНЫЙ?

Действительно, тревога, скрытая в знании результатов итогового года, заканчивается одинаково и в случае сдачи, и в случае провала одним и тем же результатом – радостью и облегчением! Человек, который прошел, спокоен из-за ощущения безопасного будущего впереди, а тот, кто потерпел неудачу, также спокоен, потому что теперь его неуверенность встретила свое завершение!
Маюри и ее герой тоже приходят к одному и тому же этапу, чтобы получить результаты. Герой пришел с ожиданием, что оба потерпят неудачу, но этого не произошло! Он потерпел неудачу, в то время как тот, кого он считал своим верным спутником на всю жизнь, умер! Теперь, когда он видит это противоречие в результатах, он приходит в ярость, поскольку считает это предательством предательства, в то время как она находит иронию в ситуации вместо этого смешной и разражается одним из своих диких приступов смеха, который, как она подозревает, течет у нее в крови. от ее матери! Этот смех он воспринимает как сильный толчок в грудь, чтобы проснуться от чар притяжения, которые наложила на него эта ведьма! Он выше всех, когда оба сталкиваются с одним и тем же встречным ветром, именно он или они вместе должны были выйти победителями, а не как все обернулось! А с другой стороны, со всем приливом адреналина от ее победы,

## СОБЛАЗНЕНИЕ СОБЛАЗНИТЕЛЯ СОБЛАЗНИТЕЛЕЙ – ЕЩЕ ОДНА БЕСЦЕННАЯ УПАНИШАДА

льющимся прямо в мозг, настолько затопляет им все ее мыслительные способности, что она не видит серьезности ситуации и вместо этого сыплет соль на его раны, по-детски насмехаясь. на него, говоря: «О мой неграмотный простак из маленькой деревни в Бихаре, университетские правила должны быть изменены, чтобы разрешить использование словаря в экзаменационных залах!
Я победил тебя!
Я победил тебя!
Я победил тебя».
Далее последовал еще больший смех.
Как только она, наконец, смогла взять себя в руки, а затем поднять голову, она вскоре обнаруживает, что только что произошла фатальная ошибка! Ее герой совершенно не увидел юмора в ее остроумном замечании и уже скрылся с места! Теперь она может чувствовать, что ее щеки, которые несколько мгновений назад были полны, как красное спелое манго от смеха, теперь бледны, как у только что высосанного! Теперь она понимает, что действительно побеждает его в соревновании, но просто вырыла могилу для всех возможностей будущего с его подающей надежды любовью! Излишне упоминать, что ее юмор полностью провалился, поскольку лицо ее самого дорогого из всех теперь отражает смесь гнева и унижения! Он исчезает, и она теряет сознание!
Теперь, когда вся эйфория испарилась, она чувствует волну сочувствия к нему! Теперь она может сопереживать боли, через которую ему придется пройти, когда он будет сидеть со своими младшими. С этой мыслью она чувствует двойную боль: одну за него, другую за осознание своего горького положения! Теперь она стоит там, как камень, проливая безмолвную слезу над могилой своей первой осознанной любви, над этими славными днями юности, которые уже никогда не вернутся.

## ТАНЕЦ ВЕДЬМ

О порочные муки юности! О, тяжелые битвы, через которые должна пройти девушка, только что превратившаяся в женщину, могут показаться бледными по сравнению с великой битвой при Ватерлоо! Зал суда теперь в прямом эфире! Сегодняшнее жюри вынесет окончательный вердикт по одной из самых серьезных загадок: любит он меня или не любит!

*Адвокат дьявола требовательным тоном* : «Он, говорит, что любит тебя, и все же не идет вперед, чтобы просить твоей руки, значит, он должен быть еще одним дешевым лицемером».

*Адвокат Ангела своим сладким голосом воркует* : «Нет, нет! Этого не может быть, как человека, чей голос свободен от злобы или гордыни, голос настолько мощный, что когда вы слышите его в ушах, все ваше тело начинает таять, как шоколад!»

*Адвокат ложного эго, занимающий центральное место с высоко поднятой головой* : «Разве вы не забыли, какой он суровый и высокомерный, он не празднует никаких праздников, человек, который не может танцевать и петь с другими людьми, когда того требуют обычаи, тогда он должен иметь камень вместо сердца».

*Входит Адвокат разума и говорит равнозначным тоном* : «Не стыдно ли тебе произносить такие уничижительные слова о любимом человеке за то, что ты видел в нем образ своего Отца? Хотя вы поставили себя в компрометирующее положение перед ним, он не воспользовался вами!

*Воин-Адвокат перебивает любой другой голос* : «Это язык трусов, не двигаться вперед — это как фактическое самоубийство своей души.

*Заступник Прощения падает к ее ногам и рыдающе*

## СОБЛАЗНЕНИЕ СОБЛАЗНИТЕЛЯ СОБЛАЗНИТЕЛЕЙ – ЕЩЕ ОДНА БЕСЦЕННАЯ УПАНИШАДА

*умоляет* : «Помилуй! Если тебе больно, он тоже должен чувствовать эти толчки! Он сам не в лучшем положении, и причина его отчаяния в тебе.

*Адвокат Страха появляется из своего укрытия* : «Вы, должно быть, что-то сделали или сказали, чтобы оскорбить его! Вот почему он, должно быть, мстит вам, всегда держа вас в неведении, будучи уклончивым и никогда не прозрачным в своих действиях. Он скрывает от тебя секреты, потому что у него уже есть другая женщина!»

*Запись Адвоката по вопросам этики со спокойным голосом* : «Возможно, это все ваши ограничения, которые должны каким-то образом исчезнуть, чтобы он приветствовал вас в своей жизни, чтобы начать с вами новое, чистое начало».

*Защитник справедливости, наконец, нарушил молчание, закричав на нее* : «Этот подонок показал тебе вкус любви, но не всю еду! Он был не в силах балансировать на тонких весах правосудия между своим долгом по отношению к ней и своим долгом по отношению к своим родным и близким!»

*Адвокат правосудия прощающим голосом* : «Оставаясь с вами, он научил вас, что такое смех, а не оставаясь с вами дольше, чем его время подошло к концу, он научил вас, что такое любовь...»

Поскольку этот блок кода выполняется в цикле без предложения выхода, мы оставляем ее счастливой в ее бесконечном цикле и мудро переходим к следующей теме.

## ПРЯТКИ

Дорогой дневник Маюри,
После нескольких раундов «Виновен», «Не виновен» начинается игра в прятки. Только невинное сердце может влюбиться, потому что в тот момент, когда в дело

вмешивается мышление, никто никогда не сможет сыграть в эту рискованную игру! Теперь радость моих глаз зависит только от того, что я увижу его, каждое сходство с ним заставляет меня бежать к этому источнику, но вся эта радость превращается в двойную печаль, когда я нахожу, моя находка подобна миражу, который исчезнет в тот же миг, когда я найду его. ! Я должен найти негодяя из его укрытия, чтобы вернуть ему самое ценное, что он украл у меня, — это мое сердце! Итак, теперь, когда это время имеет решающее значение для моего выживания, забудьте об этих старых друзьях, которые теперь предлагают только неприятную ценность, тратя драгоценное время на болтовню, и теперь замените их друзьями, которые помогут мне пережить требования одного из самых опасных периодов моей жизни. уже! Итак, тогда это были дети-топперы, а теперь мальчики с печально известной репутацией! Однажды случилось так, что по какому-то стечению обстоятельств я оказался в зоне слышимости этой группы пресловутых мальчишек, которые случайно назвали именно то имя, которое я ищу! Это также означает, что с ее новой репутацией получение благородного мужа может стать не только сложной задачей, но и почти невозможным! С таким сильным сдерживающим фактором любая уважающая себя женщина прекратила бы свою миссию, но поскольку я не просто умна, но и женщина, одержимая злыми духами неисполненных желаний, в моей голове никогда не стоит вопрос о том, чтобы найти способ получить над ним, а как найти его тайник!

Я сам удивляюсь своей ловкости, которую проявляю, сохраняя тайную миссию в тайне. После долгих разочаровывающих часов ожидания его появления во всех местах, где он часто бывает, мое терпение, наконец, окупается, когда я узнаю все о его хитрости! Все это время молчаливый наблюдатель во мне восхищался всеми

## СОБЛАЗНЕНИЕ СОБЛАЗНИТЕЛЯ СОБЛАЗНИТЕЛЕЙ – ЕЩЕ ОДНА БЕСЦЕННАЯ УПАНИШАДА

этими незапланированными встречами только для того, чтобы теперь обнаружить, что он немного сжульничал, чтобы эти встречи выглядели случайными, чтобы заставить меня полностью отдаться ему! Я также нахожу его настоящие места посещения, не чайный магазин, а местный паб! Как глупо с моей стороны! Все это время я думал, что я умнее, смеясь и подшучивая над ним, только чтобы теперь понять, что в моих руках ничего нет! Это он был Хозяином, а я марионеткой в его большой игре! Как медленно и неуклонно он украл мое сердце прямо у меня из-под носа, а я даже не заметила! Никогда не знал, что этот умный я когда-нибудь может быть обманут, и это не какой-то умный городской Алек, а деревенский простак! Как сильно я ненавижу себя теперь за то, что я не он!

## ПРОКЛЯТИЕ ВСЕХ ДЕВУШЕК ИЗ ДЕЛИ!

*Она исчезла, теперь я играю на своей флейте*

*одна.*

Дорогой дневник Маюри,
Я в двойном восторге! Во-первых, за победу над нетерпением, во-вторых, за победу над своим сном! Как? Поскольку до сих пор я обладал титулом долгоспящего только после Кумбхакарны, персонажа Рамаяны, который спал непрерывно в течение шести месяцев, но теперь я удивлен, увидев, что терплю долгий разочаровывающий час за часом болтовню от кого-то, кто должен носить этот титул. самого скучного человека на планете! Даже когда в моей голове был только мой дорогой сладкий сон, я был в состоянии контролировать его для большего блага, чтобы получить некоторую информацию о моем давно потерянном обманщике, даже если бы я был еще счастливее, если бы мои уши оглохли. прежде чем я

услышал об ужасном проклятии моего забытого любовника для всех девушек из Дели! Даже если эта новость убила всю радость от моей победы в выполнении моей секретной миссии по добыче информации, и притом так, что его друг никогда не мог понять настоящую причину, по которой Розовая Королева терпеливо слушала все его вздорные слезливые истории. и это тоже с моей красивой и драгоценной улыбкой!

Теперь я представляю хронологию событий, основанную на этой новой жизненно важной информации: в тот самый день, когда мы открыли друг другу нашу любовь, он был в восторге от своего недавно заработанного права хвастаться завоеванием Королевы роз в колледже. Он отпраздновал счастливую новость со всеми своими пьяницами в местном пабе с дешевым местным алкоголем, чтобы подняться еще выше. Все было хорошо до сих пор, но как только эйфория закончилась, депрессивные мысли взяли верх. После многих ночей с самим собой и алкоголем в местном пабе он сказал свои золотые слова как проклятие всем городским девушкам, особенно Дели: «Можно было бы подумать, что когда все тяготы войны минуют, победитель получит все его награды, но ничего подобного не произошло! Из всех уроков, которые я усвоил, соблазняя девушку, у этих деревенских девушек, действительно требуется много времени, чтобы довести их до точки невозврата, но когда этот момент наконец наступает, это так прекрасно, что все Затраты времени и терпения на то, чтобы терпеть их постоянные оскорбления нашего мужского эго, наконец окупаются, когда искра в нас разжигает в них лесной пожар! Как только это происходит, женщина обретает сверхъестественные способности, которые теперь способны поднять мужчину на седьмое небо, однако, когда дело доходит до этих городских девушек, единственное выражение, которое приходит мне на ум,

## СОБЛАЗНЕНИЕ СОБЛАЗНИТЕЛЯ СОБЛАЗНИТЕЛЕЙ – ЕЩЕ ОДНА БЕСЦЕННАЯ УПАНИШАДА

это Аплам-Чаплам - все вокруг меня вверх дном. ! Точно так же, как в этом случае, как я предполагал, что добраться до этой горожанки из Дели будет так же просто, как пирог, только чтобы найти этих девушек, которые просто сильно дразнят! Я получил урок своей жизни! Эти несчастные девушки из Дели одеваются вызывающе, ходят с большим развязным видом, соблазняя мужчину поверить, что они готовы к его ухаживаниям, заставляя всех нас, мальчиков из колледжа, прыгать выше обруча, чтобы просто получить шанс сесть за стол рядом с ней в Чайный магазин при этом даже ничего не знает о мертвых телах мальчиков, которые просто пожертвовали своими жизнями, лишь бы быть рядом с ней! Я всегда думал, что ее невиновность — это всего лишь игра, для того, чтобы заманить такого жеребца, как я, в ловушку своих чар, и она хорошо понимает истинные намерения, стоящие за моими ухаживаниями. Короче, я предполагал, что это только вопрос времени, когда она растает в моих руках! Однако все мои надежды рушатся, когда, даже потратив около года учебных часов на то, чтобы терпеть всю ее безостановочную бессмысленную болтовню, я думаю, что награда оправдает все мои жертвы, но этого не произошло! Когда, наконец, настал победный момент, эта поистине милая дама даже не чмокнула меня в щеку! Результат: я не получил ни райских чувственных наслаждений, ни продвижения в своих карьерных целях! О браке с ней не может быть и речи, так как я индус, а она Хальса. Для любого мужчины хотеть чувственных удовольствий, продолжая учиться, не более чем токсично! Это виртуальное самоубийство! Все эти разговоры о чувственных удовольствиях на данном этапе — большой фарс и могут привести к гибели любого человека! Спасибо ей за то, что она раскрыла мне свою эгоистичную сторону, что теперь я могу видеть горькую правду, которая

заключается в том, что теперь нужно реинвестировать еще целый год и пройти через унижение сидеть с моими младшими! Теперь мои открытые глаза могут видеть, что безумие в преследовании ее как моей цели на самом деле должно было быть направлено на мое образование! Пусть теперь меня называют жестоким, но я не буду ни посылать, ни получать от нее писем! И даже если она попытается использовать моих друзей для отправки каких-либо сообщений, я застрелю этого мессенджера собственными руками, и если ее воспоминания все же окажутся победоносными, отвлекая меня от моих карьерных целей, я буду утешаться алкоголем! Так что теперь единственный голос, исходящий из моего истекающего кровью сердца, — это Проклятие всем этим неверным девушкам из Дели с уродливым черным шрамом посреди лба, так что это служит предупреждением всем нам, мужчинам, никогда не попадаться в ловушку. их фальшивых прелестей!
Она **мертва** для меня!»

СОБЛАЗНЕНИЕ СОБЛАЗНИТЕЛЯ СОБЛАЗНИТЕЛЕЙ
– ЕЩЕ ОДНА БЕСЦЕННАЯ УПАНИШАДА

## ТОГДА Я ВЗДРОГНУЛ — НАРУШЕННОЕ НЕЯВНОЕ ОБЕЩАНИЕ ОТ МОЕГО ДЕРЕВЕНСКОГО ПРОСТАКА!

Дорогой дневник Маюри,
Эти лицемерные мужчины всю ночь сидят и говорят о своей женщине, в то время как на самом деле это только повод уйти к своей настоящей любви – моему заклятому сопернику – алкоголю! Если бы я только знала, что этот негодяй смотрит на меня просто как на развлечение на какой-то приятный вечер, я бы сожгла свою вуаль женских колебаний и превратилась в шлюху, единственная цель ее жизни - развлекать вас!

Каждый раз, когда я снимал с себя доспехи сомнения и щит критического рассуждения, эта стрела любви не щадила меня, пронзая насквозь мое сердце прямо из-под моего носа! Мое проклятие сейчас в том, что моя душа должна продолжать тащить это тело, которое уже исчерпало весь свой потенциал! **Эта безмолвная слеза является признаком моего бессилия в моей неспособности спасти мою первую эротическую любовь от смерти, говорит мне, что возникновение событий зависит не только от силы человека, но и вероятность того, что они произойдут, когда внешние условия работают в- синхронизироваться с человеком для достижения той же цели!**

Моя жизнь — это слеза по тому единственному объекту, которого я никогда не мог достичь. Неудача не в попытках, а в скрытом во мне заблуждении, что я вижу предмет там, где его нет!

## ОПТИМИЗАЦИЯ ВО ВСЕМ

Как только завершающий экзамен закончен, за ним следует рекордный спринт до местной железнодорожной станции, чтобы нетерпеливые студенты могли вернуться в распростертые объятия своих дорогих мамочек! Как говорится, птицы одного полета собираются вместе, как и ученики, принадлежащие к одному региону, включая нашего Героя Вишваната, которые вместе с другими товарищами связаны друг с другом преданностью месту своего рождения. Мы, горожане, часто удивляемся и завидуем солидарности, которую проявляют эти деревенские жители, как будто глина на их земле обладает какими-то волшебными свойствами, которые их объединяют, что заставляет их видеть в успехе что-то, что каким-то запутанным образом является их собственным! Поскольку правила для этих пригородных поездов более мягкие, большинство молодежи предпочитает стоять у выхода, в котором нет дверей, что для них означает свободу высунуться, выйдя из поезда, чтобы испытать дикий опыт высокоскоростных ветров, касающихся их. лица! Что также означает, что один неверный шаг, и они лишаются жизни! Ни один здравомыслящий человек не стал бы так рисковать своей жизнью, но кому не знакома беспечная благопристойность юноши, кто желает только того трепета, который имеет близкая встреча со смертью! Итак, чтобы сделать моменты более приятными, один из этого братства решает принести немного вкусной еды для себя и всех остальных из кладовой поезда. Он и не подозревал, что его доброе дело вот-вот будет вознаграждено еще более вкусным угощением - хорошо обеспеченной зрелой женщиной, и при этом слишком

## СОБЛАЗНЕНИЕ СОБЛАЗНИТЕЛЯ СОБЛАЗНИТЕЛЕЙ – ЕЩЕ ОДНА БЕСЦЕННАЯ УПАНИШАДА

одинокой, и при этом слишком спящей, и при этом в полном уединении каюты первого класса! Если это не какой-то зеленый флаг с небес, что же это такое? Теперь в этой ситуации у этики нет другого места, кроме мозга, чтобы использовать всю свою хитрость, чтобы разработать какой-то план, который удовлетворит голод не только его, но и всех пятерых его дорогих друзей из его братства! Теперь, учитывая, что есть только одна женщина, а мужчин пятеро, и зная, что скромность женщины может помешать ей развлечь всех пятерых одновременно, не упав полностью в собственных глазах, поэтому мужчины сбиваются в кучу и шепчут стратегию друг к другу, чтобы последствия не были такими неприятными в конце. Итак, теперь, когда первый этап стратегии Планирования завершен, начинается следующий этап исполнения! Согласно стратегии, самый умный в стае ходит первым. Сначала он доверяет ей, притворяясь ее доброжелателем. Потом он дает ей завязать глаза! Она смотрит на него широко раскрытыми глазами и спрашивает: «За что? Он придумывает какое-то неубедительное оправдание, как будто это поможет заблокировать весь свет, попадающий в ее глаза, просто чтобы она могла спать спокойно! Лежащая незамужняя женщина видит в нем какого-то переодетого ангела, поэтому не видит за его помощью никаких нечистых умыслов. Она благодарит его за добрый жест. Надевает надевает повязку. Она спит. Он заканчивает ее посвящение. Теперь, когда тяготы битвы позади, зачем откладывать празднование? Пусть начинаются хорошие времена, как кто-то однажды мудро сказал, что духовке требуется много времени для разогрева, но как только она достигает необходимой температуры, выпекание большего количества хлеба одновременно оказывается более энергоэффективным и завидным по производительности.

## НЕВОЗМОЖНО / НЕВОЗМОЖНО?

Дорогой дневник Маюри,
Этот колледж подарил мне несколько самых прекрасных памятных моментов в моей жизни, и все же продление моего пребывания не продлит мою радость, а помешает моему следующему прыжку в более опасные и сложные области! Сдача этого экзамена имеет решающее значение, так как без него она не может окончательно попрощаться со студенческой жизнью, ты заманчив, но я не могу быть связан, впереди еще много гор, которые нужно покорить, которые все еще манят меня ... Так что я тоже яростно кодирую прочь, изо всех сил пытаясь пригвоздить тест. Время уходит. Чтобы я прошел тест, программа должна работать в фоновом режиме и отображать «Следовательно, оказалось верным», иначе отображать «Следовательно, оказалось ложным». Сейчас я невероятно доволен своим выступлением. Я нажимаю кнопку, чтобы выполнить код мой конец, чтобы увидеть золотые слова на экране, но этого не происходит! Тупой компьютер! Теперь я пытаюсь запустить программу до того, как экзаменатор подойдет к своему столу, но безрезультатно! Каждый раз, когда я запускаю программу, компьютер ничего не отображает, пустой экран, как будто я такой умный, что передо мной даже интеллект компьютера слишком ошеломлен, чтобы реагировать! Экзаменатор приближается к моему номеру, и я абсолютно не могу позволить себе потерять целый год, да еще и из-за чего-то, что даже не по ее вине, а из-за каких-то необъяснимых абсурдных компьютерных сбоев! И когда наступает время выживания, я могу сказать по опыту, что мои инстинкты теперь могут обогнать любой компьютер! Теперь мой разум выдает гениальную идею и может решить проблему! Как? Неужели я настолько умен, что могу

## СОБЛАЗНЕНИЕ СОБЛАЗНИТЕЛЯ СОБЛАЗНИТЕЛЕЙ – ЕЩЕ ОДНА БЕСЦЕННАЯ УПАНИШАДА

изменить весь алгоритм за несколько секунд, чтобы спасти свою шкуру? Нет. Я ни в коем случае не считаю себя гением, но могу с уверенностью сказать, что я умный! Я только что добавил незаметное утверждение, которое предотвращает выполнение фактического кода и вместо этого выводит статическое утверждение, которое всегда будет печатать одну и ту же строку «Следовательно, оказалось правдой»!

Приходит экзаменатор, который давно наблюдал за ней, видел, как она изо всех сил пытается запустить свою программу, поэтому теперь, когда он видит результаты, которые не соответствуют его ожиданиям, он стоит там ошеломленный, как будто только что увидел какое-то чудо! Эти результаты, которые он видит, находятся в прямом противоречии с его убеждениями, и все же он не может их оспаривать, поскольку компьютер подобен какому-то Евангелию. Оно не может лгать! Он восклицает: «Чудо! Я только что видел, как чудо произошло перед моими глазами! Я думал, что эта задача невыполнима за несколько минут, но теперь спасибо этой молодой девушке за то, что она показала мне, что слово «невозможно» на самом деле «я». возможно» в этом словаре храбрых и умных». Я говорю ему короткое спасибо и, быстро выйдя из его присутствия, испускаю глубокий вздох облегчения за то, что точно увернулся от этой пули! Этика будет недовольна, но по крайней мере я не умер! Кажется, я просто еще одно глупое существо, всегда пытающееся поступать правильно, насколько это возможно. Говоря это, я вытираю воображаемый пот со лба, лишний раз доказывая себе, что я действительно не какой-то гений, а просто очередное глупое существо, только не с Планеты Земля, а с Венеры?!

# ТОГДА Я СЖЕГ ВСЕ МОСТЫ, ВЕДУЩИЕ К МЕСТАМ ПОКЛОНЕНИЯ

Маюри лежит в позе йога-кобры с книгой, лежащей перед ней, уловка, чтобы обмануть ее мать, заставив поверить, что она занята чтением содержания романа, в то время как ее мать, будучи ее матерью, вдвойне умна, поэтому она изо всех сил старается. молчать до тех пор, пока ее обычно веселая дочь сама не нарушит неловкое молчание, но, к своему удивлению, она до сих пор не услышала ни слова, даже звук перелистываемой страницы не напомнил ей слова поэта, однажды справедливо сказавшего: когда уста молчат, сердце полно!» Мать Адити задается вопросом: «Не является ли то, что кажется невооруженным глазом, не чем иным, как полной противоположностью реальности! Обнаженная картина действительности, висящая вверх ногами, точно так же, как когда мир говорит, что солнце восходит на востоке, а затем садится на западе, ложна, но в данной перспективе верна! Дело в том, что Солнце, которое кажется движущимся, является статичным, в то время как Земля, которая кажется неподвижной, на самом деле движется. Точно так же, будучи матерью, я тоже могу использовать свои более глубокие материнские способности, которые могут подвести даже самых лучших детективов из Скотленд-Ярда! Эти стареющие глаза теперь могут быстро обнаружить некоторое смятение под этим спокойным внешним видом на лице моей дочери».

Этим матерям не нужно никаких ученых степеней, чтобы научиться этим трюкам , чтобы обмануть любого преступника и заставить его признаться, поскольку эта продвинутая наука просто приходит к ним естественным образом после того, как они принимают и питают

## СОБЛАЗНЕНИЕ СОБЛАЗНИТЕЛЯ СОБЛАЗНИТЕЛЕЙ – ЕЩЕ ОДНА БЕСЦЕННАЯ УПАНИШАДА

паразита больше, чем они сами. Дочь хранит свою тайну в своем сердце, как стрелу, которая с каждым мгновением вонзается все глубже и глубже. В этом сценарии ее Этика требует от матери убить собственную дочь, которую она любит, вытащив из нее стрелу, тем самым избавить ее наконец от всей боли!

У матери есть некоторое подозрение, что она может услышать что-то, чего она не слышит, и все же теперь, когда она осознает корень проблемы, она начинает свою роль какого-то жестокосердого тирана! Будучи глубоко религиозной женщиной, которая верит в необходимость защищать религиозные убеждения в своей жизни и, если необходимо, в жизни своей дочери, в которой до сих пор живет ее кровь! Она стоически сообщает о своем решении: «Мой долг перед СуперКундалини и мои собственные религиозные убеждения выше, чем мой долг как матери перед тобой. жертвуя своей любовью, тобой и рассматриваемым мальчиком в качестве моего подношения СуперКундалини! Ты не согласен с моим решением, последствия не будут серьезными. Дальнейших дебатов на эту тему не будет. Ты не можешь сказать ничего, что могло бы измениться. Это."

Нет разницы между нацистом и матерью. Оба помешаны на контроле! Мать считает себя представителем, чей долг — защитить всю религию от краха, даже если для этого придется пожертвовать собственной кровью! Так как та же кровь течет и в жилах дочери, дочь готова поднять бурю, которая может привести в смятение весь мир, и все же, когда она протягивает руку, чтобы поднять меч, ее рука дрожит, меч падает, так как никакое объяснение не может оправдать развязывание войны, дело которой давно умерло! Вызвать кровопролитие только ради того, чтобы сражаться, абсурдно, и даже если все юношеские энергии взяли твердый контроль над ее головой, этого недостаточно, чтобы дойти до бунта!

Теперь всякий раз, когда поднимаются темы, связанные с религией, у молодой дочери вскипает горячая кровь, и она начинает языковую войну с любым из этих религиозных фанатиков, которые, к несчастью, пересеклись с ней! Так яростно она спорит с ними, как будто это были те самые люди, которые убили ее первую любовь, и все же теперь, когда остается единственная возможность - это разговоры, которые не могут изменить исхода, она черпает свою радость из всего этого эпизода с помощью некоторых просветительских дебатов, чтобы закрыть рты ее противников! Она начинает попытку превратить всех религиозных фанатиков мира в осознанных личностей, по одному человеку, начиная со своей матери.

*Маюри* : «Моя мечта состоит в том, чтобы теперь, когда дело, ради которого была создана религия Хальса, было выполнено, все мы снова объединились с нашими индуистскими корнями, точно так же, как объединяются река Ганга и река Ямуна… Почему наше общество дискриминирует религию когда вечных законов нет? Разве религия не является одним из самых больших искусственных обманов, поскольку, с одной стороны, их манифесты утверждают, что они могут помочь нам соединиться с Богом, в то время как на самом деле их главная настоящая тайная цель, похоже, состоит в том, чтобы разделить человечество по их родословным, их Готрам/Линиям? и таким образом, обеспечено не только их собственное будущее, но и всех их последующих поколений!?

Если мы посмотрим внимательно, мы обнаружим сверхъестественное сходство между тем, как устроена солнечно-планетная система, и мельчайшей частицей любого вещества — атомом! Разве мы теперь не видим, как соблюдение человеческих законов, основанных на религии, противоречит принципам замысла Бога и, следовательно, неизбежно ведет нашу жизнь в канаву

## СОБЛАЗНЕНИЕ СОБЛАЗНИТЕЛЯ СОБЛАЗНИТЕЛЕЙ – ЕЩЕ ОДНА БЕСЦЕННАЯ УПАНИШАДА

нежелательного хаоса!?

Основная причина того, что религии стали огромным бременем для нас и будущих поколений, заключается в том, что теперь именно мы должны нести бремя туши динозавра, которая давно потеряла свою актуальность, не поддается ни изменению, ни расширению - оба свойства убогий дизайн! **Единственные отношения на Вечном Уровне — это просто человечество!**

В идеале основная цель любого места поклонения состоит в том, чтобы предложить место, где люди из всех слоев общества могут собираться вместе с мотивом открытия и большего соединения с Духовным Аспектом нашего существования, однако вместо достижения этой цели, цель, которая мы закончили тем, что встречались с точностью до наоборот! Дьявол в виде денег и власти обосновался здесь. Теперь я вижу, как религия стала противоположностью цели ее создания!

Если Создатель Всего создал нас таким образом, что у каждого свой отдельный мозг, а не только у Вожака нашей Стаи, то не значит ли это, что ожидается, что и мы все будем пользоваться своим?! Разве не использовать наш мозг так, как задумал Бог, является формой оскорбления Его Замысла, который Он предназначил для нас?! Зачем слушать этих религиозных проповедников, утверждающих, что они знают Бога и Его пути, когда даже Авторы, писавшие о Нем, в один голос говорят, что Бог и Его пути просто непостижимы! Тогда как кто-то может стоять на пьедестале и утверждать, что он может помочь нам понять Бога, когда, с другой стороны, они также говорят, что Он и Его пути непостижимы?!

Когда сам основатель моей религии Хальса Гуру Говинд Сингх сам сказал, что он не СуперКундалини, он Его раб, и если кто-то говорит иначе, пусть он идет к черту! Тогда кто мы такие, с гораздо меньшим уровнем осознания, чем Он, чтобы не подчиняться Его указаниям для нас?

Несомненно, Гуру Говинд Сингх джи является одним из Величайших из Величайших святых воинов, когда-либо существовавших в мировой истории! Он один из самых удачливых среди всех нас, поскольку Бог избрал его, чтобы уничтожить злые тиранические силы императоров Великих Моголов, которые стремились обратить каждого человека в свою религию. Эти Моголы сожгли миллионы книг, нанесли непоправимый ущерб нашему ведическому наследию, и одними из немногих храбрецов, доблестно сражавшихся с ними, были люди из моей общины Хальса! Жертвы людей из религии Хальса не имеют себе равных! Кого-то пытали сжиганием заживо, кого-то отрезанием от середины, а также многими другими злыми формами пыток, которые невозможно пройти нормальному человеку , а значит, пройти через такие пытки может любой . должен быть кто-то, кто развил Силы, подобные Богу! Шри Гуру Арджуна Дев Джи, пятого Гуру Хальсы, заставили сесть на горячую горящую тарелку, на которую насыпали горячий песок, и когда любой человек может терпеть такую огромную боль и все же не сдаться, это должно означать, что кто-то должен быть тем, кто настолько благословлен сверхспособностями, что эти леденящие кровь истории заставят любого задуматься, родился ли сам Бог в своем Аватаре/форме! История Хальсы полна случаев, когда Святые Хальсы демонстрировали исключительную доблесть в том, чтобы оставаться сильными, несмотря на то, что им приходилось проходить через боль, которая преодолевала все болевые пороги, и все же не сдавалась злым силам! Младшие сыновья десятого Гуру - Гуру Говинд Сингх джи, один шесть и один девять, уровень мужества и силы, которого не может достичь ни один человек за всю историю Человечества! Выбрав смерть, а не жизнь с компромиссами с Этическим Я, они действительно достигли уровней самого Бога...

## СОБЛАЗНЕНИЕ СОБЛАЗНИТЕЛЯ СОБЛАЗНИТЕЛЕЙ – ЕЩЕ ОДНА БЕСЦЕННАЯ УПАНИШАДА

Там выбор был смертью или смертью перед смертью, они выбрали жизнь, выбрав Смерть!

Мы происходим из рода этих великих людей, и все же сегодняшняя Хальса теряет свой характер из-за ложных интерпретаций на протяжении веков! Власти Хальсы пытаются дистанцироваться от индуистской религии, чтобы иметь отдельную идентичность. Это самая большая ошибка, которую совершает религия Хальса, поскольку ведическое наследие не является собственностью индуистской религии или какой-либо другой! Ведическое наследие похоже на руководство по научному подходу к жизни, предназначенное для того, чтобы научить нас отношениям с экосистемой, в которой мы живем, чтобы это прекрасное творение могло мирно сосуществовать. Индусы - это просто еще одна религия, подобная Хальсе, которая наследует то же самое ведическое наследие, и тогда для религии Хальса будет самой большой потерей, если они назовут ее собственностью индусов и начнут дистанцироваться от этого океана богатства знаний, написанного нашими предками. на благо всех! Почему история Хальса должна терять все эти знания из вед шастр/литературы, если наша история даже не начинается со дня нашего рождения! Писания Кхальсы — это дополнение к ведическому наследию, а не вычитание!»

*Мать Адити* : «Наш религиозный долг — защищать только себя и свою родословную. Ты говоришь это только потому, что твоя любовь к человеку другой религии не удалась! Твои похотливые желания оплакивают потерю объекта желаний, и все же я глубоко вздыхаю с облегчением! Вы говорите, что хотите выйти замуж за этого мужчину, не понимая, что если бы эта история любви не закончилась так, как она закончилась, вы были бы несчастны! Брак был бы подобен трате всей юношеской энергии на то, чтобы попытаться поместить

жизнь в этот единственный момент, который давно умер, точно так же, как в эти золотые годы, когда вам посчастливилось узнать, что значит «влюбиться»!»
Маюри замолчала, пролила безмолвную слезу над моим бессилием, сделала свое сердце маленьким Храмом СуперКундалини и перестала ходить в любые синтетические места для поклонения!

# ИСКЛЮЧЕННАЯ СРЕДНЯЯ

Дорогой дневник Маюри,
Эта боль потери единственного и неповторимого, кто когда-либо мог утолить мою жажду испытать силы любви, неизмерима! Тем более моя Вера в любовь! Для меня любить снова невозможно, потому что для любви нужно Сердце, которого у меня больше нет! Эти слезы учат меня тому, что **жизнь — это слеза по той единственной цели, до которой я никогда не дотянусь. Неудача не в попытках, а в скрытом во мне заблуждении, что я вижу предмет там, где его нет!**
Даже если исход этой истории любви больше не имеет значения, воин во мне все еще жаждет крови, потому что причина все еще там, потому что эта токсичная среда, которая благоприятствует только трусости, а не божественным ценностям сочувствия и любви, все еще жива. и процветание над трупами неудавшихся любовных романов, потому что эти искусственные рукотворные условия, которые никогда не обеспечат процветанию каких-либо межрелигиозных браков, все еще действуют!
Эта эпидемия заразила не только мое прошлое, но и мои будущие перспективы, поскольку теперь мне приходится выбирать в рамках моей религии, и это тоже с ограниченными возможностями! Теперь я должен

## СОБЛАЗНЕНИЕ СОБЛАЗНИТЕЛЯ СОБЛАЗНИТЕЛЕЙ – ЕЩЕ ОДНА БЕСЦЕННАЯ УПАНИШАДА

выбрать между двумя следующими сценариями: либо я женюсь вне своей религии просто назло всему этому основанному на религии обществу, тогда это несправедливо по отношению к другому партнеру, поскольку фундаментальным Принципом любого брака является Любовь, в то время как в основе такого брака Брак — это тот самый Принцип, который противоречит моей Этике — Вендетта и Ненависть! Так что откажитесь от этой возможности навсегда!

Теперь при оценке другого «или» Возможности заключения брака внутри моей общины с согласия моей Семьи и жениха, тогда весь мой и его близкий и родной круг будут счастливы, кроме меня! Компромисс с Этическим Я во мне означает, что я позор в глазах моего Отца Всех Отцов! Провести остаток своей жизни как бездушный трус, который больше не является собой, каким он должен был быть, — это компромисс, который также неприемлем. Так что теперь, поскольку оба варианта означают для меня смерть, я выбираю возможность исключенного среднего никогда не жениться!

Несмотря на то, что я знал, что это стало одной из главных причин, по которой Бхишам Питама в «Эпической Махабхарате» лег на ложе из стрел, я все же люблю его, чтобы оставаться твердым в своей решимости принять это изменяющее жизнь обещание!

Используя этот горящий огонь на этой свече в качестве своего свидетеля, я сжигаю все мосты, которые когда-либо могут привести меня к блаженному домашнему хозяйству, принимая это обещание:

*Я НИКОГДА НЕ ВЫБУДУ!*

*Я НИКОГДА НЕ ВЫБУДУ!*

S-КУБ

*Я НИКОГДА НЕ ВЫБУДУ!*

СОБЛАЗНЕНИЕ СОБЛАЗНИТЕЛЯ СОБЛАЗНИТЕЛЕЙ
– ЕЩЕ ОДНА БЕСЦЕННАЯ УПАНИШАДА

# ТРЕТЬЯ ФАЗА ЖИЗНИ: КОГДА МОЗГ КОРОЛЬ

# ПЕРВОБЫТНОЕ СТРЕМЛЕНИЕ К ПРАКТИЧЕСКОМУ ОПЫТУ / ТАВТОЛОГИИ В ИСПОЛНЕНИИ

*Степени как философия — много уместно в сплетнях об айдолах, но ничего в практических приложениях...*

## ЗАВОДСКОЙ ШАБЛОН/ КОГДА Я НЕ МОГУ ОСТАНОВИТЬСЯ СМЕЯТЬСЯ

Дорогой дневник Маюри,
Обладая властью и деньгами, эти транснациональные корпорации гордятся тем, что на них работают самые талантливые люди. Одетые в свои лучшие наряды, пахнущие дорогими дизайнерскими духами и выставляющие свои непристойные деньги из оттопыренных дизайнерских кошельков, которым позавидовала бы любая королева дерзости, они будут использовать все уловки в мире, чтобы достичь своих целей! Попрошайничайте, одалживайте или воруйте, чтобы заполучить этих новоиспеченных выпускников в их прекрасную паутину красивых премий, грязно-богатых

## СОБЛАЗНЕНИЕ СОБЛАЗНИТЕЛЯ СОБЛАЗНИТЕЛЕЙ – ЕЩЕ ОДНА БЕСЦЕННАЯ УПАНИШАДА

зарплат, мечты о обеспеченном будущем и не говоря уже о Чести и Престиже, которые приходят вместе с этим, даже если такие высокие слова - динозавр. и действительно слова, используемые для того, чтобы вызвать смех!

Мои юношеские энергии сейчас горят на полную катушку, они хотят, чтобы я создавал новые системы, способные изменить мир, утолял свою жажду обучения не только чтением, но и реальным внедрением! Я начинаю чувствовать себя непобедимым! Я прыгаю на два фута в поезде, чувствуя себя неудержимым, только чтобы обнаружить, что роль, назначенная мне, является ролью шестеренки в колесе, которая позволит мне выполнять ту же задачу эффективно, но никогда не вырастет из этой роли! Эти задачи должны быть работой какой-нибудь хитрой Лисы-менеджера, как видно из крошечных кусочков, которые она сделала, чтобы гарантировать, что большая картина никогда не появится! Эти поставленные задачи ничего не делают для обогащения набора навыков для изучения искусства, но имеют противоположный эффект, притупляя мыслительные способности. Чтобы скрыть свои истинные намерения, они искушают модными кабинками, бесплатными телефонами и, чтобы не забыть несколько бесплатных степлеров, брошенных для некоторого комического облегчения, в этом процессе крадут у нас наш актив нашей юношеской энергии! Как свежему выпускнику мне стыдно за себя за то, что я продал себя дешево, стыдно за то, что я стал еще одним лицемером в этом лицемерном обществе!

Именно молодежь делает общество, а не наоборот! Когда еще становилось единым целым с толпой «пять центов», что будет сейчас? Древняя мудрость говорит, что каждый человек силен, как СуперКундалини, обладает образцовыми способностями, которые могут сдвинуть Горы одним лишь кончиком пальца, тогда почему мы не видим таких чудес в этот век? Эти люди не знают, что они просто выбросили алмазы своих самых ценных Лет в обмен на эти ложные удобства, которые никогда не купишь за деньги! Когда я увидел это, я рассмеялся! Взял сумку и ушел, чтобы никогда не вернуться…

СОБЛАЗНЕНИЕ СОБЛАЗНИТЕЛЯ СОБЛАЗНИТЕЛЕЙ
– ЕЩЕ ОДНА БЕСЦЕННАЯ УПАНИШАДА

# ДОБРО ПОЖАЛОВАТЬ В КОМПАНИЮ LEARNING-TREE INCORPORATED/ КОГДА Я НЕ МОГУ ПЕРЕСТАТЬ ПЛАКАТЬ

## ШАБЛОН СТРОИТЕЛЯ

Дорогой дневник Маюри,
Уход с этой высокооплачиваемой первобытной дрянной работы должен был оставить меня в тревоге за свое будущее, но этого не произошло, и вместо этого я испытываю странное спокойствие и благодарность души за то, что не подвергли меня пытке сидеть все день и ничего сложного! Не выбирать работу, которая предлагает высокую заработную плату вместе с гарантией стабильной работы, а не работу, которая платит меньше, но дает мне ценный опыт в моей профессии, может показаться глупым, поскольку в конечном счете, чтобы выжить в этом высококонкурентном мире, где собака ест собаку. нам всем нужны деньги, но это недальновидно! Приоритетом для любителя должно быть обучение и получение опыта. Чем более умелый человек, тем больше денег можно ожидать, чтобы автоматически следовать за ним. Итак, теперь следующая компания, которую я выбираю, — это та, которая предлагает мне крутую кривую роста, давая мне опыт, который отточит мою пилу, никогда не лишает меня моих настоящих острых ощущений, обманывая меня какими-то причудливыми наградами, такими как личный

куб с личный степлер, добавленный для некоторого комического облегчения!
Это как если бы я просто молился с убеждением, чтобы теперь мои глаза могли теперь видеть то, чего я не видел раньше - небольшое и простое объявление о поиске новых выпускников. Я воспринял это как хороший знак, так как это говорит о том, что отдела кадров нет, а это значит, что нет посредников, создающих путаницу только для того, чтобы они могли продвигать свои личные планы по привлечению своих племянников и племянниц вместо настоящих талантов! Мои глаза недоверчиво вылезли из орбит, когда я увидел такую редкую возможность обучения, которая даст мне возможность запачкать руки основными компонентами сложной системы! Теперь получение этой работы значит для меня все! Как только такой опыт будет у меня за плечами, мой фундамент станет настолько прочным, что даже если технологии изменятся, я смогу плыть по течению! Но все мои надежды рушатся, когда я читаю следующее предложение. Я соответствую всем требованиям для работы, кроме одного, который также является обязательным! В моем резюме есть все навыки, которыми может обладать новичок, за исключением того обязательного условия, которое необходимо мне для реализации всех моих высоких амбиций! Проклятая судьба! Если бы у меня был нужный проект на ассемблере, а не на языке С, работа была бы моей! Что мне теперь делать? Мысль о последствиях отпугнула бы любого мудрого человека, но поскольку я не на том уровне этих интеллектуалов, я делаю немыслимое. Дрожащими руками немного вру в резюме! Даже если это что-то, что суд по этике мог бы позволить мне подмигнуть, но не суды какой-либо страны! Чтобы не упустить эту прекрасную возможность всей жизни, не задумываясь, я рискую всем, делая небольшую модификацию. Я

## СОБЛАЗНЕНИЕ СОБЛАЗНИТЕЛЯ СОБЛАЗНИТЕЛЕЙ – ЕЩЕ ОДНА БЕСЦЕННАЯ УПАНИШАДА

оправдываю внутреннюю этику следующим рассуждением: поскольку реализация та же самая, а отличается только язык, это похоже на небольшую техническую трудность, стирание которой необходимо, чтобы одурачить любого радикального менеджера, который иначе мог бы поставить под угрозу все мои цели! Я улыбаюсь, когда узнаю результаты сложного раунда собеседования — Пройдено, и это тоже с честью!
Теперь для следующего раунда я вкладываю все свои усилия в выбор наряда. Я узнаю от читателей новостей, как они одеваются, так что внимание больше приковано к моему компьютерному инженеру-программисту, чем к моей динамичной личности. Итак, я выбираю простую, но презентабельную одежду, хорошо намазанные волосы и очаровательную улыбку, как единственное украшение для моего ангельского Лика! У меня хорошо получается впечатлять людей своими коммуникативными навыками, но я откладываю их на потом. Я не завожу лишних разговоров, говорю только тогда, когда ко мне обращаются. Мой взгляд устремлен прямо вперед или в пол, чтобы избежать зрительного контакта. Я делаю это потому, что таким образом никто не может произвести на меня определенного впечатления, и тогда все вокруг меня заняты попытками расшифровать тайну, которой я являюсь!
Получается, что менеджер по найму является еще и руководителем проекта, короче говоря, это самый важный человек для меня на данный момент, так как в его руках все мое будущее. Он кажется глубоко знающим и должен иметь хороший интеллект, как иначе вы думаете, что он ведет целый бизнес, для меня это признак того, что он должен быть каким-то хитрым переговорщиком! Будучи небольшой компанией, он говорит мне, что, поскольку в компании нет сложной иерархии, ему не нужно будет проходить несколько уровней утверждения,

поэтому он может сделать свое предложение на месте. Сказав очень обыденно: «Мы небольшая компания. Эти большие многонациональные компании могут предложить такие денежные выгоды, о которых маленькие компании даже не могут мечтать, но я уверен в том, что я предлагаю, и уверен, что, будучи умным, знайте, что это предложение принесет мне столько же пользы, сколько и вам! Разве лицо не является показателем того, что внутри? И когда оно раскрывает секрет снаружи, оно только выдает внутреннее! Вот почему покерное лицо делает лучший игрок!Он предлагает мне зарплату намного ниже отраслевых стандартов.Тем не менее, я принимаю предложение с улыбкой.Подпишитесь на месте, чтобы стать последним гордым сотрудником компании THE-LEARNING-TREE Inc.На выходе из в офисе, я не могу не смеяться над тем, что перехитрил самого хитрого из хитрых Бизнесменов, когда я говорю себе: Менеджер, ты, может быть, лучший переговорщик, когда-либо рожденный на планете, но все же не лучше меня, потому что ты только что был обманут моим покерфейсом, так как на самом деле это я собирался заплатить тебе за получение опыта, но вместо этого ты платят мне за опыт, который я получаю! Примите еще раз мою благодарность!

В первый день моей новой работы я имел удовольствие встретить другого сотрудника Сиддхарта, который только что начал работать со мной, и он выглядел несчастным; Небольшой размер Управления - оскорбление его престижа! Он постоянно сравнивает удобства, которые получают люди, работающие в больших офисах! Из-за своего придирчивого характера он не может найти покоя, пока, наконец, не решает уйти! Все коллеги, в том числе и я, приходят к нему попрощаться. Я с улыбкой говорю ему: «Желаю тебе добра, мой дорогой коллега, мой соперник, пусть ты обретешь покой и счастье, занимаясь тем, что

## СОБЛАЗНЕНИЕ СОБЛАЗНИТЕЛЯ СОБЛАЗНИТЕЛЕЙ – ЕЩЕ ОДНА БЕСЦЕННАЯ УПАНИШАДА

тебе нравится». И затем, махнув ему на прощание, я шепчу себе: «Я не буду завидовать вашим удовольствиям, поскольку мой разум ненавидит то, что вы находите захватывающим!»

# S-КУБ

## ВИРТУАЛЬНЫЙ СЛУГА

*Только что покорил гору, даже она была*

*из моей одежды только хе-хе-хе...*

Дорогой дневник Маюри,
Я видел, что если я целенаправленно выполняю только одну задачу, я могу выполнить много сложных задач, но в тот момент, когда приходит тревожная мысль о других незаконченных задачах, я терплю неудачу!
Однако создать такую безмятежную среду в современном мире практически невозможно, особенно в этом чудовищном доме, в котором я живу и который требует моего постоянного внимания, наряду со многими другими задачами, которые я должен выполнять только для того, чтобы поддержите мой основной образ жизни! Итак, что я сделал, чтобы уверенно выполнять задачи? Сначала я искал свои ответы в том, как наши предки справлялись с этой проблемой. Ну, они наняли Слуг! Отличная идея, но будь прокляты эти высокооплачиваемые политики за то, что они недостаточно хорошо делают свою работу по поддержанию бедных в достаточно бедных! Итак, то, что тогда было дешевым, теперь стоит намного дороже, а затем, даже если вы все еще решили нанять, результат все равно остается компромиссом, поскольку управление этими работниками — еще одна головная боль!
Итак, что я делаю сейчас? Я настраиваю себе автоматизированного Виртуального Слугу! Я трачу много времени на предварительную настройку всех доступных

опций, настроенных для удовлетворения моих потребностей, по-моему!

Теперь о других задачах, которые также требуют моего полного внимания! ...

# ЦЕПОЧКА ОТВЕТСТВЕННОСТИ

Дорогой дневник Маюри,

Сначала позвольте мне установить контекст, рассказав историю, которую моя бабушка рассказала мне, когда я был еще ребенком. «Это история о четырех людях по имени Все, Кто-то, Кто-нибудь и Никто. Предстояла важная работа, и Все были уверены, что Кто-то ее выполнит. Это мог получить кто угодно, но никто этого не сделал. Кто-то разозлился на это, потому что это была работа Всех. Все думали, что Любой может это сделать, но Никто не понимал, что Все не будут этого делать. Кончилось тем, что Все обвиняли Кого-то, когда Никто не делал того, что мог бы сделать Любой! Теперь, когда я работаю в корпоративном мире, я могу лучше его оценить. Итак, я отказался принять предложение о руководящей должности, даже если денежная выгода намного превышала то, что получала моя текущая должность разработчика! Титул ассоциируется с большой властью над остальной командой, большим престижем и деньгами, и все же, если я выберу эту возможность, я лишу себя всей радости, которая может быть только в том, чтобы видеть, как чей-то вклад в творческий процесс воплощается в жизнь. ! Кроме того, дать гарантию качества своей работы — это одно, но когда дело доходит до ответственности за чужую работу, тут же начинается кошмар. Я лаю, но никто не слушает! Поэтому ради своего здравомыслия я вежливо уклоняюсь от всех повышений!

СОБЛАЗНЕНИЕ СОБЛАЗНИТЕЛЯ СОБЛАЗНИТЕЛЕЙ
– ЕЩЕ ОДНА БЕСЦЕННАЯ УПАНИШАДА

## ЗАГЛУШИТЕ ЭТОТ ЯЗЫК, МИСС ЧАТТЕРБОКС

Как только судьбоносный продукт, над которым я работал, работая более четырнадцати часов в день, не забывая о часах, проведенных по выходным с моей командой в Learning-Tree Inc., наконец готов, мы все в унисон были готовы подать в суд на ученого, который сказал нам, что время является константой, в то время как мы только что видели, что время сокращается, когда люди наслаждаются своей работой!

*Маюри* : Мы все, коллеги-разработчики, радуемся тому, что наши усилия обретают форму. Мы и не подозревали, что вместо этого только что отпраздновали собственные похороны! В то время как мы, гики, взволнованы мыслью о приятных наградах в знак признательности за нашу работу, руководство уже составило список, готовый для исключения толстых котов среди и без того худых котов, поскольку теперь разработчики не нужны. но маркетинговых команд, включая красивых дам и ловко говорящих продавцов, которые теперь могут продавать продукт! Предупреждение об обмане! Честный человек, по крайней мере, предупредил бы заранее, но эти бизнесмены как проститутки, единственное, что имеет для них значение, это балансовые отчеты, показывающие более высокую прибыль!

Менеджеру не нужно много времени, чтобы найти козла отпущения! Обладая истинно женской натурой, мне тоже трудно хранить секреты. У меня язык чешется похвастаться своими успехами в месте, где я даже не подходил по критериям для поступления! Как бы я не позволил какой-то глупой икоте помешать тому, чего я хотел! И перед кем может быть лучше хвастаться, чем перед Человеком, который по глупости отказался от возможности всей жизни – Сиддхарт, поставивший мою карьеру на первое место! В эйфорическом настроении я звоню ему, чтобы рассказать секрет, который позволил мне получить эту работу.

Теперь я смеюсь и рассказываю ему все о том, как я обманул менеджера, заставив его поверить, что я профи в компьютерном языке - ассемблере, в то время как на самом деле она ничего не знала об этом, а вместо этого знала другой компьютерный язык - Си! Правда в том, что я выучил этот язык во время его использования! Я смеюсь еще громче, когда заставляю его больше осознавать свои потери по сравнению с моими приобретениями! На ту же ставку, где ваш авианосец с треском затонул, мой взлетел с космической скоростью!

То, что чаще всего ловит вора, — это не самый умный полицейский, а его собственный Язык, поскольку язык конкурирует с разумом, и поскольку у него нет ума, чтобы обработать свой ответ, он быстрее и может в конечном итоге доставить человеку большие неприятности!

Мы все еще живем в лицемерном обществе, полном людей, которые быстро судят, это те, кто никогда не сможет увидеть гениальность, стоящую за моим достижением. Я никогда не мог заставить себя поделиться этим с вами, но теперь я не знаю, почему я иду против мои собственные ценности! В следующий момент, что, по-вашему, я делаю!? Я звоню тому самому телефону, который убьет себя, когда узнает о том, сколько он потерял в той же сделке, в которой мой выигрыш был просто бесконечен! Как только я позволил своему языку выскользнуть из всех грязных трюков, которые я использовал, чтобы выиграть, я задрожал! Теперь я чувствую себя таким же беззащитным, как голый человек, стоящий перед побежденным человеком, который только что узнал, что причина всех его страданий - я, и есть

## СОБЛАЗНЕНИЕ СОБЛАЗНИТЕЛЯ СОБЛАЗНИТЕЛЕЙ – ЕЩЕ ОДНА БЕСЦЕННАЯ УПАНИШАДА

хороший шанс, что при первом же шансе он без колебаний выстрелит пулей прямо в голову. середина моего лба! Теперь ситуация для этого умника больше похожа на сумасшедшего, который рубил ту самую ветку, на которой сидел!»

Теперь, когда кошка вылезла из мешка, невозможно сказать, сколько вреда она нанесет! Сиддхарт сначала смотрит на свой огромный куб, затем на свой любимый степлер и на некоторое время находит утешение. В следующий момент он проклинает свои задачи, которые являются второстепенными, монотонными и отупляющими. Взвесив различные варианты, этот недовольный сотрудник придумывает план мести! С хитрой улыбкой на лице Сиддхарта он, не теряя времени, звонит менеджеру по телефону, чтобы все ему рассказать. Все о том, как она выставила дураком компанию и, что более важно, самого менеджера! Он начинает с описания коварства этой высокомерной женщины, которая солгала, чтобы подняться по карьерной лестнице, растоптав его имидж самого умного бизнесмена во всем корпоративном мире каким-то новичком, и унижение на этом не заканчивается, потому что этот человек — женщина в наша индустрия, в которой доминируют мужчины, и кто вдвое моложе его!

Услышав все это и предстоящие сокращения бюджета, он дает ему хороший предлог для того, чтобы размахивать топором самым жестоким образом, какой только может придумать. Драма не только заканчивается тем, что меня увольняют на месте, но и разрушает все мои перспективы когда-либо выступить в качестве его конкурента, портя мою историю, на которую компании ссылаются для своих глупых проверок биографических данных!

Теперь я не знаю, как наказать свой глупый язык за то, что он все испортил, ведь я много лет упорно трудился, и все было разрушено в считанные секунды! Единственное утешение, которое у меня есть, это то, что я получил то, что хотел, и что никакому жестокому начальнику никогда не отнять это у меня — Знания!

Когда я возвращаюсь домой, моя мать уже знала все о моем увольнении с работы, о чем сообщил сам мой щедрый менеджер в личном телефонном звонке.

*Мать Адити* : В наших же интересах научиться хранить свои секреты и даже не делиться ими с этими молчаливыми деревьями! Позвольте мне рассказать вам историю, которая поможет вам лучше понять суть: Жил-был цирюльник, который поделился сокровенной тайной о том, что у короля нет ушей к дереву! Дни шли, а ничего не происходило. В один прекрасный день какой-то лесоруб спилил это дерево, а потом сделал из него барабан. Когда барабан попадал в руки к барабанщику, а потом, когда он ходил по всему городу и бил в Барабан, Барабан начинал открывать всем тайну короля: «У короля нет ушей! У короля нет ушей! У короля нет ушей! Король был так зол, что приказал казнить барабанщика!

**Мораль этой истории** : Моя дорогая дочурка Болтун, твое лицо не должно раскрывать ничего, что происходит внутри, никому, включая меня! Просто запри все свои секреты в своем сердце, а затем брось этот ключ в глубины реки Ямуны!

# ПУТЬ БЕЛОГО ЛЕБЕДЯ

После долгих размышлений, с сохранением всех входных данных из различных источников, его зрение прояснилось, точно так же, как когда эксперты по шифрованию раскрывают настоящее сообщение, очищая доску химическими веществами, и выводят скрытое сообщение на передний план, так появилось сообщение, предназначенное для него, и только его, с золотыми

## СОБЛАЗНЕНИЕ СОБЛАЗНИТЕЛЯ СОБЛАЗНИТЕЛЕЙ – ЕЩЕ ОДНА БЕСЦЕННАЯ УПАНИШАДА

буквами, сверкающими жирным цветом, которые он громко провозгласил про себя: «Мой путь — не прогулка в парке, а путь, который идет в гору, вниз по реке, через канавы. лебедь, чьи крылья все еще слабы, глаза все еще затуманены, и все же у него есть крылья, питаемые силой воли, которая может помочь мне перелететь через океаны… Точно так же, как лебедь, как упоминается в писаниях, это птица, которая одинаково чувствует себя как дома, когда на суше или в воде; Точно так же я чувствую, что не имеет большого значения, стану ли я профессором математики в Индии или менеджером хедж-фонда на Нью-Йоркской фондовой бирже, NYSE, важно то, что у меня есть огонь в меня, сгорай ярко каждый день при мысли о работе над моим работа. Тогда я смогу вложить душу в свое творение. Как только продукт несет мою подпись, он обязательно должен быть красивым. Затем, когда я увижу свое творение, моя душа наполнится настоящей гордостью, которая может появиться только при достойном выполнении работы. Эта мысль погружает мое тело в безмерный покой, иначе жизнь без решения новых головоломок каждый раз, когда я начинаю свою работу, мое тело будет тонуть в отчаянии… С этой заключительной мыслью все мои сомнения ушли, я знаю свой выбор. В этом моя страсть.

Как только он получает свое направление, он улыбается с миром, разлитым по всему его лицу…

# ГИГАНТСКИЙ ПРЫЖОК К СВОБОДЕ

*Лети, птица, лети!*

*Сделай свое гнездо океаном,*

*где не слышно отвлекающих криков близких,*

*разрывая все оковы Родной Культуры и Религии предрассудков,*

*так, ты можешь слушать тишину, бьющуюся в твоем сердце,*

*Чтобы обнаружить, что ты загадка в себе,*

*решение этого лабиринта во мне действительно потрачено не зря...*

СОБЛАЗНЕНИЕ СОБЛАЗНИТЕЛЯ СОБЛАЗНИТЕЛЕЙ
– ЕЩЕ ОДНА БЕСЦЕННАЯ УПАНИШАДА

# 1998 – БУМ ДОТКОМОВ / ПРАВИЛО СПРОСА И ПРЕДЛОЖЕНИЯ!

Распускаются огненные цветы, создавая прекрасный вид, как будто огонь повсюду, в полной гармонии с рассветом эры доткомов, в начале 1990-х годов. Это военное время! Как на войне, даже если человек совершил самое тяжкое преступление, его все равно прощают, вербуют в солдаты, точно так же теперь прощают и мне все провинности, вербуют в инженеры-компьютерщики!

Оказаться в нужной отрасли в нужное время — вот волшебная пилюля для успеха! Интернет просто взлетает со скоростью света! Если одно и то же количество вложенных здесь усилий дает во много раз отдачу, то не трусость, а глупость не прыгнуть в эту Лодку в Небеса!

Маюри вздохнула с облегчением, когда увидела, что, когда спрос превышает предложение, проверки биографических данных проводятся только для некоторого комического облегчения, и эта трещина в системе стала для Маюри удачей проскользнуть! Ее ставка на работу в компании ради опыта, а не денег, окупается, и это тоже с бесконечными выигрышами! Теперь у нее есть преимущество в переговорах с сильными компаниями в США, которые охотно бросали грязную сумму компенсации, чтобы заставить ее выбрать их! Их единственная забота? Они ее не теряют! Как все изменилось!

Держа свой билет в США, она не забывает звонить Сиддхарту за то, что он поблагодарил его за то, что он стал причиной ее потери карьеры в Индии, ведь если бы не этот хард-пинок, она бы никогда не пыталась искать новую возможность, из-за того, что она застряла в своей старой компании, где ее рост уже застопорился, и она не стала бы искать что-либо еще из-за ее чувства лояльности к компании, которая играет важную роль в создании прочного фундамента ее карьеры.

## МАТЬ - МОЛЧАЯ МЕЛАНХОЛИЧЕСКАЯ КРАСОТА

Дорогой дневник Маюри,
Каждый раз, когда люди приписывают мне это монументальное достижение, я начинаю чувствовать себя неловко. Я начинаю задавать себе вопросы, чтобы найти причину всего этого беспокойства Затем, когда мои глаза бегают туда-сюда, все беспокойство заканчивается, когда мои глаза отдыхают, когда они видят фотографию моей свадьбы родителей. Я улыбаюсь, потому что теперь знаю, что у меня есть ответ на мой вопрос! Причина моего беспокойства в том, что, когда я принимаю похвалу как свое единственное достижение, я на самом деле вор, который крадет славу у настоящего архитектора, создавшего этот момент! Кто-то, чьи морщины скрывают много невыразимых историй любви, которая дает, не ожидая ничего взамен! Кто-то, кто безмолвно жертвует своими желаниями, чтобы воплотить желания своих детей в реальность! Мне никогда не приходилось беспокоиться о голоде, потому что мама так хорошо справлялась с потребностью в тяжелой пище для растущих детей, что мы даже не знали, что такое голод! Это очень помогло мне, так как освободило много времени, чтобы я мог сосредоточиться на своих амбициозных карьерных целях! Она пожертвовала своим желанием ходить на вечеринки и общественные мероприятия, чтобы мы, дети, могли это сделать!

## СОБЛАЗНЕНИЕ СОБЛАЗНИТЕЛЯ СОБЛАЗНИТЕЛЕЙ – ЕЩЕ ОДНА БЕСЦЕННАЯ УПАНИШАДА

От этой мысли у меня слезы на глазах. Сейчас я бегу в комнату родителей, громко напевая, чтобы все услышали:
*Слава Матери за ее несравненные жертвы!*
*Радуйся, Мать, что несет боль, чтобы дать нам жизнь!*
*Слава Матери за то, что она покрасила свою грудь в черный цвет, чтобы мы могли улететь от нее и покорить новые рубежи!»*
Затем, когда я вижу своих родителей, сидящих рядом, я сначала прикасаюсь к прекрасным лотосным стопам отца и матери в знак благодарности им. Я благодарю их за то, что они показали мне значение истинной любви не только словами, но и своими действиями, долг, который мне придется отдать за многие жизни! Ты был подобен ветру под моими крыльями, позволяя мне взбеситься еще выше и, таким образом, успешно завершить это смелое и судьбоносное Путешествие через океаны в одиночку!

## С(D)РИМ МАЛЬЧИК!

Мать дает прощальный совет своей мечтательной дочери: «Я всегда защищала тебя от злых глаз заблудших душ, которые существуют в реальном мире. Защищенная жизнь, которую Я создала для тебя, уместна в защищенной среде любящей семьи. .Когда Дизайнер всех Дизайнеров создал прекрасный Цветок Розы, также создал шип для его защиты.Что учит нас тому, что не каждый друг!Твои защищённые глаза по-прежнему видят в каждом только добро, а снаружи там джунгли;и так как правила джунглей сильно отличаются, учитесь приспосабливаться к требованиям незнакомой среды».
Можно было бы подумать, что, выслушав эту маленькую философскую диссертацию, дочь никогда не попадет в беду, но проблема в том, что как она вообще могла слышать хоть слово, когда ее тело и душа уже в Америке,

где на свидание с лучшими из хлеба в единый магазин для всего большого несовершенного мира - Америка! ...

СОБЛАЗНЕНИЕ СОБЛАЗНИТЕЛЯ СОБЛАЗНИТЕЛЕЙ
– ЕЩЕ ОДНА БЕСЦЕННАЯ УПАНИШАДА

# ТОГДА Я ИЗУЧИЛ НАУКУ СОЦИОЛОГИИ

## ДНЕВНЫЕ И НОЧНЫЕ РАЗЛИЧИЯ

Дорогой дневник Маюри,
Когда я открываю золотую дверь к свободе жить так, как я хочу, я чувствую себя оправданным за все свои действия, которые заставили этику нахмуриться. Если бы мне нужно было рассчитать размер изменений и необходимую подготовку, я бы никогда не смог совершить прыжок в Бесконечность, поэтому я обманул свой мозг, заставив смотреть на это изменяющее жизнь, на какое-то несобытие, ничто, так что это как исчезла вся тревога, исходящая от великих ожиданий!
Когда люди видят меня, они принимают меня за какого-то неопытного, хрупкого, ранимого иностранца, которого легко обмануть, но чего они не знают, так это того, что я хорошо вооружен, ношу доспехи своей ловкости, мои профессиональные навыки, которые делает меня непобедимым. В этих доспехах никакие злые монстры теперь не смогут помешать мне оказаться в стране, где различия столь же широки, как день и ночь!

## ОНА ДУМАЕТ, ЧТО СЕБЯ БОГИНЯ!

*Никогда бы не подумал, что я, всегда видевшая себя огнем в речи, когда-нибудь увижу день, когда обнаружу, что заикание в речи — это тоже я...*

Дорогой дневник Маюри,
После моего неприятного опыта с моей первой осознанной любовью я был уверен, что никогда больше не смогу любить. Как вы думаете, что произойдет дальше? Я влюблен! Нет более мощного катализатора, чем любовь, я чувствую себя одержимым демоническими силами, достаточно сильными, чтобы умереть в погоне за своей целью. Я, сразивший Индию одним махом, в мгновение ока поставлю на колени этого Ковбоя из Джорджии! Каким же он должен быть чистым, ведь белый — единственный цвет, который все отражает, ничего не держит в себе... Он, должно быть, уже все знает о моем мастерстве, поскольку я просто нахожусь здесь и работаю в той же престижной компании, что и он. Это достаточное доказательство, поэтому мне не нужно рассказывать ему все об этом, и вместо того, чтобы произвести на него впечатление, я использую некоторые другие приемы, которые у меня есть!
Под каким-то предлогом я иду к его кубу, чтобы произвести на него впечатление своими умными философскими взглядами на самые интересные темы в мире. Однако этого не произошло. Вместо этого, к моему большому ужасу, все слова, исходившие из моих уст, были

## СОБЛАЗНЕНИЕ СОБЛАЗНИТЕЛЯ СОБЛАЗНИТЕЛЕЙ – ЕЩЕ ОДНА БЕСЦЕННАЯ УПАНИШАДА

не чем иным, как неразборчивой мешаниной! Если бы мой дорогой Босс Атлас был моим коллегой, он бы расхохотался мне в лицо, но поскольку он этого не сделал, он доказал свое превосходство, очень элегантно справившись с этой неловкой ситуацией, просто отведя взгляд, помогая мне прийти в себя достаточно, чтобы поспешный уход с места! В шоке от того, что выгляжу полным неумелым идиотом, да ещё и перед тем самым мужчиной, которому я хотела отрезать этот свой язык за то, что он предал меня в самый ответственный момент моей жизни, когда я больше всего в этом нуждалась! Но из-за ее прошлых звездных выступлений в устранении всевозможных недоразумений мне нужно, чтобы она выступила еще раз, когда у меня будет моя следующая «случайная встреча» с ним, одетая в мой совершенно новый звездный Аватар! Поскольку я не растяпа, а боец, не теряя больше времени, в тот же день я отправился в местный торговый центр, чтобы купить себе совершенно новый гардероб! Я покупаю косметику, подходящую к белым людям, так он увидит во мне свою, а потом обнимет меня своими сильными руками! как будто я соревнуюсь со своим белым боссом, чтобы показать ему, кто на самом деле лучше, я тоже превращу свою кожу в белую! Я проверяю свой бумажник, новых денег пока нет, а значит в идеале я должен ждать следующей зарплаты, но это исключительные времена, значит и исключительные шаги! Итак, я трачу каждый цент из своих скудных сбережений на прежней работе в Индии, чтобы стереть свою индийскую идентичность и превратиться в мою новую белую американскую версию!
Я забываю свой оригинальный акцент и вместо этого пытаюсь говорить с американским акцентом, но мне удается говорить только с акцентом, который нельзя назвать ни «американским английским», ни моим родным языком хинди, а смесью этих двух вещей, которую лучше

всего можно описать как «хинглиш». !
Теперь у меня сначала есть небольшой костер из всей моей одежды, который отдаленно намекает людям о моем происхождении! После того, как церемония сожжения окончена, я покупаю новые шикарные босоножки на высоком каблуке, покупаю мужскую одежду, чтобы выглядеть мощнее, одежду поярче, почти не сочетающихся цветов, наношу искусственные румяна! Теперь не знаю почему, у меня прямо перед глазами пронеслась картинка с красной попкой обезьяны! Отбросив эту негативную злую мысль, я намазываю лицо белым тальком. Опять же, я понятия не имею, почему я выгляжу как какая-то смуглая женщина с лицом, заимствованным у какой-то белой женщины! Даже после всех кардинальных перемен у меня есть стойкое ощущение, что чего-то где-то не хватает, чего-то, что показывает ее истинное происхождение , и вот, о чудо, уходят мои длинные черные волосы, стрижка которых подобна разрыву священных уз с моей религией и моим Национальность!

Подстригая свои длинные волосы, я смеюсь вместе с Гуру Говиндом Сингхом джи, основателем нашей религии, и говорю то, что он сказал бы сегодня, увидев сегодняшнюю Хальсу: «Если бы я только знал, что создание новой религии заставит мои будущие поколения перестать использовать их мозги и не адаптироваться к нынешним временам, тогда я бы никогда не основал другую религию! Теперь, нарушая правило Хальсы никогда не стричь волосы, чтобы приспособиться к новой среде, именно я сохраняю верность своему Духу Хальсы, освобождая себя от ложного представления о Хальсе! Теперь я даже подозреваю, что за этим стоит заговор врага, который обманывает нас, используя нашу любовь к нашим предкам против нас, поэтому мы остаемся в неведении и никогда не прогрессируем! Только теперь,

## СОБЛАЗНЕНИЕ СОБЛАЗНИТЕЛЯ СОБЛАЗНИТЕЛЕЙ – ЕЩЕ ОДНА БЕСЦЕННАЯ УПАНИШАДА

выбирая для себя то, что лучше для моего выживания в новых условиях, я верен сути своей религии, тогда как раньше я был просто трусом!

Этот новый макияж наверняка заставит моего босса глазеть только на меня! Теперь я доволен своей новой преображенной версией. Моя внешность делает меня похожим на аборигена, но я не знаю, откуда взять соответствующее отношение, так как без него у меня нехорошее ощущение, что я похожа на обезьяну с родной земли!

# S-КУБ

## НАЧАЛО ВЕЛИКОГО ВЫРАВНИВАНИЯ МЕЖДУ ГРЯЗНО БОГАТЫМ ЗАПАДОМ И БЕЗУМНО БЕДНЫМ ВОСТОКОМ

Мой Босс Атлас до сих пор не знает о моем новом превращении в Чанди, Королеву Воинов! После моего сногсшибательного макияжа я хочу бежать прямо в его Кубик, чтобы он увидел меня, но, черт возьми, эти женские колебания, заложенные глубоко в нас, женскую природу, теперь мне придется ждать кофе-брейка! После мучительных часов ожидания я направляюсь на кухню. Мой план состоит в том, чтобы просто взять свою чашку с кофе, а затем быстро уйти, дав моему Боссу достаточно времени, чтобы увидеть мой новый потрясающий Аватар! К несчастью для меня, он был не один, а с Энн, менеджером по персоналу. Теперь мне удалось привлечь не только его внимание, но и внимание сглаза Анны.

Я ухожу, но любопытство заставляет меня нарушать все правила приватности, не давая нам подслушивать приватные разговоры:

«Эта иностранка думает, что она какая-то Богиня! Как только мы узнаем, что можем импортировать обезьян из Индии для выполнения нашей высококвалифицированной работы, и это тоже по цене банана, тогда мы очень скоро увидим, что все перевернуто! Они будут наслаждаться нашим роскошным образом жизни, пока мы будем сидеть в сторонке и есть бананы! Я предвижу великое выравнивание экономик, которое произойдет в самом ближайшем будущем!»

Он выбирает два банана, лежащих перед ними.

— Хочешь банан?

## СОБЛАЗНЕНИЕ СОБЛАЗНИТЕЛЯ СОБЛАЗНИТЕЛЕЙ – ЕЩЕ ОДНА БЕСЦЕННАЯ УПАНИШАДА

« Ненавижу бананы!»
«Эти иностранцы из бедных стран не просто довольствуются тем, что занимают наши рабочие места, теперь они начали присматриваться и к нашим мужчинам! Наш долг, как чистокровных, ухватиться за первую же возможность уволить ее с работы, и тогда строгие правила рабочей визы гарантируют, что ее отправят туда, откуда она пришла!»
Теперь я виртуально похлопываю Маюри по спине за то, что она не попалась в ловушку законов о конфиденциальности, которые защищают только тех грешников, которые создали эти законы! Если бы не эта обратная связь, я стала бы только посмешищем в глазах мужчины, которого хочу, а не его Героина! Меня тошнит, потому что то, что я только что услышал, было моим смертным приговором для жизни, у которой даже не было шанса выступить! Что заставляет меня чувствовать себя еще хуже, так это то, что мое предположение видеть в ком-то своего наперсника всю жизнь оказывается опасным! Он обладает абсолютной властью, будучи одним из самых влиятельных людей в компании, и в тот момент, когда я закончу тем, что сделаю что-нибудь глупое, что расстроит его, это точно станет концом моей жизни в этой Земле Обетованной!

## УВЕДОМЛЕНИЕ О ДЬЯВОЛЕ – ВИЗА H1B

Дорогой дневник Маюри,
Как я завидую этим людям, которые без труда могут есть что угодно! Поскольку я ТАКЖЕ являюсь одним из тех несчастных, кто не может этого сделать, ключом к выживанию нашего вида является избежание любой непреднамеренной травмы раздутого эго, которое может воспринять как оскорбление, если вы найдете их еду

невкусной! Поэтому, чтобы отсечь любую возможность такого фатального случая, когда вместо коровы я буду есть из меня, я решаю не идти на вечеринку после работы и составляю свой тайный план: выскользнуть через черный ход и отправиться куда угодно, только не на улицу. партия!

"Na bajega baans, na bajegi bansuri" (Без бамбука флейта не может играть!) Убеждая себя, я вскакиваю со стула, чтобы уйти незамеченной, но, черт побери, Закон Притяжения, тот самый человек, которого я пытаюсь избежать, - это тот самый человек, который собирается войти через ту же дверь, из которой я собираюсь выйти! Теперь, когда он знает мои навыки вождения, его лучшая возможность - быть вне Дороги, когда я на той Дороге, поэтому, действуя как добрый самаритянин, он предлагает мне подвезти. Видя, что я только что врезался в кирпичную стену, я тоже с улыбкой принимаю это приглашение на свои похороны!

Все коллеги, в том числе и я, находятся в большом саду, наслаждаясь вольным потоком закусок и напитков. Мы оба прибыли на мероприятие вместе. Перед нами море блюд на всех вместе с нашим дорогим менеджером по персоналу Энн. Мы оба сидим вместе, когда Энн немедленно начинает оказывать им честь, угощая их тарелкой с красивым сочным бургером. Я стараюсь позитивно относиться к этому происшествию и стараюсь использовать эту возможность для разрядки всей напряженности между нами. Я завязываю непринужденную беседу, а затем, набив рот едой, спрашиваю его больше об этом предмете у меня во рту, который имеет чуждый вкус, какого никогда раньше не встречал! Прервав его, менеджер Энн начинает отвечать за него: «Говяжья котлета, которую я приготовила сама специально для этого случая!». Теперь я сделаю все, чтобы произвести впечатление на своего босса и влиться в круг

## СОБЛАЗНЕНИЕ СОБЛАЗНИТЕЛЯ СОБЛАЗНИТЕЛЕЙ – ЕЩЕ ОДНА БЕСЦЕННАЯ УПАНИШАДА

высококлассных людей, поэтому, несмотря на то, что знаю, что это противоречит нашим религиозным учениям не есть это животное, я начинаю глотать эту горькую пилюлю!Теперь причина моей неспособности есть это животное не имеет ничего общего с этикой, но еще раз, да, вы правильно догадались, моя дорогая Мать!Как? Поскольку она, должно быть, проделала замечательную работу, научив меня никогда не есть корову, как без моего ведома, бунтующее безумие во мне, против моей воли замышляющее заговор за моей спиной, показывает мне, кто здесь главный, полностью подавляя мою рациональную попытку пойти с Все содержимое моего желудка, словно рефлюкс, с силой вырывается изо рта, а затем фонтаном грубой пестрости самых разных красивых цветов удобно оседает на элегантную дизайнерскую рубашку милой Энн с вышитой на ней надписью «Претенциозные люди». ! Ее рубашка оказалась особенной, отчасти потому, что ее дорогой отец с такой любовью подарил ее ей на день рождения! Менеджер Энн теперь знает, что она похожа на зефир в шоколаде, и поэтому никто не может обвинить остальную часть толпы, состоящей из других иммигрантов, в том, что они разразились смехом!

Теперь Энн в тираническом порыве гнева кричит: «Чтобы такая пародия больше не повторилась, мы должны дать ей такое наказание, которое послужит примером для всех будущих новичков!»

Я полон ужаса, так как вижу это событие как вишенку на торте, которая имеет все шансы запечатать все мои перспективы на будущее не только с ним, но и с компанией, и не только потому, что оно также имеет потенциал полностью искоренив ее еще до того, как ее корни смогут соединиться с этой Землей Обетованной!

Лицо Энн теперь пылает красным, как заходящее солнце, на всю мою карьеру, так как с тираническим приливом мести она не проявляет пощады, как тогда, одним ударом забивает последний гвоздь в мой гроб! Она увольняет меня на месте. Виза, на которой все равно что сидеть на бочке с бомбами, готовыми взорваться в мгновение ока! Теперь эта специальная виза, предназначенная для профессиональных иммигрантов, должна быть создана самим Дьяволом. Он созвал собрание и пригласил лучшие умы прямо из ада, чтобы придумать лучшие способы мучить уязвимых иммигрантов, и тогда дьявол был невероятно доволен, когда увидел этот продукт, а затем с любовью назвал его «Все будет работать после». - Американские-стандарты-но-будут-получать-такую-же-заработную плату, как и в их бедных странах».

Что придает этой визе особую остроту, так это пункт, который при исполнении работодателем сразу же меняет статус рабочего-иммигранта на нелегала!

Из-за знания моего нового статуса нелегала я теперь полон ужаса! Вскоре я узнаю от других иммигрантов, что, к счастью для нас, иммигрантов, даже работодатель не может открыто совершить такую открытую несправедливость из-за своего страха восстания со стороны других иммигрантов по поводу этого непопулярного решения, поэтому я испытываю облегчение, когда узнаю об их благосклонности ко мне. дать мне льготный период добрых десять дней!

Менеджер Энн проявляет сарказм в лучшем виде, когда она говорит своим певучим голосом «Thinkyaaow», изо всех сил пытаясь скрыть эффект сарказма, который проявляется на ее лице. Но ее широкая фальшивая улыбка испаряется, как только я убиваю ее сарказм своим сарказмом, стреляя в ее едкий язык моей прощальной стрелой, присыпанной сахаром, из моего острого языка.

«Нет, нет, спасибо, что уволили меня!»

Теперь она больше не может контролировать свое бесстрастное выражение лица и громко расхохоталась над

## СОБЛАЗНЕНИЕ СОБЛАЗНИТЕЛЯ СОБЛАЗНИТЕЛЕЙ – ЕЩЕ ОДНА БЕСЦЕННАЯ УПАНИШАДА

этим замечанием, исходившим прямо из уст человека, только что завоевавшего титул самого крупного неудачника! Смеясь, она продолжает: «Теперь я слышала, что у каждого облака есть серебряная подкладка, но даже если бы я надела свои самые оптимистичные розовые очки, мои глаза все равно не увидели бы в этом для вас видимого или скрытого позитива!» Теперь смех, который все еще был под контролем, превращается в истерический!

«Вы ошибаетесь, да, в этом, казалось бы, неприятном событии скрыто много хорошего», — отвечаю я с уверенностью, которая заставляет Энн снова усомниться в собственном заявлении!

Я продолжаю: « **Эта пуля, которую вы выпустили в меня, попала в пузырь высокомерия, в котором я парил.** Когда я впервые приземлился на американской земле, я думал, что непобедим! Моя гордость породила во мне ложные представления, из-за которых я действовал так, как если бы я был лотосом в цветах, огнем в речи; кактус в цветах — это тоже я, что Бесконечность — это я и ноль — это тоже я! То, что я считал потолком в моем прыжке из Америки в Индию, на самом деле всего лишь ступенька на американской земле! Прекратив мою работу, вы показали мне, что реальность гораздо более жестока, что я всего лишь рабыня, находящаяся во власти своего хозяина, и что рабыня не может позволить себе забыть о своих ограничениях...»

В следующее мгновение менеджер Энн замолкает.

В следующее мгновение Маюри поворачивается спиной, чтобы уйти от двери, которую она закрывает навсегда, и в то же время видит глазами на затылке огромные глаза менеджера Энн, меланхолично наблюдающего за ней...

# ОН ДУМАЕТ СЕБЯ КАКИМ-ТО БОГОМ!

*Сжечь все эти теории ДНК, которые только отделили нас друг от друга,*

*отвлекли нас от того, чтобы видеть нас такими, какие мы есть на самом деле, а не просто комбинацией пяти элементов в природе, именуемой в ведической науке Panchboot,*

*Огонь, Воздух, Бесконечность, Глина, Вода*

*но это Кундалини/Душа, находящаяся под контролем СуперКундалини...*

Дорогой дневник Маюри,
Я горю внутри от унижения, причиненного моим чистокровным американским боссом, отвергнувшим меня! Даже если все, что он делает, выглядит идеально, как будто сам Бог пришел на Землю, чтобы делать Свою работу через него, это не значит, что мои способности никогда не достигнут его уровня! Я хочу отомстить, но не бегом за ним с кинжалом, а своей тайной формой мести! Я наточу свою пилу и отдохну только тогда, когда моя ценность станет настолько высокой, что это я буду игнорировать его, и причина будет не в злобе или мести, а просто в том, что он просто больше не достоин моего внимания! ...

СОБЛАЗНЕНИЕ СОБЛАЗНИТЕЛЯ СОБЛАЗНИТЕЛЕЙ
– ЕЩЕ ОДНА БЕСЦЕННАЯ УПАНИШАДА

# ЗАТОЧИ ПИЛУ

В Экосистеме Дерева, когда листья начинают увядать, ствол не направляет свою энергию на их спасение, а просто отпускает их, так как их истинная ценность сейчас в их прахе, а ценность Молодых сейчас в их энергии на использование этого пепла в качестве удобрения, которое затем будет поддерживать новую жизнь! Извлекая уроки из этой системы, когда лопается пузырь доткомов, рушатся цены на акции, безумно высокие зарплаты в сфере информационных технологий (ИТ), рушится и моя жизнь, поскольку я тоже программист!

Все мы, программисты, не дураки, которые не могут видеть, что наш спрос высок главным образом потому, что мы находимся в начале этой новой кривой спроса. В тот момент, когда наше предложение начнет превышать спрос, наша ценность рухнет! Таким образом, наша вина заключается не в том, что мы не в состоянии увидеть риск, в котором мы находимся, но мы проклинаем этот бесконечный оптимизм в нас, поскольку даже когда мы планируем наши худшие дни, мы можем видеть, что мы жертвуем нашим пятничным вечером Пицца из местного магазина! Таким образом, удивляться нашим собственным плохим прогнозам, особенно от мозга, который может предсказывать дикие данные о погоде со сверхъестественной точностью, но не смог предсказать собственное падение, это действительно пародия! Мы сидим и чешем в затылках, задаваясь вопросом: «Как мой разум мог не предвидеть этого, меня, мозга, который могущественен, как сам Бог?»!

*Мать Адити консультирует дочь по телефону* : «Заточите свою пилу! Время имеет решающее значение, либо вы можете потратить его все впустую, мучаясь из-за своего несчастья, либо вы можете обратить его вспять, потратив его на улучшение своих навыков! Тот факт, что вы все еще в безопасности, потому что ваш набор навыков все еще востребован, однако завтра, когда появятся новые инновационные технологии, о которых вы ничего не знаете, но поскольку спрос будет на другую, тогда высоки шансы, что вы станете динозавр индустрии! Часто требуется сильный удар в грудь, чтобы вызвать эту наэлектризованную неуверенность, которая необходима, чтобы заставить человека подтолкнуть себя к покорению более высоких уровней!"

## ТОГДА Я ПРЕКРАТИЛ ОБЩАТЬСЯ С СВОИМИ СЕЛЬСКИМИ ЛЮДЬМИ!

Дорогой дневник Маюри,
Всякий раз, когда я вижу людей из своей страны или даже людей, имеющих с ними сходство, мое сердце радуется, и все же я не делаю никаких попыток послать им какие-либо дружеские предложения, скорее, я намеренно избегаю любого зрительного контакта, не потому, что я унаследовал анти- социальные наклонности от моей матери, а потому, что если я не буду уважать свои временные ограничения и начну развлекать оба непересекающихся множества, я обязательно потеряю рассудок! Абсурдно уезжать за океаны только для того, чтобы испытать жизнь так же, как раньше! Кроме того, я слишком застенчив, чтобы признаться даже себе, но из-за моего тайного желания познать образ жизни различных творений Творца Творцов, чтобы я тоже мог быть более похожим на него – красивым, как внутри, так и снаружи!
С этой мыслью в моем уме, вопреки животной природе стайки с себе подобными, я прекращаю все свои взаимодействия с себе подобными!

СОБЛАЗНЕНИЕ СОБЛАЗНИТЕЛЯ СОБЛАЗНИТЕЛЕЙ
– ЕЩЕ ОДНА БЕСЦЕННАЯ УПАНИШАДА

## ТОГДА Я УЗНАЛА ИСКУССТВО УКЛАДКИ ВОЛОС И НАВЫКИ ПРЕЗЕНТАЦИИ КОСМЕТИКИ

*Из-за нежного чувства любви большинство людей часто начинают пренебрегать собственными потребностями в уходе за телом любимого человека.*

*принимая это за жертвоприношение за своих,*

*не понимая, что тем самым они просто поставили под угрозу свою собственную миссию поддержки,*

*так как вам нужно это тело в хорошем состоянии, чтобы помочь другим ...*

Дорогой дневник Маюри,
Отвержение бакалавра Америки убило всякую возможность какого-либо союза с ним ни в настоящем, ни в будущем, еще до своего убийства он искупил себя, подарив мне образ Будущего-меня! Я, который больше похож на него, в конце концов, он одно из Его самых

Прекрасных Творений!

С этим назиданием я теперь планирую никогда не пропускать свои процедуры купания!

СОБЛАЗНЕНИЕ СОБЛАЗНИТЕЛЯ СОБЛАЗНИТЕЛЕЙ
– ЕЩЕ ОДНА БЕСЦЕННАЯ УПАНИШАДА

# ВДОХНОВЕНИЕ ОТ ШОК-ДЖОКА ГОВАРДА СТЕРНА - КОРОЛЯ ВСЕХ УЧИТЕЛЕЙ

Дорогой дневник Маюри,
Как, когда время становится благоприятным, всемогущая Судьба по счастливой случайности собирает всех необходимых Актеров на одной сцене, до сих пор бесконечно меня изумляя! Здесь я просто подумал, что иду на встречу с другом, но обнаружил, что собираюсь встретить друга, который станет важной частью моей повседневной жизни!

Мой друг слушает шоу Говарда Стерна, когда я вхожу. Когда я слышу дикое шоу, я подпрыгиваю от радости, потому что то, что я сейчас слушаю, — это именно то, что я ищу! Ниспосланный Небом ответ на мою текущую потребность в выживании! Что может быть лучше, чтобы погрузиться в американскую культуру, чем слушать четырехчасовое ток-шоу Говарда Стерна по автомобильному радио по дороге на работу, тем самым улучшая ежедневные поездки на работу, слушая шоу, которое является таким же американским, как Apple. Пирог! Ни минуты скуки, а ты всю дорогу смеешься! А теперь мое обращение ко всем тем женщинам из Клуба ненавистников Говарда, которые уже начали замышлять о том, как подвергнуть цензуре и эту книгу, чтобы они не создавали стереотипов и обо мне, поскольку я делаю это только в учебных целях!

Особый привет дорогому Хауи! Если вы читаете это, то примите мою благодарность, поскольку я неоднократно преклоняюсь перед вашим гением, как и любой из ваших истинных несгибаемых поклонников! Там в эфире ты бесспорный король, можешь говорить что угодно, так и здесь в своей книге я бесспорная королева, тоже могу написать что угодно! И если вы когда-нибудь пригласите меня на свое шоу, то я заранее говорю вам, что что бы вы ни сказали или ни сделали, «*Я НЕ СНИМ СВОЙ ВЕРХ!*» ... Нет, даже за миллион долларов!

СОБЛАЗНЕНИЕ СОБЛАЗНИТЕЛЯ СОБЛАЗНИТЕЛЕЙ – ЕЩЕ ОДНА БЕСЦЕННАЯ УПАНИШАДА

# КОГДА Я УЗНАЛ ПРЕДМЕТ «КУТ-НИТИ ШАСТРА ИЗ ВЕДИЧЕСКОЙ ЛИТЕРАТУРЫ» — ИСКУССТВО ИСПОЛЬЗОВАНИЯ ЗНАНИЙ ОБ МАНИПУЛЯЦИИ ПСИХОЛОГИИ В НЕСПРАВЕДЛИВЫХ ЦЕЛЯХ

## ХОРОШИЙ ДОЛГ — ЭТО НЕ ПЛОХО

Подобно тому, как человек, испытавший прежде ужасный опыт, прихлебывая горячее кипящее молоко, становится вдвойне осторожным настолько, что даже при глотании воды начинает дуть на нее первым! Отец Аакааш советует своей дочери вести консервативный и простой образ жизни. Поскольку каждый сэкономленный доллар подобен заработанному доллару, заткните утечку, минимизировав свои расходы, а затем используя эти сбережения для погашения ипотечного кредита как можно быстрее! его стратегия апеллирует к моему интеллекту, но так как я не только унаследовал его стиль мышления, но также имею энергию молодости со мной, которая хочет сделать еще один шаг вперед! Таким образом, вот мой мыслительный процесс, стоящий за этой моей импровизированной стратегией: будучи иностранцем, я не имею никакого преимущества в том, что какое-то крепкое дерево предков поддерживает все мои причины, как это делают эти туземцы, поэтому, чтобы компенсировать этот недостаток, я делаю все возможное, исследуя ту же внутреннюю информацию, к которой у них есть доступ, так что таким образом я тоже могу наслаждаться теми же плодами труда, что и эти «привилегированные» ! Теперь, когда Банк уже вносит свой вклад в создание моего замка, я должен быть счастлив и доволен сейчас, но этого не происходит, поскольку теперь я начинаю искать способы не просто жить бесплатно, но чтобы кто-то другой заплатил за мой замок! Вот если бы я жил, как скряга, в своей безумной спешке, чтобы поскорее выплатить кредит, то я как бы ворую деньги из той части бюджета, которая изначально предназначалась для веселья! С этой жертвой единственным, что будет счастливым, будет мой Кошелек, а не мое Сердце, и поэтому нет сделки! Итак, что мне делать, чтобы не жертвовать своим уровнем жизни? Я разрабатываю хорошую стратегию для решения этой проблемы: либо купите два объекта на сумму кредита. Один, в котором я живу, а другой на ренте, или же я обращаюсь со своей собственностью как с двумя, где владелец и арендатор живут в одной и той же собственности! Красота этой системы не только здесь, так как теперь этот актив невосприимчив к рыночным колебаниям, так как теперь, даже если стоимость собственности упадет, это не должно вызывать особого беспокойства, поскольку этот актив подобен корове, молоко которой будет продолжать питать его владельцы из поколения в поколение вперед! Теперь, если эта дойная корова начнет всерьез дорожать, я приму ее как бонусный чек с Небес! Таким образом, я всегда буду плавать в безопасной зоне!

И с этого начинается одиссея этого Робина Крузо по неизведанным водам, самое большое финансовое решение в жизни не только владельца, но и владельца недвижимости! В 2005 году на горизонте родилась новая звезда с покупкой кондоминиума с двумя спальнями в Куинси, Массачусетс, где я начал жить как владелец собственности с другим соседом по комнате из ада, которого звали Человек с отрицательной энергией. Как следует из имени соседа по комнате, мы с нетерпением ждем фейерверков и не разочарованы! Теперь, когда все готово, начнем сражения!

# КРЕДИТНАЯ ИСТОРИЯ

*Ровный глаз помогает. Сомневайтесь в дружеских инициативах, не доверяйте враждебным инициативам!*

Дорогой дневник Маюри,
Мне посчастливилось иметь дело с кровососущей пиявкой в образе моего соседа по комнате, которого я люблю называть «человеком с отрицательной энергией». Из-за того, что у нас один и тот же социальный статус в Обществе, я постоянно занимаюсь нездоровыми сравнениями!
Каждый раз, когда она открывает свой бумажник, чтобы заплатить, ее жадная и кровососущая натура пытается найти лазейку в каждой ситуации, чтобы она могла высосать столько же, сколько она из моей законной доли! Ее гениальный мыслительный процесс работает с задержкой: «Владелец может быть просто моим близнецом для простоты сравнения. Я самый умный из них двоих, и все же из-за того, что она купила дом, а затем использовала меня в качестве арендатора, чтобы помочь снять большую часть финансового бремени, я чувствую себя использованным для ее злых замыслов! Ревность во мне разгорается сильнее, когда я должен платить кому-то, у кого нет и половины моего умственного мастерства! Причина, по которой я не могу делать то, что делает она, заключается в том, что Банк никогда не даст мне ссуду из-за моей небрежности, позволяющей записи всего моего прошлого зла найти свой путь в моем кредитном отчете!

## СОБЛАЗНЕНИЕ СОБЛАЗНИТЕЛЯ СОБЛАЗНИТЕЛЕЙ – ЕЩЕ ОДНА БЕСЦЕННАЯ УПАНИШАДА

Тем не менее, несмотря ни на что, умнее меня, потому что с моими фантастическими познаниями в законах никто и никогда не сможет меня перехитрить!

Верить ей на слово — ошибка, поскольку ее слова — это форма Оружия в ее руках, которое она может крутить, а затем представлять так, чтобы это соответствовало ее повестке дня — никогда не платить за еду! Как тот случай, когда эта пиявка приходит ко мне, чтобы одолжить мою любимую причудливую заколку для волос. Я не прошу других людей об их вещах, поэтому, когда другие люди делают это, мне трудно с ними общаться. Когда кто-то просит лично, становится трудно отказать в просьбе. Я тоже еще не научилась искусству говорить «нет», поэтому я согласна дать, но пока я поднимаюсь по лестнице, я чувствую себя настолько щедрой, что теперь думаю о том, чтобы подарить и такой же браслет! Когда я открываю шкатулку с драгоценностями, мой взгляд случайно падает на золотые серьги, которые она одолжила у меня в прошлом году для вечеринки. Это зрелище вызывает во мне воспоминание обо всем этом инциденте, которое оставило неприятный привкус во рту. Она одолжила их у меня для посещения свадьбы. Я доверчиво дал их без долгих раздумий. Как вы думаете, что было дальше! Она говорит, что не может вернуть их, так как потеряла их, и у нее нет денег, чтобы купить равноценную замену. Я помню, как после того дня; весь мой покой исчез! Единственное, о чем я мог думать, так это о способах вернуть мои ценности обратно! Затем мой уровень стресса удвоился, так как теперь я выполнял не одну работу, а две! Как только моя настоящая работа заканчивается, сразу после этого начинается моя новая работа ходить к ней домой, потом весь вечер сидеть с ней, просить найти заработок! Эта драма наконец закончилась, когда она наконец вернула их мне! Причина не только в этом опыте, но и в том, что эта женщина не бедна и не может удовлетворить свои потребности, а женщина, которая так и не научилась жить по средствам! Решение: Виновен.!

Улыбка теперь украшает мое лицо, так как теперь у меня есть ответ, который мне нужен. А теперь самое сложное - донести горький приговор до виновных!

Я решаю разобраться с этим вопросом с умом. Если бы эта подруга была честна со мной в прошлый раз, я бы дал ей гораздо больше, чем она даже просила. Эта щедрая Маюри даже дала бы соответствующий набор ожерелий, который хорошо сочетается с тем, что она изначально просила. Но теперь из-за ее плохого имиджа передо мной эта возможность стала невозможной! Но что я все еще могу сделать, так это атаковать его со сбалансированным подходом. Я даю ей взаймы, но с чем-то, что я могу позволить себе потерять...

СОБЛАЗНЕНИЕ СОБЛАЗНИТЕЛЯ СОБЛАЗНИТЕЛЕЙ – ЕЩЕ ОДНА БЕСЦЕННАЯ УПАНИШАДА

## ПОТОМ Я СЖИГАЛА СВОЮ НЕВИННУЮ ДЕТСКУЮ ФОТОГРАФИЮ/ ТОГДА Я ИЗУЧАЛА КУТ-НИТИ ШАСТРУ, ИСКУССТВО ИСПОЛЬЗОВАНИЯ ЗНАНИЙ О МАНИПУЛЯЦИИ ЧЕЛОВЕЧЕСКОЙ ПСИХОЛОГИИ ДЛЯ НЕСПРАВЕДЛИВОЙ ПРИБЫЛИ

*Ребенок во мне должен умереть, чтобы уступить место зрелой женщине...*

Дорогой дневник Маюри,
В это время, когда я плыву на волне самоуверенности, думая, что теперь ничего не может пойти не так, не понимая, что в спешке завоевать престижный титул «Следующий миллионер этой величайшей нации в стране — Америке», я только что прыгнул в адское пламя, приведя первую согласившуюся женщину в качестве моей соседки по комнате, без каких-либо реальных проверок! Мало ли что я знаю, какой ящик Пандоры я только что открыл! Мои чистые ожидания видят в ней просто одноразовый источник дохода в месяц. В то время как ее нечистые намерения прорастают в тот момент, она видит во мне обычного человека без явной непосредственной поддержки семьи с их сильными банковскими счетами, необходимыми для ведения дорогостоящих битв за выселение, и поэтому она начинает свои опасные Военные игры! Вооруженная своим превосходным Знанием Закона, которое она изучила не для защиты слабых или чего-то подобного, а для манипулирования

Системой, чтобы она всегда работала в ее пользу. Психология, которая дает ей право использовать некоторые свои уловки, чтобы уйти, не только не платить за основные Услуги, которыми она пользуется, но и брать как можно больше с доли хозяина в еде! Теперь, каков текущий статус, что она уже знает, что Война началась, а я только немного просыпаюсь, потому что тоже ловлю ее на том, что она наблюдает за всеми моими действиями сиюминутно, но все же страх драк и неприятных столкновений заставляет меня закрыть свои мысли. глаза, как у голубя, когда он видит приближающегося врага, реакция, которая нравится манипулятору, поскольку она полностью соответствует ее намерению заставить меня жить в страхе перед невидимым врагом! Теперь, когда у нее есть подтверждение того, что она имеет дело с человеком, обладающим знаниями в области обмана ребенка из детского сада, она начинает все свои психологические трюки со мной! Имея воспитание в семье с сильными моральными ценностями, с большим упором на честные отношения, я начинаю чувствовать себя очень смущенным ее контролирующими, жестокими и мстительными манерами. Все еще благородный в своих отношениях со всеми, я не знал всех пагубных последствий ежедневных сражений из-за мелочей, которые могут причинить телу! Я продолжал игнорировать все тонкие предупреждающие сигналы моего тела для этого негативного человека каждый раз, когда я получал какие-либо из ее частых сообщений, не только в обычные, но и в неурочные часы прямо перед сном! Медленно мое поведение меняется таким образом, что я больше не могу даже соотносить свои собственные реакции! Каждый раз, когда платеж задерживается или пропускается, я начинаю волноваться из-за всей драмы, которая теперь последует только за тем, чтобы получить долю, которая по праву принадлежит мне! К настоящему

## СОБЛАЗНЕНИЕ СОБЛАЗНИТЕЛЯ СОБЛАЗНИТЕЛЕЙ – ЕЩЕ ОДНА БЕСЦЕННАЯ УПАНИШАДА

времени я чувствую, что полностью потерял контроль над своими действиями. Теперь моя ситуация, мягко говоря, комична, так как, несмотря на то, что у меня есть дом, из-за страха, что сосед по комнате начнет драку в тот момент, когда я войду в свой дом, моя ситуация похожа на бездомного, для которого единственное безопасное место для сна находится под офисом. раковина в унитазе, пока сосед по комнате спит на моей гипоаллергенной двуспальной кровати!

По какой-то причине мне нужно было войти в свой собственный дом, чтобы получить что-то, а затем уйти как можно быстрее, но этого не произошло. Она поймала меня своими острыми глазами! Она тут же ухватывается за эту возможность и начинает кричать во всю глотку, теперь я тоже в ярости и теперь я тоже ору в ответ во всю глотку! Весь район теперь смотрит шоу! Чтобы избежать дальнейшего смущения перед миролюбивым сообществом, я ухожу так быстро, как только могу!

Страх и трепет охватывают меня, когда я вижу, что тот самый человек, которого я впустил в свой дом как друга, теперь потворствует за моей спиной поиску способов занять весь дом для себя и своих кровных родственников, чтобы жить там для будущих поколений, пока Я делаю условия для моего выживания в собственном доме настолько тяжелыми, что теперь я сплю на полу в туалете своего офиса!

Теперь, когда я стал Взрослым, столкнувшись с реальными жизненными проблемами, я обнаружил, что, к сожалению, основой нашего Общества является не Этика, а Материализм! Теперь мой сознательный взгляд может видеть, что в наш век материализма все эти Божественные свойства, такие как честность, вера, характер и другие Божественные добродетели, являются терминами, которые лучше всего описывают вымирающую породу «пуруш» на санскрите/джентльмены на английском языке, которым грозит вымирание, в то время как условия денег и успеха связаны с людьми, которые уже продали душу дьяволу! Итак, в этой перевернутой среде, каковы мои варианты выживания?

Когда я начинаю задавать правильные вопросы и одновременно как бы по счастливой случайности вновь переживаю кошмарный инцидент, я слышу, как мой ум говорит мне высказывание, которое несет в себе семена ответа на эту проблему! Когда собака лает, лай в ответ абсурден. Итак, набор трюков, который они используют, чтобы уничтожить меня, я тоже могу изучить, а затем использовать те же методы, чтобы уничтожить их!

С этой мыслью я теперь вижу себя улыбающимся. Теперь первое, что я делаю, это сожгу эту мою детскую фотографию как символ смерти Невинности во мне и в наказание за то, что я без разбора доверял всем и тем самым навлекал на себя непрошенные неприятности взрослого! Затем я выбираю книгу «Кут-нити Шастра, Искусство использования знаний манипулятивной психологии для несправедливой выгоды»!

СОБЛАЗНЕНИЕ СОБЛАЗНИТЕЛЯ СОБЛАЗНИТЕЛЕЙ
– ЕЩЕ ОДНА БЕСЦЕННАЯ УПАНИШАДА

# ЭФФЕКТИВНЫЙ МЕЧ

*Что такое переговоры и решения?*

*– Искусство говорить много, ничего не говоря...*

Дорогой дневник Маюри,

В первый момент, когда я держал в кулаке этот дополнительный доход от ренты, я мог видеть огромный потенциал этого семени, которое, когда оно расцветет, принесет прибыль, которая поможет снять это проклятие бедности, достаточно, чтобы удержать меня от бунта против «Тирании в Системе»; не понимая, что все эти мои высокие ожидания заняты сговором за моей спиной, чтобы вместо этого сглазить меня! Неуклонно, но неуклонно разрыв в завесе дипломатических протоколов начинает обнажать тревожные бандитские проступки, видя которые, я бьюсь головой о стену, проклиная тот момент, когда я сам вырыл себе могилу, позволив жадности взять верх над моим мышлением, тем самым заставив я приветствую свою собственную Смерть, себя! Теперь моя оценка не может быть отвергнута как какая-то раздутая проблема, основанная на страхе, когда я говорю, что, если ее не проверить сейчас, она может разорить меня до последней копейки! Этот замаскированный Дьявол может воспользоваться моей простотой, накачать меня наркотиками, изменяющими сознание, и тогда вместо того, чтобы платить взносы, я буду нести бремя не только своего существования, но и ее! Врожденной природе Лича свойственно высасывать кровь из того самого хозяина, в котором он живет, так что это не вина Лича, когда он атакует, а вина хозяина, который впустил его в первую очередь! С этой мыслью я сначала снижаю все свои ожидания, чтобы ожидать от этого вражеского лагеря только худшего. Почему? Потому что, когда я занижаю свои ожидания, я настраиваюсь на успех, потому что теперь их легко разрушить, а с другой стороны, когда я занижаю их, я настраиваю себя на разочарование, так как тогда вы также полагаетесь на доброту в Человеке и на то, что это глупость, поскольку большинство из нас уже продали свои Души Дьяволу, то, что осталось, это разлагающееся Тело, которое дышит только для того, чтобы рабски удовлетворять пристрастия своего тела, которые можно купить за деньги!

Что также означает, что я должен найти способ

сосуществовать с Дьяволом! Как мне теперь спокойно спать в своей комнате, когда в другой комнате шипит змея!?

Поскольку страха перед кнутом от плохой кармы у этих головорезов практически нет, эти люди опасны! Эта ситуация напоминает мне учение нашего Десятого Гуру религии Хальса – Шри Гуру Гобинд Сингха, который наставлял нас всегда держать при себе меч для самозащиты, и, таким образом, в этом также кроется ответ на эту проблему, о том, как жить под одной крышей со змеями в другой!? Состояние общественной гармонии между нами сейчас таково , что я подозреваю, что физическое насилие и причинение вреда могут произойти в любое время! Я заключил это из своего Наблюдения за ее лицом каждый раз, когда она оказывалась рядом со мной и расставалась со своими дорогими деньгами прямо в мои руки! Вся сильная полоса Ревности и Ненависти, кажется, запечена в деньгах, с которыми она расстается! Я не удивлюсь, если в каком-нибудь случайном порыве Ревности и Ненависти она возьмет свой топор, а затем обезглавит меня! Срочная потребность в Охраннике как внутри дома, так и за пределами моей комнаты - это не преуменьшение!

Итак, уважая и прислушиваясь к совету моего Гуру,

я решаю всегда иметь свою форму меча рядом со мной! Ношение меча таким любителем, как я, сопряжено с существенным риском не столько для противника, сколько для меня самого! Поскольку то, что предназначено для моей защиты, также может вместо этого атаковать меня! Итак, это оружие, которое я выбрал, невосприимчиво к этим проблемам, и поэтому, без дальнейших промедлений, я раскрываю его вам, друг: мой беспроводной мобильный телефон! Наличие мобильного телефона похоже на мощное оружие, которое может предотвратить многие насильственные преступления!

Если я думаю о том, чтобы привлечь полицию для решения домашних драк, это признак того, что ситуация настолько нестабильна, что одна маленькая ошибка может в любой момент перерасти в полномасштабную войну!

Теперь я планирую каждый свой ход и ответный ход, сначала надевая мыслящую шапку самого Дьявола, еще раз напоминая себе, что улыбка врага подобна ядовитой лисице, ожидающей подходящего момента, чтобы вырвать приз победы, из прямо под нос!

**Теперь я узнаю, что битвы выигрываются не столько мечами, сколько силой Языка! Когда вы смотрите на врага как на объект жалости, это**

означает, что вы недооцениваете его интеллект, а когда вы смотрите на него как на объект зависти, значит, вы переоцениваете его интеллект. Неподвижное Лицо/Молчание — проверенный Метод избавления от Негативного Человека. Пока Негативная личность тратит свою энергию на уничтожение вас, будьте сильнее, продолжайте строить свое гнездо так, как хотите! Будучи Умным, все ваши усилия направляются на Творческую деятельность, которая поможет взрастить Божественное качество Самодисциплины, а где самодисциплина, там и Победа! Признайте, знайте, что *любимым инструментом Негативной Личности является Сарказм, который они безжалостно применяют к своим Жертвам, чтобы сломить их силу воли, которой они завидуют, потому что они сами больны, и это их больной способ борьбы с собственные комплексы неполноценности! ...*

## ПРИНИМАТЬ РЕШИТЕЛЬНЫЕ УСИЛИЯ ПО РЕШЕНИЮ СЛОВЕСНОЙ ДУЭЛИ ДО НАЧАЛА КРОВОПРОЛИВАНИЯ

*ОМ Аинг Хрим Клим Чамундай Виш*

*– Ведическая литература*

*Значение мантры:*

*ОМ: Символический звук Космического Существа.*

*Айинг : Суперкундалинида зачатия*

*Хрим: СверхКундалинида Жизни Клим: СверхКундалинида Разрушения.*

*Вичче: Победа.*

*Эти три силы, именуемые Чхамундай, при совместной работе могут произвести насильственную силу, способную убить смутные времена и страх!*

## СОБЛАЗНЕНИЕ СОБЛАЗНИТЕЛЯ СОБЛАЗНИТЕЛЕЙ – ЕЩЕ ОДНА БЕСЦЕННАЯ УПАНИШАДА

Дорогой дневник Маюри,

Дела сейчас настолько плохи, что я не могу не заметить тонкую прореху, проступающую сквозь Ткань Социальных Протоколов! Мой сейчас пробуждающийся Третий Глаз уже смог обнаружить истинную причину бунтарских поступков этой Соседки по комнате-из-Ада, особенно в то время, когда она расстается со своей Истинной Любовью-Деньгами, что на самом деле означает, что под На поверхности скрытая война уже началась!

Все эти конфликты, которые я считал спонтанными, пока я не начал осознавать истинный смысл всей этой Драмы! На самом деле эти бои были просто очередным банальным, тщательно спланированным ходом этого Дьявола, призванным вселить в меня страх, чтобы я начал послушно делать все, что она хочет! Эта открытая несправедливость, если ее не устранить сейчас, наверняка станет настолько ядовитой, что может забрать с собой все Тело! Поскольку раскачивание Лодки с Человеком в ней не является повседневным Событием и влечет за собой серьезные последствия, я соглашаюсь с голосом Добра во мне и с большинством советов по лучшей деловой практике, я тоже решаю устроить дуэль словесной войны.

хороший шанс, прежде чем начнется кровопролитие! Большинство людей думают, что Война слов не должна требовать такой тщательной подготовки и что она безопаснее от любых телесных повреждений, чем бои на мечах! Однако эта точка зрения верна только для тех неграмотных, которые еще не осознают воздействия Энергий, управляющих нашими телами. Точно так же, как мы заземляем Электричество, чтобы защитить нас от удара током, нам тоже нужно что-то подобное! Итак, как мне заземлить себя? Во-первых, я бросаю свое Сердце куда-то глубоко на чердак, потому что нет большего врага Мыслящего Мозга, чем Эмоциональное Сердце! Затем я самовнушаю свой Разум, чтобы быть честным в своих действиях, поскольку я мог бы избежать гнева этих Искусственных Судов, но никогда от гнева Кармы!

Еще раз напоминаю себе, что никто никому не делает одолжений. Зная по опыту и некоторым более ранним наблюдениям, что всякий раз, когда ставки высоки, Сердце пытается взять на себя работу разума, а поскольку у Сердца нет разума, легко увидеть, что результат всех этих сверхчеловеческих усилий неизбежен. потерпеть неудачу! Однажды я напомнил себе о том, что мой разум должен работать в полную силу, поскольку Разум — это единственный инструмент в руке каждого человека, который, когда он расслаблен, может вытащить его из любого адского огня, а затем кувыркнуть мое тело прямо в Наслаждение Небес. Сад, наоборот, когда он устает, может стать причиной моего разрушения. Итак, как расслабить мозг? Я чувствую себя счастливым, так как этот вопрос только что вызвал воспоминание об этом древнем вековом секретном трюке, который я узнал из ведической литературы! Спасибо, Маюри, за то, что слушаешь этот голос разума среди шума всех других глупых голосов! Метод: Лягте с закрытыми глазами и просто позвольте свободному падению всех мыслей течь без какого-либо сопротивления в течение следующих двадцати минут. Теперь откройте глаза, и теперь вы свежи, чтобы встретиться с предстоящей битвой!

Теперь я сижу здесь, за столом переговоров, лицом к лицу с этим соседом по комнате из ада. Мой разум теперь начеку и рассматривает каждый ход как ход в шахматной партии. Пока противник снаружи смеется над вами над своей победой в убийстве вашей пешки, я смеюсь внутри, видя, как этот дурак только что попал в мою ловушку, расчищая мне путь прямо к яремной вене своего короля! Мой первый порыв состоит в том, чтобы перевоспитать моего оппонента моим благонамеренным советом, только чтобы обнаружить, что я просто проповедую хору! Если бы они не были морально банкротами, этого стрессового момента вообще бы не было! Как только это осознание приходит ко мне, я крепко сдерживаю Лошадей своего Языка, предоставляя все это Всемогущему Колесу Справедливости Карме для исправления Виновных! ...

## СОБЛАЗНЕНИЕ СОБЛАЗНИТЕЛЯ СОБЛАЗНИТЕЛЕЙ – ЕЩЕ ОДНА БЕСЦЕННАЯ УПАНИШАДА

# УБИРАЙСЯ.

*«Нога вперед с Верой, а затем провал,*

*не предательство Веры, отсутствие ее,*

*небрежность в большинстве случаев*

*является виновником, которого мы ищем!*

*…"*

Дорогой Чанди, Дневник умной королевы воинов,

Каждый раз, когда Яма, Палач Смерти, щелкает кнутом над моими ошибками, Он получает от меня плохую реакцию, однако, когда я вижу своим новым видением, теперь обогащенным этими новыми Автарами, в которые превращается Дьявол, я преклоняюсь перед ними. Благодарность Ему, так как теперь я только что избежал дорогостоящей ошибки, построив Дом из-за чего-то, что имеет недостаток в самом его основании, в конце концов, если бы когда-либо было Голосование по Принципу-Одного-Строения-что-есть- must-have, то это должно быть, крепкая основа!

Сквоттеры как испорченная еда. Вы просто должны извергнуть токсичную пищу из своего организма, так как только тогда ваше тело сможет издать свой столь необходимый вздох облегчения, в конце концов, это не отношения между Поставщиком услуг и Потребителем услуг, такие как те, которые существуют. между Змеей и

Заклинателем змей, где обе стороны заражены одной и той же болезнью - Жадностью, и когда Алчность берет верх над мышлением, ни одна из сторон не желает брать и цента проигрыша!

Таким образом, я заключаю, приняв твердое решение не позволять никакой жалости ослабить мою решимость или, если на то пошло, даже позволить ложным появлениям этих похожих на пиявок соседей по комнате, яростно собирающих свои сумки, обмануть меня, заставив дать им еще один шанс! Теперь я отдохну только после того, как получу законное владение своей землей и предприму все необходимые юридические шаги, которые гарантируют, что они останутся так далеко, что даже их тени больше не смогут отбрасывать свою тьму на святость моей первозданной обители!

Далее, я радуюсь, видя во мне крикливого мятежного быка-Тельца, который всегда гордится тем, что добивается своего, а теперь сидит в углу, холодный и пристыженный, поджав хвост, стыдясь своей эгоистичной натуры, которая вызвал у меня сильное смущение среди самых уважаемых Людей из моего сплоченного Сообщества!

Теперь я с большим уважением отношусь к Правилам и Положениям Сообщества и лучше понимаю их ценность! Теперь я еще больше осознаю свою вину в том, что вводил неудачников в свое дружественное Сообщество, тем самым не уважая их нарушение безопасности!

Мое эгоистичное стремление к все большей и большей прибыли заставило меня смотреть на правоохранительные органы как на большую помеху в планах роста Индивидуума, но теперь, пройдя через Адское пламя, мне не нужна команда ученых, чтобы подтвердить обоснованность этого назидания, что Люди склонны лучше идти по прямой только тогда, когда есть какой-то Страх, типа долгих дорогостоящих Юридических баталий против просто Страха наказания, которое их ждет, от Кармических Законов каждого действия, имеющего равное и противоположное противодействие!

После того, как я вступил в войну с Гуру Кут-нити — Науки Несправедливых Доходов, мои собственные успехи в Психологии выросли в четыре раза благодаря уменьшению вдвое моего Компонента Невинности и одновременному удвоению части знаний о методах, необходимых для обнаружения Предателя. Иуда среди верных последователей Иисуса! Тем не менее, несмотря на этот полный теоретический лист анализа прибылей и убытков, я должен предупредить вас, что есть гораздо более безопасные варианты получения опыта, чем прыгать в огонь без каких-либо предварительных знаний о природе зверя, с которым вы собираетесь бороться!

## ПОТОМ Я ИЗУЧИЛ АРХИТЕКТУРУ

Дорогой дневник Маюри,

Как раз когда я думал, что эта битва за обладание Золотым Ключом уже окончена, я быстро понял, что, сказав это себе, я просто сглазил себя, так как впереди меня ждала более великая Битва, чем раньше!

Поскольку из-за строгих законов о неприкосновенности частной жизни я никогда не имел чести осматривать эти запретные помещения, но теперь, когда я это делаю, скрытая ценность этих законов начинает раскрываться! Они действовали как щит для моего психического нервного срыва, когда я увидел масштабы обширного ущерба, нанесенного моей собственности!

Теперь мое первое побуждение — просто смириться с убытком, продать его, а затем бежать так быстро, как только смогу, в Банановую Республику! То, что произошло дальше, должно быть ключом к пониманию того, как Всемилостивый действует, когда дело доходит до вознаграждения достойных! Я пытался поднять тяжелый стол для переезда. Теперь моя цель состоит в том, чтобы поднять его немного выше, чем высота моего гладкого движущегося инструмента, чтобы я мог вставить движущийся инструмент через эту опору, и тогда все будет гладко, так как теперь этот инструмент может быть в состоянии творить свое волшебство! Теперь я смог поднять его, но из-за того, что он был тяжелее, чем сила моей руки, я не мог поднять его достаточно, чтобы я мог прокрасться в движущийся инструмент! Так вот, тяжелый стол, который должен был упасть назад, в этих ситуациях, сломав все мои усилия, не сделал этого... Вместо этого стол упал на гвоздь, который торчал из стены, что позволило мне успешно завершить Задание! Теперь я стою в изумлении, но не из-за того, что могу сделать то, что я думал, что никогда не смогу сделать, а из-за неведомого ощущения, что невидимая сила из вселенной также сотрудничала со мной! С этим знанием я вдруг из обычной девушки стала кем-то другим, кем-то с более высокими способностями! Внезапно невозможное теперь стало выглядеть как Я-можно для меня!

Теперь уборку для себя я делал уже несколько раз, но бунтарь во мне ненавидит идею убирать чужой беспорядок! Итак, чтобы вдохновить себя на это, я сначала обманываю себя, заставляя поверить, что СуперКундалини послужит его справедливости, заставив скваттеров по ошибке оставить свои сумки с наличными, которые могут помочь вернуть деньги, которые они у меня украли. Эта мысль сразу же заставляет меня подпрыгнуть, когда я вскакиваю с кровати и эффективно прибираюсь во всем доме. Денег я не нашел, но в процессе получил то, что хотел - чистое помещение!

Вскоре я обнаруживаю, что мне следовало беспокоиться не о проклятии моего кошелька, а о призраке соседа по комнате, который все еще бродит по этому месту с глупыми сувенирами воспоминаний о событиях, теперь встроенных в каждую частицу этого места!

*Маюри* : Я чувствую себя ошеломленной Горой Модификаций, которые мне теперь придется сделать из-за невероятной грязи, в которой жили эти хитрые свиньи!

*Отец Аакааш* : Если кто-то ожидает увидеть сверкающий дом, а не грязный свинарник, заведя свиней, то это не вина свиней, а ожидание Человека, ослепленного жадностью, который впустил их в первую очередь! Просто измените свои ожидания, тогда вы не будете разочарованы результатом!

*Маюри* : Если я не внесу эти изменения, я окажусь в больнице, и мои вложения в этот дом уйдут в эту грязную канализацию! Мои соседи могут чувствовать угрозу, думая, что я пытаюсь превзойти их Дома, в то время как на самом деле для меня либо платить за эти обновления, либо платить Докторам за то, что я просто делаю следующий вдох...

Теперь я знаю, что у меня нет другого выбора, кроме как нанять человека, который хорошо разбирается в строительной науке, но до сих пор не знает, сколько я буду платить?!

*Отец Аакааш* : Я понимаю, что это особенно сложное время для вас, но никогда не недооценивайте силу своих сильных рук. Везде, где есть отличная возможность для обучения, нужно перепрыгнуть через нее! Если вы ничего не знаете о навыке, то становится важнее, чтобы вы не упустили эту возможность! Я хочу, чтобы вы начали искать ресурсы, которые научат вас всему, что касается строительной науки!

## СОБЛАЗНЕНИЕ СОБЛАЗНИТЕЛЯ СОБЛАЗНИТЕЛЕЙ – ЕЩЕ ОДНА БЕСЦЕННАЯ УПАНИШАДА

Вы должны думать со спокойным умом, так как только спокойный ум может принимать правильные решения. Вы, дочь Человека, доказавшего свою силу, пережив множество трудных времен, можете рассказать вам из моего опыта о том, как я справляюсь с такими ситуациями, которые могут нервировать любого. Когда мне нужно преодолеть любую гору проблем, я сначала ложусь на свою кровать в удобной позе. Я закрываю глаза, затем кладу глазные яблоки в центр бровей, где находится промежностная железа. Вы будете удивлены, увидев, насколько сосредоточенным и ясным работает ваш разум. Затем я ясновидяще выполняю все шаги в своем уме, и таким образом мой План становится более устойчивым к ошибкам, как это уже было сделано однажды раньше!

Маюри улыбается: Спасибо, отец, за то, что указал мне правильный Путь, и спасибо, СуперКундалини, за то, что выбрала Шри Аакааша Сингха Бирги моим отцом...

Теперь я занимаю время от всех занятий, связанных с призванием, для достижения моих непосредственных целей. Я начинаю читать книги, смотреть видео по строительной науке.

Я никогда не думал, что это время закончится, но оно закончилось и вознаградило меня высокой оценкой стоимости моей собственности!

И я смиренно улыбаюсь каждый раз, когда кто-то из моих соседей тоже делает свои обновления в том же стиле, что и мой…

СОБЛАЗНЕНИЕ СОБЛАЗНИТЕЛЯ СОБЛАЗНИТЕЛЕЙ
– ЕЩЕ ОДНА БЕСЦЕННАЯ УПАНИШАДА

# ЕЩЕ ОДНА ПЛАТАДУНСКАЯ ЗАЯВЛЕННОСТЬ - ЖИТЬ ИСКЛЮЧИТЕЛЬНО С МОИМ ЛУЧШИМ СПУТНИКОМ ТОЛЬКО - СО СОБОЙ!

"

*Ни за что на свете! Брак должен быть Змеем, который гарантирует,*

*его маленькая жертва становится полностью недееспособной,*

*больше никогда не поправиться!*

*К тому времени, когда жертва осознает свою ошибку,*

*ему уже грозит финансовый крах,*

*дорогостоящие битвы за опеку над детьми,*

*не говоря уже о той боли, через которую приходится пройти всем близким и родным,*

*не столько по сравнению с естественным сочувствием, присущим ситуации,*

*но по собственному бессилию в неспособности что-либо сделать,*

*кроме того, чтобы просто быть свидетелем*

*красоты, которая заключается в наблюдении за любым банальным кораблекрушением ...*

*- Чанди Умный воин Каур*

Дорогой дневник Маюри,

Искушение жить так, как я хочу, требует от меня жертвы, жертвы сжигания всех моих желаний для будущего, которое включает в себя удовольствия блаженной семейной жизни!

После того, как я остался верным своему слову и достаточно долго оставался одиноким, я понял, что все эти жертвы — пустая трата времени! Поскольку первая мысль предполагала, что цепочки происходят из-за домашнего хозяйства, в то время как на самом деле они могут происходить из самых глупых вещей, которые мы покупаем, не понимая, что все эти маленькие чачки/Объекты-нашего-желания имеют стоимость обслуживания в виде Время! Теперь я понимаю, что независимо от того, приносит ли покупка большого дома престиж в Обществе или нет, он, безусловно, оказался большим Зверем, другое имя которого — дом, который нуждается в постоянном присмотре и уходе! Итак, новость для всех вас, судящих людей, что здесь нечему завидовать, только жалость...

Если подумать, кому еще кто-то нужен, когда зависимости друг от друга практически не существуют?! В этом поколении микроволн, где каждый уверен, что следующий прием пищи будет готов, ему гарантирована крыша над головой, и у кого-то мало причин рисковать разорвать свои цепи рабства, особенно когда их единственные варианты — Дьявол . или сатана!

По какой-то причине я чувствую себя более комфортно в компании Женщин, отошедших от своей Культуры, чем этих претенциозных Женщин, которые принимают участие в каком-то невидимом Соревновании святош, чтобы выглядеть более домашним, чем другие! Итак, если я не могу общаться с этим Классом Людей, к которому мне суждено принадлежать, то зачем мне улетать за океаны только для того, чтобы вести жизнь, которая не использует в своих интересах эту возможность!

Почему бы не лететь?! Кто будет большим дураком, чем я, если не воспользуюсь этой прекрасной возможностью быть вдали от строгой Семьи, и все же, даже если у меня есть вся эта свобода делать все, что я хочу, что в этом хорошего, когда приходит настоящее удовольствие? от употребления в пищу фруктов, которые просто запрещены в природе! Поначалу было очень волнительно знакомиться с новыми людьми только для того, чтобы обнаружить, что все люди везде одинаковы – скучно! Только отчаяние везде! «Жизнь стала настолько бессмысленной и пустой, насколько это возможно! Если я пытаюсь найти развлечение в Браке, это звучит еще страшнее, так как мне кажется, что его подставил какой-то хитрый социопат, написавший тенденциозное Руководство только с одной стороны до трех дней Медового месяца и очень кстати забыл добавить какой-либо выход оговорка для тех неблагоприятных ситуаций!

Не является ли тогда брак просто еще одной формой рынка, где женихи — это просто товар, на который можно торговаться, с дорогими подарками и ценным приданым от семьи невесты, и тот, чья ставка перебивает цену другого, выигрывает руку невесты, несмотря на внутреннюю красоту невесты? ? Чем больше контраст между невестой и женихом, тем выше приданое, тогда не является ли более высокое приданое формой неуважения к невесте?

Слово «муж» потеряло всякий смысл в традиционном смысле. Где настоящие мужчины, которые будут чтить свои священные клятвы над своими мертвыми телами? Теперь у нас есть эта современная порода мужчин нового века, которые удобно женятся в большой спешке, а затем разводятся в еще большей спешке! Даже после того, как они поженились более десяти раз, они жалуются на одно и то же: «Дорогой друг, я никогда не мог найти настоящую любовь!»

В моих профанных глазах муж подобен собаке без ошейника, и все же сравнение его с собакой не оскорбление собаки, а мужа, потому что собака по крайней мере верный и надежный верный друг, а муж нет; сравнение звучит справедливо для меня только тогда, когда слово муж сравнивается со свиньей, так как свинья счастлива только тогда, когда она какает на себя, а затем валяется в своих собственных какашках! Так вот вы, осуждающие люди, скажите мне, действительно ли это моя вина, что я не могу уважать этот институт брака и смотрю на Мужа, как на еще одно перышко на шапке, только для того, чтобы покрасоваться в партийных кругах и больше ничего?!

После продолжительного общения с местными жителями, знакомства с людьми из разных профессий я в конце концов полностью сжёг себя до уровня скуки! Наконец, я испытал облегчение, когда пожалел себя, когда понял, что источник развлечений лежит внутри, в исследовании моего собственного лабиринта, а не в любом другом развлечении, которое когда-либо находилось снаружи!

Теперь моя цель — вести простую жизнь, в которой мы делаем что-то не только для того, чтобы доставить удовольствие другим, но и делаем то, что соответствует нашему образу жизни, соблюдая при этом наши физические ограничения. Это должен быть прекрасный образец для прекрасного существования!

Итак, с этим назиданием я положил руку на горящую свечу, чтобы принять новый мой обет: я буду жить с моим лучшим спутником - собой, но будь проклят сглаз, как только я это сказал, я мало знал, я просто сглазил меня самого, так как это обещание услышал не только я, но и наша Дорогая Госпожа Судьба, которая тут же принялась шутить над моей твердой решимостью! ...

СОБЛАЗНЕНИЕ СОБЛАЗНИТЕЛЯ СОБЛАЗНИТЕЛЕЙ – ЕЩЕ ОДНА БЕСЦЕННАЯ УПАНИШАДА

# WHEN PARALIZING SNAKE-BITE: DESIRIING A MI-RAGE / 2010 – КОГДА Я СНЯЛ СВОЮ СТАРУЮ КОЖУ СВОБОДНОЙ ПТИЦЫ, ЧТОБЫ ПРЕВРАТИТЬСЯ В НОВУЮ КОЖУ ПОЛНОЙ ЖЕНЫ МАЙЮРИ

*Когда мы счастливы, мы плачем,*

*когда нам грустно, то и мы плачем,*

*Тогда несправедливо говорить,*

*что резюме в одном слове на всякую жизнь,*

*это "слеза"...*

*Маст Маюри, Опьяненный павлин, танцующий под дождем*

S-КУБ

СОБЛАЗНЕНИЕ СОБЛАЗНИТЕЛЯ СОБЛАЗНИТЕЛЕЙ
– ЕЩЕ ОДНА БЕСЦЕННАЯ УПАНИШАДА

## СНАЧАЛА МУЖУ НАПЛЕВАТЬ!

*Муж Чанакья своей жене Маюри* : Когда мы пытаемся смешать масло с водой, мы не можем, так как это противоречит их природе! Оба этих материала доказали свои преимущества, но при приготовлении пищи, если кто-то нальет воду на нагретое масло для его смешивания, он не будет делать то, что мы предполагали, но может оказаться вредным, поскольку вместо этого он разбрызгивается, вызывая опасные ожоги кожи. стоящий рядом. Такова и моя связь с моей женой. Наши натуры не могут смешиваться, и все же мы должны соответствовать нашим брачным целям!

Всякий раз, когда я вхожу в нашу спальню, она входит под одеяло, делая вид, что спит! Даже если бы у меня скорпионы ползали по ней и кусали ее, она все равно будет лежать, как холодная рыба, ничего не говоря, единственный признак жизни в ней - слабые голоса глубоких вздохов!

Итак, чтобы спасти этот брак от полного кораблекрушения, мы встречаемся только для продолжения рода!
Честно говоря, моя дорогая, мне наплевать!

## ТОГДА ЖЕНА ТЕРЯЕТ СОЗНАНИЕ!

*лежит без чувств, как будто ее переехал*

*какой-то восемнадцатиколесный транспорт*

*правосудия.*

Дорогой дневник Маюри,
В тот момент, когда я слышу его шаги, приближающиеся к моей спальне, я чувствую волну страха и гормонов беспокойства, пронизывающих все мое тело. Нет, это не из-за того, что придется бороться с двухсотфунтовым людоедом, а из-за еще одной из многих услуг, которые его мать имеет для него! Она проделала такую прекрасную работу, заставив его поверить, что он Аватар Геркулеса, что теперь это предположение настолько глубоко вбито в него, что теперь он действительно верит, что это правда! Это заблуждение стало для меня источником трудностей, так как он ни с какой точки зрения не грек, и даже если он все это, проблема остается, поскольку я не греческая богиня!

Всякий раз, когда он стучит в мою дверь, он ожидает, что у меня, как у некоторых павловских собак, от одного лишь взгляда на него пойдет слюна, а на самом деле все наоборот! Мои телесные жидкости высыхают, как будто мое тело находится в состоянии бунта и ужаса при мысли о том, чтобы подвергнуть себя еще одному сеансу духовного изнасилования! Вот как проходит сеанс: Чем больше он пытается приблизиться, тем больше я отхожу, видя мою холодность к нему, он воспринимает это как оскорбление в свой адрес, когда я чувствую в нем недовольство, я еще больше ухожу в состояние ужаса и отчаяния! Этот цикл продолжает повторяться на протяжении всего этого длинного и бесконечного кошмарного сеанса! Спасибо, Мать-Природа, за то, что сократила Окно для этого акта до двух минут только в эти два правильных дня! Как однажды справедливо сказал философ Сарти Кьеркегор: «Удовольствие разочаровывает, возможность — никогда», и, соглашаясь с ним, я говорю, что забудьте об удовольствии, разочаровывающем, поскольку там, во-первых, никогда не было даже возможности получить удовольствие!

Когда мы смотрим на медоносных пчел, у них есть отдельные пчелы для сбора меда, а для целей размножения у них есть отдельная пчела. Теперь все это имеет для меня смысл. Я действительно рабочая пчела, которая работает весь день, чтобы удовлетворить финансовые потребности дома, проблема здесь в том, что для нужд размножения это тоже я, как нехватка рабочей силы! Так что реально я работаю в две смены - весь день в офисе, а ночью с мужем! Неудивительно, что я не могу быть ни хорошим работником, ни хорошей женой!

Честно говоря, моя дорогая, мне тоже наплевать!

## ПРЕСЛЕДУЮЩИЕ ПЛОХИЕ СНЫ

Беспокойные змеи мыслей продолжают подниматься из какого-то неизвестного источника, преследуя сны Маюри! Проснувшись от одного из своих недавних дурных снов, она идет на работу. Она открывает свой файл, чтобы прочитать, но ничего не может прочитать, как она может, когда ее глаза заняты просмотром повтора ужасного сна прошлой ночи ясновидящим! Она живо переживает это, снова видя, как в ее дом входит армия толстых черных мышей, которые начинают бесконтрольно бегать, готовые захватить весь дом, при виде которых все ее тело дрожит! Бросив все дела, она бросается за телефоном, чтобы срочно позвонить руководству. Когда она разговаривает по телефону, ее голос дрожит, она подбирает слова, чтобы решить эту проблему немедленно, любой ценой! Либо эти мыши, либо я буду жить в этом доме! Они чувствуют ее отчаяние, но не могут ничего сказать, чтобы развеять все ее страхи! Затем очень мрачным голосом они говорят, что мы знаем о вашей способности выбрасывать бесконечные деньги на

решение этой проблемы, но мы не можем даже взяться за ваше дело, если ситуация выйдет из-под контроля! С этими кошмарными словами она выходит из своего транса, сложенного снаружи, но внутри совсем другая история!
Больше отчаяния!

СОБЛАЗНЕНИЕ СОБЛАЗНИТЕЛЯ СОБЛАЗНИТЕЛЕЙ
– ЕЩЕ ОДНА БЕСЦЕННАЯ УПАНИШАДА

## ПИКАБУ В ИСКАЖЕНИИ ВРЕМЕНИ

*В отличие от мудреца, который, услышав у своего порога громкие свинцовые шаги неприятеля, застыл от страха,*

*ребенок, с другой стороны, остается блаженным,*

*в конце концов, нет достаточно сильного врага, чтобы победить его умные удары карате...*

С каждой повторной неудачной попыткой выполнить свой долг жены Маюри теперь тайно находится внутри для людей, и сама все больше погружается в тиски, словно хватка неизвестного страха, с каждым днем все больше и больше затягивая ее в ужасное отчаяние! Из семени отчаяния прорастают поиски Оракулов/Жрецов, которые могут заглянуть в хрустальный шар, чтобы наконец рассмеяться, когда она увидит, насколько глупыми и мнимыми могут быть ее предположения, насколько она просто сделал из мухи слона!
Узнав о большом количестве случаев мошенничества в этой породе гадалок, Мать Адити категорически против такого выбора!
*Мать Адити* : «Будьте терпеливы! Особенно, когда мы не знаем, предопределено ли все, или мы создаем свое будущее на каждом шагу? Насколько я знаю ведические шастры/литературу, эта человеческая форма драгоценна,

как и мы. не только химически реагируют на ситуации, такие как растения и многие другие животные, но и силой благоразумия! Поскольку у нас есть этическая часть, мы несем полную ответственность и подотчетны за каждое наше действие!»

Маюри замолчала. Она очень хорошо понимает значение слов, и все же это только вопрос времени, когда удушающая тревога и беспокойство победят, и поэтому мы узнаем, что она поддалась искушению. Пренебрегая всеми жемчужинами мудрости своей матери, она бросается вперед, чтобы достать свой телефон, чтобы получить для себя первую доступную встречу со священником, рассказывающим прогнозы, для безобидного заглянуть в котел будущего!

## СВЯЩЕННИК - ПРОГНОЗ ПРЯМО ИЗ АДА

# Лицом к лицу

*Вечная истина в том, что противоположность реальности — тоже реальность!*

Маюри сидит в приемной священника, который, как и Бог, держит ключ к исполнению всех ее желаний! Действительно высокий порядок! Ожидания заоблачные; ее пальцы ног постоянно двигаются вверх и вниз в ее крошечных туфельках, показывая ее волнение, надеюсь, это все еще секрет от публики, которая быстро осуждает! Ее сжатые потные ладони рассказывают историю тревоги, которая, должно быть, пробегает по ее телу. Женщина в штатском пристально замечает ее, но Маюри ничего не замечает, так как слишком поглощена поиском решений, чтобы выбраться из этого беспорядка, в котором она находится. Незнакомец подходит к ней с коробкой салфеток. Обращаясь учтиво, она заставляет ее хихикать своим остроумием, предлагая ей салфетку, которая была насущной необходимостью того времени, словно капля от насморка, который висит у нее на кончике носа, если вовремя не остановить, обязательно испортит ей платье! Маюри признает это, так как ей не удалось отлично скрыть свои тихие рыдания. Поначалу Маюри не в настроении вести долгие разговоры с незнакомцем, но затем, опасаясь, что она может задеть чувства добродушной пожилой женщины, да и ее насморк мог бы помочь, она улыбается и принимает ее. помощь.

Затем, чтобы вызвать чувство жалости к себе и с намерением заставить Маюри почувствовать себя выше себя, чтобы Маюри начала показывать больше информации о своей личной жизни. Чтобы начать открытый диалог, она начинает рассказывать о своей личной жизни, чтобы Маюри тоже ответила взаимностью, тем самым попав прямо в ловушку незнакомца! Незнакомец начинает с того, что представляет себя незамужней женщиной по имени Диана, которая никогда не рожала сама, но все же помогала многим женщинам в родах.

*Диана* : «СуперКундалини должна благословить самые достойные пары большим количеством детей, но то, что мы действительно видим вокруг себя, это то, что у большинства этих интеллектуалов едва ли есть дети, в то время как негодяи и ведьмы мира, которые слишком эгоистичны, чтобы даже заботиться о них». сами имеют больше, чем горсть! Эта шкала справедливости природы не висит должным образом, и все же, почему все учителя говорят нам верить, что действия Природы справедливы? В одном сценарии тройня рождается у незамужних матерей, которые пытаются найти способы получить избавиться от своих младенцев, используя самые жестокие и злобные способы, в то время как, с другой стороны, желающие пары, которые даже после прохождения передовых медицинских процедур все равно ничего не получают!

Как только слова Дианы попадают в нужное место, они сразу же разговаривают, как старые друзья. Маюри рассказывает все о своих проблемах с фертильностью, а также некоторые другие интимные подробности своей новой подруге. Как только новая подруга получила всю необходимую ей информацию, она не задержалась ни на секунду! Когда она быстро собирает свои вещи, чтобы уйти, она использует это же время, чтобы поскорее попрощаться. «Поскольку время драгоценно, о мой драгоценный, не следует тратить время на тарабарщину, а так как я уже потратил впустую ПЯТНАЧИНННННН МИНУТ нашего времени, мне нужно бежать!». В следующее же мгновение она уже исчезла! ее волшебный трюк с исчезновением Маюри не могла не прокомментировать ее странное поведение: " **Люди странные! Еще мгновение назад она была похожа на любящую мать с небес, которую часто можно найти в большинстве драм про слезоточивых, а в следующий момент она как мачеха из ада, которую мы часто видим в большинстве драм ужасов...**»

Тем не менее, поговорив с незнакомцем, Маюри чувствует себя невероятно довольной собой, считает хорошим предзнаменованием поговорить с пожилой женщиной, которая явилась только для нее, как некая доверенная Мать. Мало ли Маюри знала о невидимом пауке на стене, который наблюдал за ней очень близко — Священник, который получает прямую трансляцию всего разговора прямо на экран своего монитора!

## СОБЛАЗНЕНИЕ СОБЛАЗНИТЕЛЯ СОБЛАЗНИТЕЛЕЙ – ЕЩЕ ОДНА БЕСЦЕННАЯ УПАНИШАДА

# СЕАНС ТРАНСМЕДИТАЦИИ

С большими надеждами Маюри входит в полутемную комнату священника, освещенную только глиняной лампой. Когда она видит его силуэт перед собой, она чувствует себя как маленький ребенок в присутствии своего отца, который защитит ее от надвигающейся бури, достаточно сильный, чтобы создать хаос в ее только что начавшейся семейной жизни! Нервничая, чтобы никоим образом не обидеть его, она сначала кланяется ему, а затем стоит, ожидая его следующего наставления, послушно и с полной верой и преданностью. Ему нравится ее нервозность, которая заставляет его чувствовать себя более уверенным в своей Силе, не в том, чтобы дать ей то, что ей нужно, а в его убедительных способностях. Как будто сначала обучая ее подчиняться каждой его команде, он начинает свою тренировку, сначала инструктируя ее сесть на коврик напротив него, как защищающий Отец инструктирует свою маленькую девочку. Сам он сидит на нем в Сукхасане (со скрещенными ногами) на жестком сиденье, обтянутом искусственной оленьей шкурой. Его талия, позвоночник, грудь, шея и голова находятся на одной линии. Он разжигает небольшой огонь в маленькой глиняной лампе, которая находится на уровне глаз перед ним. Глядя в глаз огня, он начинает петь мантры, которые звучали достаточно очаровательно, она не знала их значения. Услышав их, она хотела просто бросить все и стать его последовательницей, но как только пение прекратилось, все заботы, окружающие ее, вернулись к жизни. Теперь, когда пение прекратилось, ее рот открылся, чтобы рассказать ей все ответы на ее проблемы и горести, но этого не произошло. Он прерывает ее на полуслове и приказывает говорить только тогда, когда об этом просят. В отчаянии ей даже удается выполнять эту сложную задачу - ничего не говорить, когда кто-то кричит внутри!

Он начинает: «Я трикаал-дарши, тот, чье видение охватывает матрицу времени. Вам не нужно ничего мне говорить, потому что я уже знаю причину, которая привела вас сюда».

*Священник* : «Правда горька, ты все еще хочешь ее услышать?»

Она почти забывает дышать!

*Маюри* : «Просто порази меня правдой! Ничего не может быть хуже, чем тревога неизвестности, которая держит меня в тиски!"...

*Священник* : «Я вижу, что ваше великое имя будет во всех средствах массовой информации! Не углубляясь в этот аспект, давайте сосредоточимся на причине и средстве вашего отчаяния! Нет никакого способа приукрасить это, поэтому я говорю это. как можно безболезненнее: «Я не вижу, чтобы ты извлекал ребенка из собственного чрева...»

Говоря это, он выходит из своего трансового состояния.

Сердце Маюри екнуло, ее худшие опасения сбылись! Она затыкает уши руками и в ужасе восклицает!

*Маюри* : «Говорят, что уши глохнут для самозащиты в случае опасности, тогда почему мои барабанные перепонки не лопнули сейчас? Эти слова, которые словно копья пронзили мое сердце?! Какой удар под пояс от Destiny! Чего бы я ни боялся, я полагаю, что какой-то злой дух наложил на меня чары, и тогда этот самый исход принимает свои уродливые очертания в реале!»

Дрожащими руками она вытирает слезы и собирается уйти, когда слышит командный голос Жреца.

Он просит ее продолжать сидеть, в конце концов, по его мнению, ее работа уже началась!

«Ты хочешь ребенка или нет?

Дааааааа...

Тогда я дам тебе ребенка...

## СОБЛАЗНЕНИЕ СОБЛАЗНИТЕЛЯ СОБЛАЗНИТЕЛЕЙ – ЕЩЕ ОДНА БЕСЦЕННАЯ УПАНИШАДА

Бубу-бу-бут... Я никогда не прошу тебя об этом...? ПЕРЕСТАНЬТЕ СПОРИТЬ!!! Вы знаете, в чем ваша проблема?
Эм...ммм... не знаю...
Ваша проблема, женщина, в том, что ВЫ СЛИШКОМ МНОГО ГОВОРИТЕ! Господи, женщина! Когда я говорю, что буду, черт возьми, я буду! Чтобы это произошло, мне нужно, чтобы вы сделали все в точности так, как я вас прошу!» ...
Священник: «Поскольку у меня нет опыта, необходимого для пения определенных мантр и совершения определенных обрядов, я должен направить вас к тем, у кого есть опыт в вашем вопросе. Эти специалисты могут помочь вам воплотить ваше желание в жизнь, но, поскольку эти курорты тяжелы для кошелька, я предлагаю вам взять еще один дополнительный кредит только для оплаты этих новых расходов. Я даже предлагаю легкое финансирование с нулевым взносом и нулевой процентной ставкой, но я могу оказать эту услугу только в течение первого года!
Услышав, что большие расходы таким образом превышают бюджет ее медицинских расходов, она начинает доставать из сумки свой мобильный телефон, чтобы посоветоваться с мужем, прежде чем брать на себя такие огромные финансовые обязательства, когда священник видит это, с одним смелым и внезапным движения, он выхватывает телефон из ее рук! С этого момента муж, который принимает ее финансовые решения, — это он.
*Священник* : «Ты выглядишь очень образованным и мудрым, а поступки еще как у ребенка! Разве ты не знаешь его ответ! Мужчины не думают сердцем, как женщины. Большинство мужчин даже не верят в СуперКундалини. Он только посмеется над вами, назовет вас суеверным и ненаучным! Не спрашивай его, спроси

меня!»

*Маюри* : «Но ты ведь тоже мужчина...» — с сомнением говорит она.

Он тут же прерывает ее мысли и снова берет верх. Священник (повелительно): «Я человек, и поэтому я так, как мы думаем! Ты слишком много споришь, Женщина! Господи! ТЫ ХОЧЕШЬ РЕБЕНКА, ИЛИ ТЕРЯЕШЬ МОЕ ДРАГОЦЕННОЕ ВРЕМЯ!!!»

Утонуть, что она будет делать! Поэтому неудивительно, когда она подписывает контракт на месте!

Оказавшись за дверью, она сломя голову бежит к выходу. Ее лицо бледно, глаза налиты кровью, волосы на теле торчат, ветры сердито воют вокруг нее, распуская локоны, помогая скрыть ее лицо от мира. Именно тогда небо разорвалось, пролив кислотный дождь на ее тело, обнажая ее позор и позор... С голосом священника, эхом отдающимся в ее голове, она не знала, как смириться с надвигающейся гибелью, поэтому она садится в свою машину и едет. в лес, чтобы спрятаться там, подальше от цивилизации, подальше от всех своих страхов, наедине с одним лучшим спутником, который никогда ее не обманет, — своим одиночеством.

СОБЛАЗНЕНИЕ СОБЛАЗНИТЕЛЯ СОБЛАЗНИТЕЛЕЙ
– ЕЩЕ ОДНА БЕСЦЕННАЯ УПАНИШАДА

# ТЕОРИЯ ЗАГОВОРА - МАГАЗИНЫ ДЕТСКИХ ТОВАРОВ

*Если лошадь подружится с травой, что тогда лошадь будет есть?*

*Жертва какой-то секретной программы контроля над населением!*

Дорогой дневник Маюри,
Измученный знанием грядущих темных времен, единственный выход, который я вижу, состоит в том, что либо я сдаюсь своей судьбе, позволяя яду бессмысленного брака поглотить меня, оставляя меня в состоянии, которое ни мертво, ни живо, или иначе я сражаюсь, как настоящая женщина-Телец, делаю все, что в моих силах, чтобы этот катящийся огненный шар не обрушился на меня с бешеной скоростью, но когда я вижу, что мой враг не огромный одноглазый монстр, а пугающее «ничто», Я замолчал.

Как ребенок в своем невежестве счастлив, представляя, что ни один враг не достаточно силен, чтобы победить их умные удары карате, я тоже, как ребенок, пробую разные вещи, чтобы справиться с этими злыми силами, чтобы свергнуть мое маленькое королевство! Все еще не зная, что на самом деле является шоу-стоппером, я не теряю времени на поиск не только лучших клиник по лечению бесплодия, но и шарлатанов! Сейчас я на задании, отдохну только после того, как исполню свое желание!

Теперь я официально фаворит всех клиник по лечению бесплодия, шарлатанов, так как я отдал бы им любые деньги, которые они хотели. Мои шкафы уже переполнены продуктами для зачатия! Я настолько перегружен информацией из этой многомиллиардной индустрии плодородия, что, что бы ни говорили отзывы, я цепляюсь за каждое их слово как за евангелие и гарантирую, что у меня тоже есть этот Продукт; Теперь я начал получать удовольствие от боли, которая исходит от втыкания игл во все мое тело, как часть одной из многих терапий, по крайней мере, так, как если бы это был единственный путь к моей цели, тогда буквально наслаждаясь лежанием на игольном ложе после все с моим уровнем тревожности, все честно Игра! Чудо-диеты, даже клизмы, которые создавали во мне сильные газы, которые чуть не убили меня! Короче говоря, я как сумасшедшая , для которой нет ничего слишком сумасшедшего, чтобы попробовать!

После всех этих изнурительных упражнений можно подумать, что я преуспел, но что происходит на самом деле? Дорогая тетя Фло снова приезжает.

После всех этих неудач я начал мыслить нестандартно. Кто виноват? Кто как не эти врачи! Простая логика, если лошадь подружится с травой, то что она будет есть? Они могут обмануть этих великовозрастных бабушек, но не меня! Я достаточно умен, чтобы увидеть этот большой разрыв между тем, что они заявляют, и их реальными намерениями! Так что отныне я сам себе доктор! Я изменю дозы в пропорциях, которые, как я чувствую, будут работать, или я думаю об этом, является ли эта мысль преднамеренным саботажем духа свободы во мне, заговором против моих целей супружеской жизни, когда я еще больше прикован прочными узами крови? и плач собственного младенца лишит меня возможности увидеть ледники Аляски? ...

СОБЛАЗНЕНИЕ СОБЛАЗНИТЕЛЯ СОБЛАЗНИТЕЛЕЙ
– ЕЩЕ ОДНА БЕСЦЕННАЯ УПАНИШАДА

## ЕЩЕ ОДНА БАНАЛЬНАЯ ЖЕРТВА ЗАГРЯЗНЕНИЯ ОТ ПОВАЛЬНОЙ ИНДУСТРИАЛИЗАЦИИ.

*«Моя ядовитая матка делает то, на что я сам не осмеливаюсь, убивает моих детей еще до того, как они успевают открыть глаза, тем самым спасая их от прихода на эту планету Земля, которая уже украла ресурсы на столетия у будущих поколений?"*

Дорогой дневник Маюри,
Как быстро эти врачи выписывают рецепт, даже не обнаружив первопричины! Они знают, но я не знаю, почему им нравится держать меня в неведении. Будь прокляты эти врачи! Как они могут прописать мне правильное лекарство, даже не зная, почему мой организм так реагирует? Поскольку болезнь во мне, если я хорошо подумаю, я также могу найти скрытую причину моей болезни!
Поскольку Настоящее зависит от семян, которые мы сеем в Прошлом, имеет смысл заглянуть в Прошлое только для того, чтобы найти того змея, сидящего в моем чреве, который пожирает всех моих младенцев, которые могли только испытать тьму моего чрева, никогда один луч света...
Есть большая вероятность, что я стал жертвой ядовитых паров, исходящих от чудовищного сахарного завода, который находился в нескольких милях от колледжа. Я

хорошо помню, как каждый раз, когда фабрика начинала свою работу, пожары из ее шахты выбрасывали ядовитые пары смога, окутывая всю деревню грязной едкой дымкой, которая резко ухудшала видимость, а опасные уровни загрязняющих веществ были губительны для людей со слабыми легкими. как мой! В последний раз, когда я пошел к врачу, чтобы оценить мои легкие, его отчет подтвердил мое худшее подозрение - что мои легкие похожи на человека, который, должно быть, выкуривал более семидесяти табачных сигарет в день, это после того, как я даже не прикасался к ним. любой табак сигаретный! Итак, всему виной загрязненный воздух вокруг меня!

Самая большая потеря в моей жизни вдали от матери во время учебы в колледже, должно быть, заключается в том, что я не получаю хорошей домашней еды, приготовленной моими питательными руками моей матери!

Да! Теперь, когда мой прекрасный ум помог мне обнаружить проблему, мне не нужно тратить время на погоню за Жрецами или даже умолять СуперКундалини исполнить мои желания! Даже если мой Муж не видит во мне никаких материнских качеств, я сейчас докажу ему обратное!

Субхашам Шиграм! А теперь, мой дорогой волшебник, просто сыграй на своей волшебной флейте и наполни мои доярки молоком... хи-хи-хи.

Тетя Фло снова приходит.

## НЕСЧАСТНАЯ ТЕТЯ ФЛО!

Несчастная тетя Фло! Напрасно ты заливаешь мои трусики своими нескончаемыми Реками моей крови! Вы всегда отмечаете начало моего цикла надеждой, которая

## СОБЛАЗНЕНИЕ СОБЛАЗНИТЕЛЯ СОБЛАЗНИТЕЛЕЙ – ЕЩЕ ОДНА БЕСЦЕННАЯ УПАНИШАДА

всегда заканчивается отчаянием! Ты всегда приходишь ко мне в одно и то же время, всегда приносишь с собой одни и те же результаты, idem per idem, как насчет того, чтобы в следующий раз удивить меня тем, что не появишься, появишься только тогда, когда исполнишь все свои нарушенные обещания.

Все эти три дня эмоции во мне достигают безумного уровня, как приливы в океане в бурную ночь, высоко прыгающие, чтобы наконец исполнить свое желание поцеловать луну. Можно было бы ожидать, что после многих неудач они устанут и сдадутся. Неправильный. Они сумасшедшие! Сейчас их усилия возрастают в геометрической прогрессии , чтобы удовлетворить их ненасытные побуждения. Такова сдерживаемая энергия во мне в это время, мои ноги не могут сопротивляться тому, чтобы надеть мой Ghoongru (пояс с запахом с маленькими колокольчиками, завязанный вокруг лодыжек, как правило, классическими танцорами в Индии), чтобы танцевать под индийскую музыку. классическая Танцевальная форма, Шив-Тандав, которая слезами смывает весь мой стресс, выдавая наружу все смешанные эмоции беспомощности и гнева глубоко внутри меня!

# S-КУБ

## ЗАПУТАННЫЕ ТЕЛЕПАТИЧЕСКИЕ СИГНАЛЫ

*Разве идеальная семья не похожа на пару глаз?*

*Они никогда не видят друг друга, и все же,*

*они должны видеть друг друга,*

*Как еще объяснить великолепие*

*что лежит в продукте*

*Который может только прийти,*

*когда все отдельные сущности,*

*пожертвовать своими личными целями,*

*объединиться в одну автономную единицу,*

*которые синхронизированы друг с другом,*

*объединение с*

*обеспечить успех в достижении их общей цели*

*прекрасного будущего...*

- *Маст Маюри, пьяный павлин, танцующий под дождем*

## СОБЛАЗНЕНИЕ СОБЛАЗНИТЕЛЯ СОБЛАЗНИТЕЛЕЙ – ЕЩЕ ОДНА БЕСЦЕННАЯ УПАНИШАДА

Дорогой дневник Маюри,

Что сейчас произошло?! Еще до того, как я начну свой день, со всеми этими трудоемкими задачами, которые необходимы для бесперебойной работы сегодняшнего образа жизни с высокими требованиями к обслуживанию, невыполнение которых может вызвать у меня сильные головные боли в будущем, и все же Я не делаю ни одного из них, вместо этого беру свой Дневник, чтобы вести Запись об этом моем Чувстве, прежде чем Мирское не возьмет верх и не сотрет все, что это внутреннее Чувство пытается передать мне!

Сразу после того, как я проснулся от Сна с толчком, я теперь задаюсь вопросом, является ли это слово, которое я только что услышал, не просто «словом», а «словом», или, другими словами, сообщением, или, другими словами, Открытие Связи между другими Измерениями/какой-то другой Параллельной Вселенной!

Это слово, которое было произнесено, было от моего отца: «Помогите»... Теперь мой Отец редко звонит мне в будние дни, так как он осведомлен о нехватке времени работающей женщины, и, будучи сам рабочим, хорошо осведомлен из-за высокой рабочей нагрузки по понедельникам из-за отсутствия работы в предыдущий день, и поэтому, когда я вижу его имя в идентификаторе вызывающего абонента телефона, я вдвойне сбит с толку этим совпадением! Я быстро поднимаю трубку, мне любопытно узнать причину его звонка и когда он сказал мне, что причина его звонка была в том, чтобы проверить меня, чтобы узнать, нужна ли мне какая-либо «помощь»!

Я упал! Мой язык нащупывает слова, я стою там, слишком ошеломленный, чтобы ответить на это слишком большое совпадение, недоумевая, как ее дорогой отец, даже сидящий за Океаном, уже знает о ее хорошо хранимой тайне. оказаться в ситуации, которая теперь требует вмешательства ее близких?!

Зная, что причина, по которой она держит свою тайну в тайне, упорствует, я ничего не говорю... Даже если мой отец узнает о моем отчаянии и захочет помочь, он не сможет, вместо этого осознание моего плачевного состояния станет причиной его отчаяния. ! С этой мыслью я веду себя небрежно и даю ему ложное утешение, обещая

## СОБЛАЗНЕНИЕ СОБЛАЗНИТЕЛЯ СОБЛАЗНИТЕЛЕЙ – ЕЩЕ ОДНА БЕСЦЕННАЯ УПАНИШАДА

ему скоро вернуться, чтобы увидеть его и всю семью, как только я закончу связывать концы с концами...

## КРОВАВЫЕ СЛЕЗЫ!

Дорогой дневник Маюри,
Каждый раз, когда приходит приглашение на день рождения любого ребенка их близких друзей, это мгновенно вызывает у меня тревогу, чтобы прыгнуть выше крыши, как если бы это были какие-то приглашения на мои собственные похороны! Как в тот раз, когда у меня кончились оправдания, и я должен был уйти! Худшая ошибка! На диване распласталась высокомерная Мать троих детей. На ком лучше щеголять своим превосходством, чем на единственной бесплодной женщине в стае! После этого я не знаю, что за злой дух на нее напал, что она одну за другой адресует мне все свои жестокие саркастические замечания! Сейчас хорошее саркастическое замечание часто трудно сказать. Чаще всего получается жестоко, что забавляет автора и ему подобных. Я хотел ударить ее по лицу, но мои пальцы дрожали и по какой-то неведомой мне причине не могли сжаться в кулак! Тогда я попытался пойти на компромисс с ситуацией с более бессильным, чем я, оправданием: «Ее образ жизни прямо противоположен моему. Значит, для нее ценить мою - это либо лицемерие, либо презрение к собственной жизни, а если из лицемерия, то она ревнивая женщина, а где ревность, там ненависть, а где ненависть, там нет красоты, значит человек некрасивый! Она

безобразна! Теперь, с этим откровением, я могу сказать, что взгляд завистливых людей представляет собой скрытую точку зрения на самих себя, а не на других! Тогда я улыбаюсь, но уже в следующее мгновение я раскаиваюсь! "Мне стыдно! Все это время я проклинал людей за то, что они не сопереживали моему положению, но на самом деле вина не в них, а в моем бессилии выполнять свои обещания!» Теперь я помню, что в книге о фертильности упоминалось, что та женщина, которая постилась в течение тридцати дней, сразу же забеременела! Теперь меня ничто не остановит, даже Бог! Я начну свой прямо сейчас!

СОБЛАЗНЕНИЕ СОБЛАЗНИТЕЛЯ СОБЛАЗНИТЕЛЕЙ
– ЕЩЕ ОДНА БЕСЦЕННАЯ УПАНИШАДА

# ИНТЕРФЕЙС/ЭССЕНЦИАЛИЗМ ДЛЯ ЭРОТИЧЕСКОЙ ЛЮБВИ

Дорогой дневник Маюри,

Причина моего отчаяния не только в Знании болезни, которая поглощает мою душу, но и в моем бессилии, в моей неспособности сделать выбор, который позволит мне двигаться вперед из этого текущего «или-или» / «Дхарамсанкат». ' на санскрите, с которым я сейчас сталкиваюсь!

Я слышу крики моего Сердца, умоляющие меня порвать с этими Отношениями, которые должны быть позором для этого Института Брака, основой которого должна быть Любовь, но вместо этого простое рабство и отчаяние для достижения моих высоких желаний!

Теперь мои сознательные глаза тоже могут видеть, я нахожусь в лодке, которая должна рухнуть, но я все же не могу сделать этот прыжок к берегу, просто потому, что я слишком далеко…

S-КУБ

СОБЛАЗНЕНИЕ СОБЛАЗНИТЕЛЯ СОБЛАЗНИТЕЛЕЙ
– ЕЩЕ ОДНА БЕСЦЕННАЯ УПАНИШАДА

# PARALIZING SNAKE-BITE: DAY TRADING/DARK SHADOWS OF FINANCIAL DESTRUCTION ИГРАЕТ В ПРЯТКИ НА СТЕНЕ

Когда г-н Крутой-как-огурец-муж Чанакья узнает о том, как все кредитные карты разбивали бюджетные кредитные лимиты, направляя различных шарлатанов под один и тот же зонтик лечения бесплодия, он теряет все свое хладнокровие, охваченный испуг своей жизни, бросает всю работу, которую он должен был закончить, чтобы встретиться со своей любимой женой!

Муж Чанакья: «Остановите эти дикие американские горки! Это безумие в вас, которое тянет вас к вашей гибели, на этот раз, однако, фатально к финансовой! мертвые тела мотыльков, лежащих вокруг пламени, которые никогда не могли узнать от своих друзей и встретили ту же участь, что и остальные их друзья -

смерть и притворство!

О моя дорогая глупая жена, перестань тратить деньги, как воду, на то, что является подарком СверхКундалини! Ваш Бог умен, Он дает только то количество, которое тело человека способно выдержать, если вы все еще пытаетесь перегрузить свое тело, оно обязательно сломается!

Попробуй узнать у своей коллеги, как бы ее богом забытое ни звали... Да Сунита, не знаю, как я всегда забываю имя такой талантливой женщины, все же возвращаясь к сути, только посмотри, как красиво она стоит, как многорукая Суперженщина, жонглирование карьерой в одном, Мужем в другом, а потом все домашние дела тоже выполнены на отлично!
Список не заканчивается только здесь. Ее вид даже поклоняется своему мужу как своему Божеству! В то время как ты, с другой стороны, так устаешь, что к концу дня успеваешь только заползти в свою постель, а потом накрыть свое тяжелое одеяло, закрывающее всю твою голову! Для вас удовлетворение голодных потребностей вашего тела равносильно тому, чтобы пройти лишнюю милю, чтобы достичь своей цели, с теми остатками энергии, которые у вас остались! Я восхищаюсь вами за то, что вы можете пройти лишнюю милю, но что хорошего в том, что этот процесс не является устойчивым и поэтому обязательно сломает вам спину! Просто расслабься! Я теперь твой муж; В рамках своего долга по отношению к тебе я всегда буду с тобой, даже если ты будешь неудачницей как жена!»
Услышав эти слова утешения, теперь ее тело еще больше охватывает ужас, так как она никогда не могла общаться с парами, которые приняли образ жизни в браке без детей.
*Маюри* : «Глупые люди! Зачем жертвовать своей свободой, лишь бы стать чьим-то попутчиком?»

А теперь, когда она начинает видеть проблески своего будущего «я», как одного из тех самых Объектов Класса Людей, которые отрицают ее сущность, она еще больше погружается в Отчаяние...

## ПОСВЯЩЕННЫЙ В ТЕМНУЮ СТОРОНУ АЗАРТНЫХ ИГР - МОНСТР ВНУТРИДНЕВНОЙ ТОРГОВЛИ

*Сила веры,*

*мы узнаем от того человека, который всю ночь простоял голым в ледяной воде*

*и все же вышел живым,*

*как Индивид никогда не терял Веры во Владыку Внешних Сил - Индра,*

*который обеспечит свою Поклоняющуюся Победу,*

*изменив плохую среду на правильную,*

*который даст тому новую Жизнь...*

Дорогой дневник Маюри,

Первое и единственное строгое указание моего дорогого

Мужа Чанакьи мне как его послушной Жене — никогда не исследовать содержимое его портативного компьютера! Так что, по долгу службы, я тоже цепляюсь за каждое его слово как за Евангелие, до этого рокового дня, когда он отсутствовал в поле моего зрения дольше, чем обычно, моя вина не в том, что я поддаюсь искушению иметь небольшой безобидный пик в содержание, а затем, с истинно женским любопытством, воспользуюсь этой возможностью за его спиной, чтобы сделать именно то, что он поручил мне не делать! Не то чтобы Этика во мне давно умерла, а потому, что Любопытство во мне легко берет верх над моим Голосом Разума, так что еще до того, как он успел произнести свое слово предостережения, я уже удовлетворил желание Любопытства!

Все знаки со стороны вселенной кажутся мне благоприятными, так как вопреки его обычному поведению, он сам оставил свой ноутбук открытым, так что, даже если бы я не хотел слишком подглядывать, я просто не могу не наткнуться на его обман. мой! Меня чуть не стошнило, когда я увидел тайну, которую он тщательно скрывал от меня! Что, если мой высокий уровень тошноты заставит меня потерять сознание в этот момент с открытым экраном, и он войдет в тот же момент…

Я такой глупый! Я должен был уже знать, что мой соперник не привлекательная нимфа из Дикой природы, а его настоящая настоящая Любовь - Деньги! Он играет на крупнейшем в мире фондовом рынке!

Я продолжаю исследовать больше! Я вижу здесь и там, есть некоторые потери, но затем есть некоторые прибыли, чтобы возместить некоторые из потерь, нетто-нетто показывает убыток, существенный убыток! Настало время следовать великим учениям, которые направляют нас, женщин, исправлять наших мужчин, если они находятся на неправильном пути, возвращая их на путь праведности!

Я слишком встаю, чтобы выполнять эти мудрые команды, заложенные во мне моей матерью, однако я не знаю, почему мои колени подгибаются и автоматически заставляют меня снова сесть и подумать еще раз! Моя собственная вера и убеждения в этой теме теперь находятся в опасности! Теперь вместо того, чтобы пытаться исправить своего Мужа, я тоже становлюсь жертвой того же яда, что и он! Ослепленный возможностью иметь новый источник дохода, который может способствовать уменьшению моей горы долгов, которая знала только одно направление – вверх, и то слишком экспоненциально вверх! Нет, никакие из этих долговых денег не предназначены для того, чтобы баловать себя глупыми предметами роскоши, это далеко не так! Все идет к исполнению желания, которое у большинства людей получается бесплатно!

Да! Действительно, то, на что я только что наткнулся, действительно несет в себе решение всех моих проблем! Тем не менее, мне интересно, как получилось, что портфель акций моего гениального мужа показывает чрезвычайно серьезные убытки?! Я думаю, это должно быть потому, что он все передумывает! Вот в чем секрет: «покупай дешево, а потом продавай дорого»! Это может сделать даже обезьяна! Дайте кулак, люди! Сдай кулак! Я весь в! Вот если я получу такие бесконечные деньги, то стану Мессией Уолл-Стрит - Крупнейшее казино мира, тогда, когда это произойдет, моя фотография будет повсюду в таблоидах, тогда мне даже не нужно будет мириться с эта больная домашняя жизнь, и, если уж на то пошло, почему бы просто не выкинуть этого мужа из моей жизни навсегда! С этой последней мыслью я осознаю, что присутствие Дьявола теперь в центре внимания, поэтому мудро я сразу прерву этот поток мыслей, сильно ударив себя в наказание за то, что отклонился на более дикую сторону!

Что происходит дальше? Я тоже прошел инициацию в Royal Casino – Нью-Йоркская фондовая биржа! ...

# ПАРАЛИРУЮЩИЙ УКУС ЗМЕИ: IM-PURE LUST

"

*Я аромат цветов, жар янтаря,*

*волнение в бурях, глаз ветров,*

*Что мне нужно, так это член, как у Господа Шивы,*

*что проникает в меня и наполняет меня нектаром жизни,*

*что может оживить мою умирающую душу,*

*Что мне нужно, так это чаша яда из моей слезы,*

*разрезать яд, которым является мое нынешнее тело...*

— Маст Маюри, Очаровательная Змея

# СОБЛАЗНЕНИЕ

После долгих размышлений и информации, прочитанной в «Дневнике мошенника», Чанакья теперь может сузить круг до стратегии, которая обеспечит ему максимальную отдачу от инвестиций (ROI) для обмана партнера из его справедливой суммы путем инвестирования весь доход партнера идет на улучшение дома!

Как быстро планы Мошенника одобряются Кармическими Силами, это еще одна Тайна, действительно нуждающаяся в глубоком изучении! Из-за финансового кризиса 2007–2008 годов, который сильнее всего затронул архитекторов, муж Чанакья видит в этом фантастическую возможность начать все обновления, наняв несколько высококлассных талантливых архитекторов по отличным ценам! Поскольку день рождения его жены Маюри тоже не за горами, и поскольку он должен подарить ей что-нибудь на годовщину их брака, тем более, что это первый подарок, и так трудно ускользнуть от подарка без серьезных ссор! Итак, используя это совпадение как предлог, чтобы убить двух зайцев одним выстрелом, он обращается к своей Жене с предложением о бассейне с водой! Жена Маюри предпочитает игнорировать все сомнения относительно его намерений, стоящих за этим великодушным жестом, в конце концов, результат именно то, что ей нужно! Он добавляет, что, поскольку она с большим энтузиазмом относится к этому проекту, а его временные ограничения не позволяют больше, теперь она берет на себя ответственность за координацию с этим новым архитектором по имени Фауст! Она принимает предложение с любезной улыбкой. Когда Маюри видит Фауста, его крепкое тело, как у жеребца, напоминает ей о ее первой любви в Америке, даже если она была безответной, все раны от потери этого человека, кажется, обретают в ней новую жизнь, когда ее глаза впервые встречаются с этим Архитектор...

Кто эта прекрасная дама, прячущаяся под этой бабушкиной одеждой!
*Фауст про себя* : "Храбрая девушка! Никакого макияжа! Даже губной помады! Даже обручального кольца! Все женщины, которых я знаю, проводят часы в туалетной комнате, носят одежду, которая позволяет всему этому висеть, но вот она Одетая так, что ни один мужчина даже

не удосужится бросить на нее взгляд!

За этой бабушкиной одеждой прячется красивая женщина, которая часто в одиночестве плачет о той маленькой девочке в ней, которую она не смогла спасти от смерти! Потерпи, моя девица в беде, время твоих кошмаров скоро закончится! Я буду тем рыцарем в сияющих доспехах, которого вы ждали , чтобы вызволить вас из лап этого дикаря, который каждую ночь ползает по вам сверху, а затем наслаждается тем, что является моей едой!» ...

## ЖЕНА СОМНЕНИЯ

*Враг быстро приближается,*

*Тем не менее, она не может понять свое отсутствие ответа как ответ в этом сценарии.*

*в конце концов, почему бы ни,*

*когда удовольствие в том, чтобы умереть, а не жить...*

Как острая интуиция любой послушной жены, Жена

Маюри тоже начинает ощущать какую-то необъяснимую неловкость каждый раз, когда Фауст входит в ее владения, срабатывая в ее предупредительных колокольчиках, как будто этот человек будет иметь большее влияние на ее жизнь, чем ее собственная. Муж, а так как такое нездоровое сравнение с Мужем, пусть даже безобидное, чревато сильными головными болями в будущем, она решает избегать его, а также раскрыть все об этом чувстве Мужу!

Это спрятанное внутри семя беспорядка, наконец, находит выход на свадьбе друзей, где на глазах у всех змея замешательства показывает тьму в Будущем впереди! Выслушав истории за историями о том, как жены пытались превзойти друг друга в каком-то невидимом соревновании святее тебя, Маюри тоже не хочет отставать и поэтому в процессе превзошла себя, грозя пальцем. предупредительный сигнал для ее Мужа, который находится в пределах слышимости невестки: «Неужели вы настолько ослеплены своей целью сэкономить деньги, что готовы подвергнуть риску безопасность своей жены, дав вход какому-то здесь-сегодня- ушел-завтра бродяга!Каждый раз, когда я пытаюсь расспросить его о его личной жизни, он просто отмахивается от них!Однако, потому что он тоже человек, склонный к ошибкам, и так как даже самые умные, как оказалось, поскользнулись в вопросах Язык, он также сделал, когда в какой-то случайной беседе он начал хвастаться тем, как много он приобрел с точки зрения знаний, экспериментируя с Человеческой психологией!Я сразу же подумал, не относится ли он и к нам как к своим морским свинкам в своей психологии лаборатории, где он может играть с нашими эмоциями любыми так, как ему нравится, лишь бы получить ответ на свои абсурдные вопросы?! Ему ничего не угрожает, если какой-либо из его экспериментов даст обратный эффект, в то время как, с другой стороны, на карту поставлена вся моя новая супружеская жизнь, которая, если ее потревожить, обогатит его базу знаний на моем погребальном костре! Чтобы разрядить ситуацию, Муж Чанакья, не обращая внимания на ее предупреждение, начинает давать свой ответ небрежным тоном: «Фауст сделал предложение, от которого я не смог отказаться! Скидка в двадцать процентов , если я заплачу ему вперед и если я не берите сейчас, срок действия этого предложения истекает! Так что, даже не посоветовавшись с моей дорогой сестренкой, я произвел оплату на месте! Теперь мои руки связаны, и мне придется продвигаться с ним только как Сотрудник!". Теперь, увидев, что ее Муж придает больше значения своей сестре, чем ей, Маюри чувствует себя кем-то, кто все еще является аутсайдером, все еще не ассимилированным в семье! Теперь ее мысли легко перемещаются к другому мужчине на ее горизонте, чьи мысли вселяют в нее странное чувство безопасности – Фаусту. Теперь она начинает думать обо всех мощных совпадениях, которые произошли, когда эти два игрока оказались под одной крышей! Как же Фаусту пришлось все бросить, чтобы приехать в Грузию, а с другой стороны, и ее жизнь тоже делала такой кульбит, что и ей пришлось оставить свою блаженную жизнь, чтобы перейти в то же состояние, что и он! Какое странное совпадение! Кроме того, этот человек точно не может быть обычным, чтобы уговорить моего гениального мужа заплатить всю сумму вперед! Я не могу не восхищаться его гениальностью в совершении подвига, который, безусловно, требует необычайного блеска!». Теперь, когда она видит, что восхищается кем-то, кроме своего мужа, она сразу отбрасывает эту мысль и наказывает себя жесткой пощечиной, наказывая ей достаточно, чтобы никогда не повторять такой ошибки, согласно Культуре, в тот момент, когда женщина ценит другого мужчину выше своего мужа, именно в этот момент она теряет шанс выиграть титул «Самой послушной жены», даже если это было непреднамеренно.

Чтобы все исправить, она тайно раскаивается, произнося в голове короткую молитву. Потом ее Муж словно телепат, прерывает ее молитву и говорит : «В следующий раз!» ...

## ГОЛОДНЫЙ!

Дорогой дневник Маюри,

Больше всего я боюсь голосовых сообщений, потому что теперь это значит, что кому-то есть что сказать! Я устал. Устал тащить свое тело через бесконечные оскорбления только для того, чтобы удовлетворить тщетные, смертные потребности этого оторванного от души тела! Тогда не предполагает ли это, что самые довольные люди должны быть также и самыми грубыми, а самые жаждущие большего — самыми скромными? Я снова сонный, и мне нужно снова заснуть! Что поможет вернуть этот камень к жизни? Мысль о хорошей, приготовленной еде! Я спрыгиваю с дивана и иду на кухню с верой, которая может свернуть горы, что во мне все еще остались некоторые желания, даже если это временные потребности моего тела в какой-нибудь вкусной, горячей и вкусной еде! Поэтому я преклоняюсь перед вашей гениальностью, матушка-природа, и благодарю вас за то, что вы прикрепили к моему телу этот крошечный животик с большим аппетитом, так что теперь я не возвращаюсь к тому, что я люблю больше всего – спать, спать и еще немного! ...

# СИСТЕМА GC ()

*(System gc() — функция на Java Computer Language, вызывающая сборщик мусора для очистки памяти компьютера)*

Лежа в удобной мудре/позе Кобры, взгляд прикован к экрану компьютера, ее разум занят попытками разгадать тайну того, почему в один прекрасный день ее дневная торговля сработала для нее, а на следующий день точно такая же не сработала! Она чувствует облегчение, когда цепочка ее тщетных мыслей, крутящаяся по кругу, наконец находит разрыв благодаря тихому стуку в ее уже открытую дверь. Она смотрит в сторону звука, и если бы наблюдатель был кем-то, кто не знал их раньше, то не понял бы, что причина улыбки вызвана присутствием на лице редкого и всегда желанного - неожиданного посетителя Фауста! Приняв ее улыбку за приглашение, он не видит необходимости спрашивать разрешения, чтобы войти в ее личную спальню, он входит, как если бы кто-то давно знал другого человека.

## СОБЛАЗНЕНИЕ СОБЛАЗНИТЕЛЯ СОБЛАЗНИТЕЛЕЙ – ЕЩЕ ОДНА БЕСЦЕННАЯ УПАНИШАДА

*Фауст* : «Я остро видел, как твоя жизнь вращается вокруг разговоров только с инертным экраном компьютера ! От этого мне становится грустно! Почему грустно, так это потому, что я начал ухаживать за своим новым «боссом», и поэтому я хочу удивить вас, поделившись с вами своим тайным убежищем. Это волшебное место, потому что всякий раз, когда меня начинают одолевать стрессы на работе, я делаю перерыв, чтобы поехать туда, и тогда я чувствую себя волшебным образом восстановленным и помолодевшим! Будучи старше меня на четыре года, я искренне уважаю вас и поэтому хочу показать вам свое уважение к вам, унося вас далеко из этого пластикового мира в новый мир, который дышит!

Она взволнована, узнав о разнице в возрасте между ними, так как она такая же, как у ее младшего брата - счастливой четверки! Эта мысленная ассоциация Фауста с ее младшим братом Чандрашехаром мгновенно заставляет ее доверять ему настолько, чтобы принять его предложение, а затем ей также любопытно узнать, является ли он подлинным человеком или кем-то, кто является тайным рекрутом какой-то схемы пирамиды, которая делает подделку. обещания сделать из нуля миллионеров! Не то чтобы эти фальшивые новобранцы лгут, поскольку они делают миллионеров, но не из нас, а из самих себя. Когда он не окажется одним из таких, какой это будет приятный сюрприз! Теперь этого нового энтузиазма достаточно, чтобы вытащить ее из постели, но недостаточно, чтобы заставить ее переодеться из домашней пижамы во что-то более привлекательное, и поэтому она сама начинает ходить в этой пижаме! Теперь его очередь удивляться. Сначала он недоверчиво смотрит на нее сверху вниз! Затем он вежливо просит ее быстро принять душ, переодеться, причесаться и прийти! Если бы там был какой-то третий человек, разве можно было бы сойти с ума, пытаясь разгадать тайну ее поведения, не просто выполнить его простое желание, которое сделает этого беднягу счастливым? Потому что она женщина-Телец, упрямая, как символ – Бык!

*Маюри* : «Это мммаааааааааааааааааааааааааааааааааааааааааааааа аааааааааааааааа!»

*Фауст* : «Что такое марвиш?»

*Маюри* : «Я сказала, это мое желание! Мааааааааааааааа!

*Фауст* : «Когда ты так говоришь, ты говоришь как Обезьяна, тогда это моя вина, что я не могу понять слово, которое ты только что сказал?!»

## СОБЛАЗНЕНИЕ СОБЛАЗНИТЕЛЯ СОБЛАЗНИТЕЛЕЙ – ЕЩЕ ОДНА БЕСЦЕННАЯ УПАНИШАДА

Маюри понимает, что она была ханжой. Она краснеет.

*Маюри* : Я предана только моему мужу! Это только для него я наряжаюсь и не посторонний, как ты. Я иду как есть. Возьми это или оставь!"

Теперь его мужское эго возбуждается.

*Фауст* : «Господи! Когда имеешь дело с упрямым мулом, остается только применить силу! Если ты будешь не в себе, я заберу тебя и сам засуну под душ!
Удивленная мыслью о том, что он реализует свою угрозу, она застенчиво хихикает.

*Маюри* : «Дайте мне час на сборы»
*Фауст* : «половина»
*Маюри* : «сорок пять».
*Фауст* : «Пятнадцать. Финал"
Показывая ему кулак с притворным гневом, она направляется в душ.

В душе она думает: «Чего я стою? Ничего такого. Нуль! Однако он так не думает. Он видит во мне достойного того, чтобы вложить в меня его самое ценное вложение —

свое Время! Моя ценность в моих собственных глазах меньше, чем капля в море, и все же он так не думает, как и то, как он относится ко мне, как будто моя ценность исчисляется миллионами! Если я не дам ему возможности показать мне то, что он хочет, то это большая потеря для меня, о его достижения не должны касаться меня в любом случае!

Пока она заканчивает свои расчеты прибылей и убытков, Он сидит снаружи, наслаждаясь звуком Воды, непосредственно касающейся загорелой коричневой кожи ее тела...
озарил ее и его, их поведение по отношению друг к другу принимает полный кульбит! Настроение, должно быть, значительно изменилось, когда ее руки автоматически потянулись к одежде, подчеркивающей ее стройную фигуру, и простым украшениям, которые придавали ей безошибочное сияние во всей ее внешности!
Он ходит с удивлением, обнаружив, что маленькая победа над ней принесла ему огромное счастье, а она ходит с удивлением, обнаружив, что ее истинное счастье не в победе, а в ее поражении...

## ХИППИ, ОБНИМАЮЩИЙ ДЕРЕВО

Теперь, когда Маюри оставила все удобства своей чудовищной кровати, ее настроение переключается на полет с Фаустом в его пылающем красном кабриолете! Он опускает свои оконные стекла, она как бы смотрит на него в поисках инструкций, что и как делать дальше, в этом новом типе автомобиля, зеркально повторяет его действия на Т! Погода повышает настроение, дуя озорным порывом ветра! Как прекрасна она ему, когда эти густые и длинные пряди падают ей на лицо на ветру, как красив он ей, когда его красный шарф на желтом топе развевается по ветру!

Когда погода хорошая, компания фантастическая, мало причин, чтобы настроение не повышало свою громкость с хорошего до веселого!

Это становится ясно, когда она не может не позволить своему чувству юмора еще немного развлечь их своим старым добрым чувством юмора и смехом. Она смеется и говорит: «Это какая-то твоя уловка — похитить меня, а затем использовать для получения огромного выкупа от моего грязного богатого мужа?! даже если мой муж - фантастическая фигура, все же, когда он оказывается в ситуации, когда ему приходится выбирать между деньгами и женой, я почти не сомневаюсь, что это будет первое, а не второе!».

Он улыбается. Она улыбается. ...

## НАЦИОНАЛЬНЫЙ ПАРК ЧАТТАХУЧИ

*Маюри* : «Как это вообще возможно?! Все это время у меня перед глазами был бриллиант, но я никогда не могла его увидеть! Я проезжаю мимо этого района каждый день, и все же он раскрывает мне свою ценность только сейчас?!

Кто может быть большим дураком, чем я, считая все роскоши , которые я жадно накапливал, своими состояниями , если бы они действительно были моими несчастьями из-за их цепной связывающей природы, тогда как теперь, когда я нахожусь на коленях Матери Природа, я могу понять, что я потерял и что я должен спасти! Теперь моими пробужденными глазами я вижу, как Всемилостивый дал нам в изобилии, где мы не можем отдать с удвоенной силой, чтобы мы могли оставаться достаточно легкими, чтобы летать через океаны!

## СОБЛАЗНЕНИЕ СОБЛАЗНИТЕЛЯ СОБЛАЗНИТЕЛЕЙ – ЕЩЕ ОДНА БЕСЦЕННАЯ УПАНИШАДА

Я могу назвать себя счастливчиком, что у меня есть шанс увидеть лес, так как в моей родной стране леса — это просто еще одна абстрактная идея, возникшая в буйном воображении риши после курения их любимого растения! Позор нам, индейцам, за разграбление всех наших богатых лесов! Чего мы не осознаем, так это того, что это преступление против человечества! Обладая превосходными навыками, мы, люди, должны защищать слабых, а не только свои животы!»

*Фауст* : «Не бейте за это свою родную страну Индию, так как я не буду слишком надуманным, если скажу, что индийская цивилизация стара, как само время, и поэтому гораздо дольше подвергалась бездумной эксплуатации человеком этой экологии, чем эта страна на западе земного шара!Поскольку Америка страна молодая, мы должны использовать опыт нашей соседки Индии , иначе мы тоже станем ею и не только ею, а этой эпидемией материализма, которая уже поглотила Индию, теперь уничтожит и нас вместе со всей планетой!
Итак, куда мы идем отсюда? Планета Марс?! Нет, это не правильный ответ! Жертва нашей Матери-Земли только потому, что мы не смогли изменить наши пути, неприемлема! Даже если мы найдем другую планету, мы

ее тоже уничтожим, так как просто потому, что в процессе мы еще не уничтожили причину!

Итак, что нам нужно сейчас? Большая революция! С вредными загрязнителями в воздухе мы просто не можем продолжать рассматривать экологические проблемы с дуалистической точки зрения, рассматривая землю как отдельные страны, океаны как отдельные для каждой страны, воздух отдельно для Индии и отдельно для Америки. Теперь нам нужно смотреть с недуалистической точки зрения, когда мы перестанем смотреть на землю как на страну, а только как на землю, перестанем смотреть на океаны как на регион, а только как на воду, загрязнение воздуха не привязано к региону страны, а только как на воздух!

Это основная причина того, что я перестал видеть людей по их национальности, а как Граждан одного Мира. Как когда одна часть мира испытывает тяготы, исходящие от нее толчки ощущаются всем миром!

Для глобальных вопросов нам нужны единые законы на глобальном уровне . Отдельные религии, пытающиеся управлять сверху, становятся ненужным и бессмысленным занятием. Единые законы для всех

## СОБЛАЗНЕНИЕ СОБЛАЗНИТЕЛЯ СОБЛАЗНИТЕЛЕЙ – ЕЩЕ ОДНА БЕСЦЕННАЯ УПАНИШАДА

Наций, основанные на вечных законах, должны соблюдаться для обеспечения Глобального Мира и Гармонии.

Я хочу прокричать свое послание всему миру, чтобы не отвлекаться от реальных проблем, которые угрожают этому прекрасному нашему творению, поскольку, в конечном счете, мы все были созданы одними и теми же родителями, если смотреть на Вечном уровне».

*Маюри мрачным тоном* : «Кого ты пытаешься спасти? Каждый из нас уже давно продал свою душу Дьяволу!» ...

## ОН ПЕРЕОДЕТЫЙ АНГЕЛ?

*Мудрые Как дерево, потому что молчат...*

### ЖИВОТНЫЕ

*Фауст*: «Мне вспоминается моя диабетическая кошка, которую кастрировали буквально вчера, это должно помочь уменьшить всю агрессию, с которой мне приходится сталкиваться каждый день».

*Ошеломленная Маюри*: «Я хочу знать, как вообще возможно, что один и тот же человек может видеть несправедливость, совершаемую деревьями, а не животными?! Как вообще возможно, что эти люди, называющие себя любителями животных, являются теми самыми, кто отвозит своих питомцев к ветеринарам за кастрацию, отнятие у них основных прав на продолжение рода, запихивание в крошечные клетки для потребления в коммерческих масштабах, среди многих других несправедливостей, которые я предпочел бы не начинать

## СОБЛАЗНЕНИЕ СОБЛАЗНИТЕЛЯ СОБЛАЗНИТЕЛЕЙ – ЕЩЕ ОДНА БЕСЦЕННАЯ УПАНИШАДА

сейчас, так как это потребует гораздо больше времени, чем у нас есть!

Да, как люди, мы оказались наиболее приспособленными к выживанию, но это не значит, что мы должны получать наибольшую долю всего. Нет, это эгоизм! То, что мы этические существа, означает, что мы несем еще большую ответственность перед всей Эко-Системой. Из-за коммерциализации, достигшей беспрецедентных высот, некоторые люди, которые более осведомлены, хотят просто прекратить употреблять все продукты животного происхождения и вести веганский образ жизни! Усилия заметны, но, поскольку большинство успешных и популярных отношений в природе являются симбиотическими, эта жертва кажется излишним! Что нам нужно сделать здесь, так это иметь Систему, которая регулирует баланс между отдачей и получением, но, к сожалению, из-за внедрения высокотехнологичных машин мы легко переходим все границы в геометрической прогрессии!

Городские планировщики действительно проделали фантастическую работу по тщательной оценке земли, прикрепив ценник к каждому квадратному футу земли, и все же удобно отдали всю землю людям, которые могут платить, не оставив ничего животным! Я часто смеюсь над мыслью, что если мы когда-нибудь позволим обезьянам участвовать в торгах за дома, то в конечном итоге мы просто будем торговать, используя бананы в качестве нашей валюты! Мое сердце обливается кровью, когда я вижу, как животные заболевают от малоподвижного образа жизни, таких как ожирение и депрессия! Когда вы приносите их домой в качестве домашних животных, вы убиваете их вместе с их ролью во всей экосистеме! Итак, вы либо приносите всю внешнюю экологию в свой дом, либо просто отпускаете их!»

Фауст стоит, изумленный тем, как он только что имел такой плодотворный разговор с женщиной, не ориентируясь на пол источника...

## МОДЕЛЬ «ПОТРЕБИТЕЛЬ-ПРОИЗВОДИТЕЛЬ» — ОБЩЕСТВО СВИНЕЙ

*Фауст*: Точно так же, как сложная организация высокоразвитых насекомых, таких как медоносные пчелы, которые выполняют множество сложных задач, не выполняемых множеством одиночных насекомых, разделены на группы на основе разделения труда, мы,

## СОБЛАЗНЕНИЕ СОБЛАЗНИТЕЛЯ СОБЛАЗНИТЕЛЕЙ – ЕЩЕ ОДНА БЕСЦЕННАЯ УПАНИШАДА

люди, тоже разделены на группы. . Поскольку бизнес-транзакции являются основным компонентом этого механизма, который заставляет наш Мир людей работать, чтобы понять более широкую картину, я еще больше упростил ее, разделив этот толстый класс на два класса, а не на поверхностные атрибуты, такие как цвет кожи, этническая принадлежность и статус. многие другие подобные различия, рассматривая их как общество, состоящее из двух основных классов: Потребителя или Производителя, и, к сожалению, обе стороны чрезвычайно заняты! В то время как производитель занят, как машина, расчищая лес за лесом, чтобы использовать эту землю для строительства все больших и больших торговых центров, чтобы не только удовлетворить, но и превзойти спрос, в то время как, с другой стороны, Потребитель, который тоже занят, как машина, чтобы не просто удовлетворяйте его потребности, но действуйте как хранилище для всех будущих поколений в один день!

Проницательный производитель не просто отдыхает, полагаясь на человеческую психологию никогда не довольствоваться тем, что имеешь, но и придумывает хитрые схемы, чтобы соблазнить потребителя покупать не только для своих текущих потребностей, но и на всю оставшуюся жизнь и на всю оставшуюся жизнь. грядущие поколения в одном кадре! Вот почему сейчас мы имеем общество, которое давно забыло принцип «мы едим, чтобы жить, а не наоборот»!

Как Гражданин Мира я опасаюсь, что культура потребления полностью сломала хребет этичному существу! В тот момент, когда он получает укус от этого змея жадности для все большей и большей прибыли, от свободного короля своего собственного домена, он теперь просто стал рабом своего теперь громкого образа жизни! Это Материалистическое Общество теперь успешно заменило Этическое поведение паразитическим отношением брать, брать, а затем еще немного, ничего не отдавая взамен!

*Маюри (смеется)* : Этот животик, который я потираю, растет, но совсем не по той причине!

Когда я впервые приехал в Америку из Индии, я дважды моргнул, увидев, какую чудесную работу проделали американцы в строительстве этой страны! Сначала я думал, что красота Америки заключается в ее высоких зданиях с прекрасной архитектурой, но теперь я обнаружил, что настоящее золото находится в ее национальных парках и американском народе, который делает все возможное, чтобы их окружающая среда оставалась чистой! Эта индианка испытала огромное

## СОБЛАЗНЕНИЕ СОБЛАЗНИТЕЛЯ СОБЛАЗНИТЕЛЕЙ – ЕЩЕ ОДНА БЕСЦЕННАЯ УПАНИШАДА

удивление в своей жизни, когда впервые попробовала воду из источника здесь, в Америке, и я не преувеличиваю, когда говорю, что вода на вкус была как сладкий нектар, в то время как в Индии я не могу даже мечтать о купании в реках. в их нынешнем состоянии, даже если это наша самая почитаемая река – Ма Ганга! Однажды в подростковом возрасте, когда я набралась храбрости, чтобы окунуться в священную реку Гангу, чтобы очиститься от всех своих грехов, оказалось, независимо от того, были ли стерты мои кармические грехи или нет, мне прямо сейчас нужен был новый душ!

Теперь, когда мы говорим о загрязнении воды, я не вижу, почему я должен ничего не упоминать о загрязнении воздуха! Воздух настолько загрязнен, что когда люди просыпаются, они не могут видеть слишком далеко из-за угнетающей дымки, покрывающей весь мой город Нью-Дели! Мое счастье по поводу моего побега оттуда затмевается моей печалью по поводу моего бессилия из-за того, что я не могу использовать свое хорошее состояние для того, чтобы принести такое же счастье, которое может прийти только от жизни в здоровой среде!

*Фауст* : «Все эти знания, изливающиеся из вас, принадлежат не только вам, но и потому, что вы все еще несете в себе аромат глины земли, где Риши построили свой Дом, их Честные ценности укоренились в каждой поре вашего тела. который питается их кровью, которая теперь стала твоей, находит свое выражение через твой язык!Как дурак, Человек сидит, сгорбившись, перед экраном своего высокотехнологичного компьютера, ища способы завладеть большим количеством золота, не понимая, что в В процессе они просто потеряли драгоценное время, чтобы получить настоящее золото – Свет от золотого огненного шара в небе!

*Маюри* : Кроме того, это напоминает мне о уличных фонарях! Я понимаю, нам, живущим в хороших домах с красивыми занавесками, трудно оградить нас от этого сильного искусственного света, чтобы сопереживать этим деревьям, у которых, в отличие от Людей, нет языка, чтобы высказать свои обиды! Пользы, которую они дают нам, слишком много, чтобы даже попытаться перечислить их в нескольких словах, но взамен они получают от нас неоправданную жалкую жестокость! Почему бы не вернуть нам их долг с большей щедростью и добротой? Если это проблема, которую создал Современный Человек, то платить должен он, а не эти беспомощные бедные Деревья! Я очень уверен, что эти самые власти, которые устанавливают правила избавления от деревьев, чтобы захватить больше земли для своих особняков, являются теми, кто будет принимать поправки, чтобы изменить эти правила против деревьев, когда они тоже не смогут дышать из-за нехватки кислорода! Я уверен, что эти самые жадные лицемеры, будут забивать как сумасшедшие за то, что посадили их обратно! Если бы все эти авторитеты мира прислушались к моему мнению, я уверен, что деревья вдвойне вернут им свою благосклонность и благословят их многими способами, которые находятся за пределами нашего понимания!

*Фауст* : «Большинство иммигрантов думают, что Америка велика из-за ее захватывающей ночной жизни в центре города, в то время как истинная гордость Америки заключается в том, как мы прилагаем искренние усилия для сохранения наших природных ресурсов, и все же то, что вы только что назвали лесом, не лес, а, точнее, стерильный парк гигантских размеров! Лес - это место, где дикие звери бегают на свободе, вы случайно их здесь не видели? Нет. Единственное место, где мы можем их увидеть, это либо Зоопарк, либо Цирк...»

Маюри не может не чувствовать от него огромного уважения к ней! Ее жизнь до сих пор, особенно после замужества, была примерно такой же, как и раньше, пока в ее жизни не появился этот деревенщина из Миссисипи!

Он засмеялся над ней и своими сапфирово-бриллиантовыми глазами, глядя в ее карие глаза, тихо сказал, проснись! За окном вашей спальни новая жизнь, это солнце для всех, но только тот, кто может открыть глаза, может увидеть новые рубежи! ...

*Маюри* : Вы открыли мне глаза на целый новый мир! Как я могу когда-либо отплатить вам за это изменяющее жизнь осознание? Вот, пожалуйста, возьмите этот золотой браслет в знак моей благодарности!»
Он выглядит удивленным и нерешительным. Она сама завязывает браслет со своей руки на его руку. Он принимает ее знак признательности своей очаровательной улыбкой. Маюри задается вопросом: «Он тот ангел, о котором всегда говорят сказки?»

Маюри могла бы поклясться, что они решили бы все проблемы Мира в тот же день, если бы только не острое Архитекторское чутье Фауста, поднявшее тревогу, увидев их тени, которые теперь стали казаться намного длиннее, чем ожидалось! Маюри проверяет свой телефон. Проклятое время! Время действительно обмануло их, пролетело незаметно для них, но не для безмолвной тени – ее мужа. Доказательство? Она видит около семнадцати пропущенных звонков от него.

*Фауст (смеется)* : «Уже поздно. Пойдемте, ходят

## СОБЛАЗНЕНИЕ СОБЛАЗНИТЕЛЯ СОБЛАЗНИТЕЛЕЙ – ЕЩЕ ОДНА БЕСЦЕННАЯ УПАНИШАДА

слухи, что Луна — это инопланетная обсерватория, которая должна следить за нами. Это останется тайной между нами.

Она знает все о предупреждениях мудрых людей не делиться секретами с другими мужчинами, и все же у нее нет выбора. Она склоняет голову и ничего не говорит!

Как только она входит в свой дом, взволнованный Муж Чанакья спрашивает ее, где она была и почему даже после примерно семнадцати телефонных звонков она так и не ответила?

*Как бы Маюри ни пыталась сказать ему правду, она не может. Она сразу же отвлекает его гнев разговорами о том, чтобы отдать ему деньги, которые она ему должна. Теперь он получает удовольствие, получая то, что любит больше всего, а она радуется, когда он оставляет все вопросы. Конец боя.*

Она направляется в ванную комнату, единственное место, где она может по-настоящему уединиться в своем огромном особняке Дома! Однажды сев на свой трон, она сначала вздохнула с облегчением, увернувшись от очередной пули своего Мужа, но в следующий момент она начинает беспокоиться о своем поведении!

*Маюри* : «Это была просто безобидная прогулка с моим новообретенным другом, но почему я должна была скрывать встречу от своего мужа, которого я хочу! И все-таки зачем Богу было вводить этого Человека в мою жизнь в то время, когда возможность пересечения наших будущих путей невозможна! Теперь, когда желание этого другого человека для меня станет невыносимым, он убьет моего мужа! Как только мой муж уйдет, у меня не останется причин не выходить за него замуж, даже если он убийца моего мужа. Мы могли бы оставаться вместе долго и счастливо, но мы, как пара, никогда не найдем уважения в обществе. Как будто моя жизнь была недостаточно трагична, мысль о появлении этого нового человека делает мою жизнь трагичнее вдвойне! Чтобы избежать новых несчастий, я должен избегать его».

Больше отчаяния!

## ОНА ПЕРЕОДЕТЫЙ АНГЕЛ?

*Она больше плачет по другу мужа, чем по собственному мужу.*

Чудовище финансового кризиса 2008 года надвигается бешеными темпами, с широко раскрытой пастью, пожирая рабочие места, в основном в сфере жилищного строительства! Поскольку Фауст тоже находится на пути бури, он тоже становится одним из сопутствующих убытков!

Маюри сидит рядом со своим мужем и небрежно издевается над уродливой дыркой в кроссовках Фауста! Затем она опустила голову от стыда, когда ее муж рассказал ей причину этого! Не потому, что он не в состоянии позаботиться о себе, а потому, что последние три месяца у него не было работы, и не потому, что он не прилагает никаких усилий, а просто из-за внешних факторов, на которые у него нет власти! В этот момент ее голова поворачивается к собственному шкафу, и вид того, что он ломится от множества полок с обувью, заставляет ее увидеть несправедливость в контрасте слишком многого и слишком малого для кого-то достойного, заставляет ее задуматься, не была ли она представлена в его жизнь, чтобы обратить вспять эту несправедливость! Теперь она начинает чувствовать его боль, как любая жена, когда видит своего мужа в беде!

Понимая, что его мужская гордость может помешать ему принять от нее любую денежную помощь, она начинает создавать для него небольшие хлопоты, чтобы он мог получить дополнительные деньги, чтобы он мог оставаться на плаву, пока не спадет волна неблагоприятных времен! Прежде чем приступить к своей секретной миссии, она не видит смысла спрашивать разрешения у дорогого Мужа, так как это только вызовет новые ссоры и недопонимание для всех вовлеченных в это актеров.

Когда ей удается набить его карманы по доверенности, он гордится собой за то, что представлена в его жизни как ангел, а с другой стороны, он тоже гордится собой за то, что у него такие великолепные руки, которые могут сделать все ! Жизнь Фауста резко меняется, как будто он только что женился на богатой женщине.

«Это тот самый Ангел, о котором рассказывают в сказках?» — задается вопросом Фауст, выбрасывая, наконец, эти изношенные кроссовки в мусорную корзину!
...

## ОДНОГЛАЗЫЙ ЗМЕЙ

Фауст любит сложные задачи! Что может быть лучше, чем увидеть, сможет ли он успешно проникнуть своими мыслями в сердце такой замужней женщины, которая гордится своей верой в то, что «чистота любви заключается в том, чтобы желать только одного» и для этой послушной Жены, ее мужа, что « одно дело" только ее муж, а потом крадет у нее сердце прямо из-под носа, то если это не потянет за собой фарс института брака, то что еще будет когда-либо?!

Удача сопутствует смелым, и у него тоже есть шанс показать свои мускулы! Рано утром он прибывает в резиденцию Маюри. Так как ему нравится слушать живую музыку, играющую фоном во время работы, он включает Музыку со словами, которые могут пробудить в слушателе чувство любви, и со звуком, создающим иллюзию, будто он поет эти слова для Хозяйка дома, в этот момент в доме! Его голос, эхом разносящийся по всему дому, словно динамик объемного звучания, проникает прямо в уши Женщине, для которой он предназначался! Музыка творит свое волшебство, когда он начал насвистывать, и когда он услышал ее шаги, танцующие в ее собственной комнате, он понял, что она тоже слушает то же самое. Внезапно шаги меняются. Прежние ритмичные шаги туда-сюда и обратно сменились размеренными шагами, приближающимися к ванной. Недолго думая, он прыгает в ту же ванную, куда направляется она, затем намеренно оставляет дверь незапертой и так быстро, как только может, вытаскивает своего одноглазого монстра из плена на всеобщее обозрение. он верит, что однажды увидев его, он никогда не забудет это зрелище, которое случается раз в жизни!

Госпожа Маюри ничего не подозревая открывает дверь. Затем то, что она увидела, заставило ее закрыть глаза и издать крик, которого, к счастью для нее, никто не слышит, но, к сожалению, снова для нее, в этот момент моргания достаточно, чтобы образ Молота Тора прямо в ее памяти возник. жесткий диск с постоянной памятью!

Ее бег заканчивается, когда она приземляется на корточки посреди ног своего мужа! Муж пинает ее, как щенка! Не помогая ей встать, он авторитетным тоном спрашивает ее: «Почему ты выглядишь такой взволнованной?» Она заикается. Она прикусывает губу, как бы она ни старалась, ее язык отказывается открывать правду в этот момент этому слушателю! Ее способности рассказывать истории приходят ей на помощь, когда она бежит назад так быстро, как только может!

Теперь, в своем одиночестве, Маюри сидит и задается вопросом: «Как низко я буду чувствовать себя, когда два могучих меча столкнутся, и причина их Битвы не кто иной, как я! Обе заботятся обо мне, просто по-разному – любовь ко мне похож на старика, ибо я похож на привычку, а с другой стороны на молодого жеребца, который старается увидеть улыбку на моем лице, жаждет вина, которое только я подаю…» Удивился такому развращающая мысль, то есть оскорбляющая ее мужа, восхваляя другого Мужчину, подаренного ей сердцем, она тут же наказывает себя жесткой пощечиной, так что никогда такая дьявольская мысль не может испортить ее верности мужу, даже если Муж действительно монстр из моей сказки!» ...

## ЧЕРТ, НЕТ ЯРОСТИ, КАК У ПРЕЗИРАЕМОЙ ЖЕНЩИНЫ!

## НЕГОДЯЙ ИЗ НЕГОДЯЕВ И ИЗВРАЩЕНЕЦ ИЗ ИЗВРАЩЕНЦЕВ

Это ее день, чтобы сиять, поэтому, оставив все рабочие обязанности, она направляется в салон красоты, чтобы выглядеть как можно лучше для нового Автара, в котором она теперь должна играть! Действительно, она выглядит сочно в своем черном вечернем платье, обнажая обнаженную кожу под стройными плечами с тонкими лямками. Ее серьги украшают уши витыми подвесками в форме двойной спирали, которые соответствуют ее извращенным желаниям, ее шея с огненным рубиновым ожерельем, которое хорошо сочетается с огнем в ее животе, ее руки со сверкающими браслетами, отражающими все цвета, как и любой павлин, когда он возбуждается от капель дождя, падающих на его кожу, начинает танцевать! Синхронным с ее манящим взглядом является также ее настроение, которое наполнено кровью, достигающей самых дальних конечностей в ее теле, от всех танцев и пения, которые она только что исполняла, под живую музыку в каком-то клубе неподалеку. Ее щеки теперь имеют здоровый румянец, признак того, что в ней кипит жизнь! Ее Желание еще больше разгорается, когда она видит, как ее Друзья смотрят на нее как на Объект Жалости, а на самих себя как на Высших, так почему бы и им не быть, когда они владеют тем, чем она не владеет, и Бог даст, бесплодная земля никогда не получит ничего. дождь…! Этот день несет в себе силу обратить вспять ее проклятие бесплодия, которое, если его вовремя не обратить вспять, может разрушить все пороги ее тела и умственного стресса! Короче говоря, от этого зависит ее жизнь!

Когда любимый муж открывает дверь, она прыгает на него, она думает, что ее недавно усвоенный трюк от старательного чтения Руководства Камасутры окупается, в то время как он испытывает облегчение, обнаружив, что его спина может выдержать ее вес, не ломаясь! Вместо приветственных знаков он отвергает ее ухаживания.

## СОБЛАЗНЕНИЕ СОБЛАЗНИТЕЛЯ СОБЛАЗНИТЕЛЕЙ – ЕЩЕ ОДНА БЕСЦЕННАЯ УПАНИШАДА

Теперь она злится на его холодность по отношению к ней.

*Маюри* : «Если ты не находишь меня желанной, то почему ты летишь через штаты, чтобы жениться на мне?!»

*Чанакья* (становясь все более беспокойным): «Сегодня это невозможно! Даже если бы ты пришел ко мне в единственном наряде, в котором я люблю видеть женщин, я бы все равно не прикоснулся к тебе сегодня! Я работаю в сжатые сроки, которые у меня есть. Я уже дважды пропустил этот крайний срок, третий раз будет означать, что мне придется столкнуться с гневом моего непосредственного начальника, который уже ищет предлоги, чтобы уволить меня с работы! Я всего лишь раб своей работы, потеря которой означает карьерное самоубийство!»

Ослепленная собственными страхами, она видит в его объяснении очередное неубедительное оправдание!

*Маюри* : «Обман! Теперь все мои сомнения относительно твоих истинных намерений не иметь еще одного ребенка прочно укореняются в моем уме, почему же ты, когда однажды твой язык случайно соскользнул и упивался своими истинными чувствами по этому поводу: «Рождение ребенка — неблагодарное дело! Кто-то жертвует всей своей молодостью, изгибается назад, чтобы воспитать ее изо всех сил, только для того, чтобы обнаружить, что в старости, когда мы больше всего нуждаемся в помощи, они не могут из-за своих собственных ограничений!» Я должен был действовать прямо тогда и тогда, но я не знаю, почему я этого не сделал! На карту поставлен весь мой Телос как женщины! Разница между моей энергией и твоей в том, что я безумен из-за своего желания материализоваться, а для тебя это просто приятно!»

*Чанакья* : «Ты не понимаешь гнева моего босса!»

Увидев, что она не добивается своего, она становится еще более агрессивной, поэтому на этот раз она становится еще более агрессивной, когда выключает его компьютер!

*Маюри* : «Оставь все СЕЙЧАС! Все эти уловки могут хорошо сработать с вашей семилетней дочерью, но не с такой зрелой женщиной, как я! Ты, должно быть, подлец из негодяев, если изливаешь чувства, предназначенные твоей жене, вместо того, чтобы изливать их на твою прелестную дочь!

*Чанакья, перестраховываясь, как вор, застрявший рукой в банке с печеньем* : «Ты ревнивая, бесплодная женщина! Являюсь ли я негодяем из негодяев, вы точно извращенец из извращенцев, потому что сомневаетесь в самых священных отношениях, которые когда-либо существовали от вечности!

К этому времени она потеряла всякое терпение! Она говорит тоном, отражающим весь гнев и тревогу, которые она чувствует.

*Маюри* : «Я слишком занята, чтобы мириться с твоими выходками!»

Он замолкает.

Его молчание раздражает ее еще больше!

Она угрожает ему пальцами, указывающими, как иголки, «если ты не перестанешь работать, тогда…»

"Тогда что? тогда вместо этого ты проведешь ночь со своим дорогим другом Фаустом, верно?! Его ответ наполнен сарказмом, отражающим его скрытую ревность из-за близости жены к их дорогому другу.

Теперь она замолкает.

Ее молчание теперь раздражает его еще больше!

Он сердито возражает: «Я чувствую себя использованным, которым манипулируют, чтобы использовать его как инструмент в твоих руках для реализации твоих злых замыслов! Ты не любишь меня так, как любишь своего дорогого друга Фауста! Причина твоего рождения ребенка не в том, что ты хочешь ребенка только от меня, а в том, что ты тоже хочешь статус в обществе, которого хочет каждая тщеславная женщина, который приходит только от того, что она стала матерью! Как однажды правильно сказал Шри Кришна в «Бхагавад-гите», «тело женщины подобно куску земли». Если земля плодородна, семя обязательно пустит корни, если нет, то семя не виновато!» Ты слишком глуп, чтобы понять, почему я так поздно задерживаюсь на посту! Бесплодие — твое проклятие, но, выйдя за тебя замуж, оно стало и моим несчастьем!» ...

## ПЛОХОЕ ПРЕДЗНАМЕНОВАНИЕ

Чем больше Маюри думает о своей ситуации, тем сильнее страх и тревога сжимают ее! Ее разум гиперактивен, чтобы этот момент случился, как будто все ее будущее зависит от успеха этой единственной ночи! Телец-Бык в ней злится, чувствует себя обманутым и ее долг - исправить эту несправедливость! Но что это? Поскольку она встает, чтобы бороться за то, что принадлежит ей по праву, она не может! У нее ведущая нога, тело холодное. Не из-за ли длительного тревожного эффекта ужасного сна прошлой ночи, который в мгновение ока забирает во мне волю не сдаваться! Вспышки Сна возникают перед ее глазами еще раз следующим образом: «когда она начинает обнимать своего мужа, когда она обнимает его руками, он как бы превращается в какое-то изуродованное странно выглядящее больное существо, которое полностью покрыто бородавками. ! В тот момент, когда она видит эту трансформацию, она так пугается, что ей показалось, будто она намеренно прервала сон, насильно открыв глаза! Она интерпретирует значение изображений как сообщение своему осознанию того, что тот, кого она считает своим Мужем, не предназначен для вас! Теперь, когда она видит, как мечта обретает реальную форму, она еще больше отчаянно пытается достичь своей цели, даже если все признаки неблагоприятны! Ее отчаяние теперь принимает опасный оборот, превращаясь в жгучую ярость, заглушая все крики разума, которые в унисон умоляют ее отпустить его! Теперь гнев взял над ней твердую власть, ее ядовитый язык теперь изрыгает огонь. Это еще больше ухудшает ситуацию, так как пламя гнева охватывает и Мужа, и он тоже теряет контроль над собой! С этого момента недоумение и заблуждение твердо контролируют все ее дальнейшие действия! Так что, как какая-то злая ведьма, которая уничтожит все и вся на своем пути, она тоже позволила всему своему гневу найти выход через свои длинные и острые ногти, которые она использует как мини-ножи для нанесения глубоких ран по всему его телу! Раны настолько глубоки, что из них начинает сочиться

Кровь. Кто-то со стороны может подумать, что причиной недоумения мужа являются его кровоточащие раны на груди, но это не так, так как причиной является вид пятен крови по всему свежеуложенному ковру, которого теперь потребуется значительное количество. Денег на уборку всего бардака! Прежде чем убить ее, он решает наказать ее, не позволяя ей победить, поэтому он берет свою сумку и начинает поспешно выходить за дверь. Видя, как он уходит, тревога теперь крепко сжимает ее. Она использует параллельный прием карате, чтобы сделать выпад вперед, чтобы схватить его за бедра, не давая ему уйти. Но этого не произошло. Из-за плохого выполнения ее приема карате, вместо того, чтобы он остановился на своем пути, она споткнулась и упала лицом вниз на пол!

Сейчас она лежит на полу со сломанной ногой, а он сейчас в таком положении, что потеряет работу наверняка. К счастью, вышло Солнце, чтобы остановить этот танец смерти, который только что начался и, казалось, прекратится только тогда, когда превратит все в пепел! ...

# СОБЛАЗНЕНИЕ СОБЛАЗНИТЕЛЯ СОБЛАЗНИТЕЛЕЙ – ЕЩЕ ОДНА БЕСЦЕННАЯ УПАНИШАДА

## АКТ 0 - ОНА ПЕРЕОДЕТЫЙ ДЬЯВОЛ?

*Чанакья себе* : «Невозможно переоценить важность этого сильного удара в живот, когда меня уволили с работы! Моя жена спокойно спит, думая, что это событие влияет только на мою репутацию перед сверстниками, при этом не понимая, что ей тоже придется заплатить, если не вдвое больше, чем мои убытки! Дайте спящей собаке поспать еще немного, чтобы я выдернул ковер из-под ее ног, прежде чем она вместо этого сделает это со мной!

Будучи умнее из двух, чтобы добиться успеха, я сначала обману свое этическое «я», заставив его поверить в то, что то неправильное, что я собираюсь сделать, является правильным. Таким образом, я защищен от любых угрызений совести или жалости, которые потенциально могут нанести вред моему собственному здравомыслию! Так что, дорогое Сердце мое, всегда помни, все в ней фальшиво и претенциозно. Она исповедует, что в основе ее верности мне лежит вечная любовь, в то время как нетрудно заметить, что ее претензии никогда не могут быть правдой, так как в основе этой Брачной связи всего лишь слабые узы отчаяния из-за неисполненных желаний и страха. одинокого будущего! Ее настоящая верность – это ее цель, и поскольку путь к этой точке проходит только через меня , она ведет себя по отношению ко мне как слуга! Поскольку она не настолько умна, чтобы быть такой коварной, она делает вещи по невинности, что ясно, когда по-своему невинно, она рационализирует, что все, что она делает, это из любви ко мне, в то время как на самом деле, если бы я был импотентом, тогда это было бы та, которая будет искать способы избавиться от меня, как бы ни было больно или зло! Для уверенности! Ее любовь ко мне не может быть чистой, как может быть так, когда действительно ее сердце и ум полностью заполнены изображением младенца, хотя бы и моего! Ее зловещее желание превратило ее из какого-то ангела в несчастную ведьму! Я даже не могу отличить этого человека от человека, которого я встретил впервые. Это симбиотическая связь, где у меня есть то, что ей нужно, и то, что делает ее зависимой от меня, поскольку путь к ее победе проходит через меня. Так что в каком-то смысле она выставляет меня дураком, а поскольку она виновата, то будет справедливо, если я перехитрю ее, прежде чем она вместо этого выставит меня дураком.

Хорошо, теперь, когда я полностью убежден, я поставлю драму, которую весь мир увидит и запомнит на века вперед.

Говоря это, он разражается своим фирменным неудержимым смехом,

«Хахахаха Мухахахаха Мухахахаха ахахаха». Как только его неудержимый смех снова становится под контролем, он сразу же набирает номер своего лучшего друга Фауста, в конце концов, для чего нужны друзья, как не для того, чтобы выручить друга в трудные времена !?

*Чанакья Фаусту* : «Она не должна знать меня! Сейчас я создам такую драму, которая обнажит ее дьявольскую маску эгоизма и лжи не только для нее самой, но и для того, чтобы весь мир увидел и порадовался вместе со мной!

Так как я больше не верю в свои собственные чувства, так как они предавали меня уже слишком много раз, чтобы не признать того факта, что во мне есть какой-то изгиб, который всегда толкает меня с пути праведности на путь праведности. вместо этого самоуничтожение! Поэтому я хочу нанять тебя, мой дорогой друг, моего единственного доверенного лица, в качестве киллера, чтобы пойти и обезглавить мою жену!

Первым начинает смеяться Фауст. Затем, став

серьезным, читает нотации своему дорогому другу, как хороший друг любому другому хорошему другу, попавшему в беду. Он советует Чанакье успокоиться, поскольку нет такой сложной ситуации, которую нельзя было бы исправить с помощью какого-нибудь Старого-Доброго-Консультативного-Совета! Итак, он добровольно соглашается, что сам пойдет в качестве своего брокера, чтобы дать ей совет. Он может помочь ей, пролив некоторый свет на настоящую причину ее безумного поведения.

*Фауст*: «Она умная женщина; Я точно знаю, в чем ее проблема. Я уверен, что как только она поймет, что движет ее настроением, она вырвется из любого заклятия, под которым она находится, как по волшебству! То, что я собираюсь сказать, — это не приукрашенная байка какого-то деревенского сплетника, а основано на научно доказанных фактах, которые помогут вам понять, что она действительно больна, страдает от симптомов предменструального синдрома, также называемого сокращенно ПМС. . Как вы думаете, почему у женщин бывает ПМС? Потому что с биологической точки зрения это их последний шанс забеременеть в течение этого цикла, который является самой главной целью женщины. И боль является для нее биологическим сигналом к удовлетворению и этой потребности! На микроуровне, когда вы видите, есть одна яйцеклетка и миллиарды сперматозоидов, борющихся друг с другом, чтобы проникнуть в яйцеклетку. Тогда это яйцо принимает или отвергает. Только когда яйцеклетка принимает правильный сперматозоид, происходит оплодотворение. Точно так же на макроуровне женщина терпеливо ждет, пока придет ее настоящий жених, и жестоко отвергает остальных. Истинный ухажер тоже тот, кто упорствует ради нее и только ее; Таким образом, это становится проверкой способности женщины, сможет ли она выжить, выпивая медленный яд вечного ожидания подходящего партнера, который может прийти или никогда не прийти; В то время как в случае мужчины испытание заключается в его Вечном Упорстве в попытке стать достойным в ее глазах, и когда наступает этот волшебный момент, их момент супружеского блаженства длится в виде их детей, а затем детей детей и так далее!

*Чанакья* : «Я знаю, что она никогда никого не слушает, но если ты упорствуешь, попробуй. Но помните, если вы потерпите неудачу, вы убьете ее. Это будет огромной услугой от друга к другу».

Со всей этой нежностью он обнимает его крепче, чем обычно. Фауст не может не задаться вопросом, бисексуален ли он, но затем улыбается, когда возникает эта мысль, что где-то мы все неразборчивы в связях в Природе, бисексуалы - это люди, которые должны относиться к себе слишком серьезно! ...

## СОБЛАЗНЕНИЕ СОБЛАЗНИТЕЛЯ СОБЛАЗНИТЕЛЕЙ – ЕЩЕ ОДНА БЕСЦЕННАЯ УПАНИШАДА

### АКТ 1 ИМИТАЦИОННЫЙ БОЙ

Муж Чанакья входит в спальню, где сидит жена Маюри, с намерением начать драку, а затем уйти, чтобы начать следующий этап своей Драмы.
*Чанакья*: «Я иду к своей сестре подальше от твоих едких слов».
Затем он захлопывает перед ней дверь, оскорбляя ее тем, что не хочет слышать ничего из того, что она сказала!
*Маюри*: «После того, как я пошла на компромисс со своей свободой выбора, я чувствую себя обманутой! Мы женимся, и вдруг у нас появляется Партнер, от которого мы можем дать или посоветоваться! Большой обман, так как всякий раз, когда возникает ситуация «или/или» «Дхарамсанкат», любая из сторон должна будет пойти на компромисс! Теперь я вижу это противоречие, которое является одной из причин моего Отчаяния: будучи полностью взрослым, я должен взять на себя полную ответственность за свои действия, в конце концов, это я тоже буду поджарен в адском котле за все эти грехи в Кармический суд и, тем не менее, будучи женой, связанной обязательствами, моя ответственность смещается, поскольку теперь от меня ожидают, что я буду делать то, что мой муж считает правильным! Все мое доверие к институту брака пропало! Для меня доверять никому снова невозможно! Разве единственное истинное отношение, которое связывает нас, — это Человечество и ничего больше?! Я теперь в таком жалком состоянии, что даже если бы мой милый муж перешагнул через мое право пойти к другой женщине, я только молча буду пить этот яд!» ...

## АКТ 2 - ОН ПЕРЕОДЕТЫЙ ДЬЯВОЛ?

Каждое слово Мужа Чанакьи пронзает сердце его Жены Маюри, словно стрелы, смоченные ядом, острее сотни копий вместе взятых!
**Когда кто-то сгорает от оскорбления презрения, пламя должно подняться к милосердному Всевышнему Отцу наверху, который затем действует, немедленно вводя Своего Ангела Веры, чтобы возродить надежду на новую жизнь!**
Она снимает все свои украшения одно за другим, медленно, стоически переодеваясь в тонкое черное платье, чтобы дуться в своей угрюмой комнате, – в ванну, чтобы сгореть в одиночестве в огне оскорблений, исходящих от того, кто отвергает кого-то, кому больше всего доверяют! Опустив глаза, она говорит себе: «Я заработала много денег жизнью, не понимая, что то, что, как я думала, даст мне безопасность, стало самой причиной неуверенности и тайного страха смерти у тех самых людей, с которыми я живу!»
У нее в руке успокоительное, чтобы заглушить все голоса разума, когда она слышит звонок в дверь. Ее уши навострились. Это не мог быть ее муж, так как он слишком высокомерен, чтобы слушать ее слова, тогда кто еще...? Теперь с двойным любопытством она быстро бежит, чтобы открыть дверь. Теперь, кто бы ни был на пороге, неудивительно, что он кажется ей вдвойне красивым! Когда она слышит дружелюбный голос Фауста, она не знает, как исчезла вся ее боль! Он предлагает подойти к пруду и посмотреть, сможет ли он сделать что-нибудь, что вернет мир в жизнь этого дома. Он ведет ее к пруду, который они построили для нее. Когда огонь и хлопок подружатся, как сейчас, так что отсюда гравитация вступает в действие, чтобы установить сцену, а остальное

следует, как химические процессы!

Сначала Фауст заводит с ней непринужденную беседу, когда она садится в своей черной ночной рубашке, играя со своими отражениями в воде, а затем бросая их на цветок лотоса.

Затем он дает ей полное сканирование тела сверху вниз, что может быть прилично, пока оно не застрянет в препятствиях на груди, и тогда оно больше не может называть это приличным! Она краснеет и с робостью наклоняет голову, а как только замечает свое откровенное платье, тут же прикрывает грудь руками и стыдливо бежит переодеваться во что-нибудь более приличное. Ему нравится, как она приходит в сознание и бежит внутрь. Он хочет побежать за ней и войти в комнату и посмотреть, как она выглядит обнаженной, но не делает этого, вместо этого с нетерпением ждет, когда она выйдет. Его ожидание вознаграждается, когда она выходит сногсшибательно в своем шелковом темно-синем спагетти-майке и в такой же шелковой пижаме, когда шаловливое дуновение ветра развевает ее длинные волосы из небрежно завязанного пучка, превращая ее багала-мукхи (Лебединое лицо в Санскрит) черты еще красивее!

Он использует лесть, чтобы заставить ее летать ровно настолько, чтобы самому не потерять равновесие, насколько это возможно!

*Фауст*: «Твой муж, должно быть, слепой или гей, раз оставил свою очаровательную жену одну и несчастную вот так! Если бы мне когда-нибудь посчастливилось иметь тебя в моей жизни, моя жизнь стала бы ярче радуги в небе. Твоя лунный свет, как аура, освещал бы все мои ночи».

*Маюри*: «Красота заключается в глазах смотрящего, и знать, что твои прекрасные голубые глаза могут видеть их, заставляет меня чувствовать себя намного красивее.

Затем она использует лесть, чтобы заставить его летать ровно настолько, чтобы она сама не потеряла опору, насколько это возможно!

Маюри: Является ли лесть не чем иным, как утонченным искусством лжи? Особенно в тех случаях, когда любовница пытается произвести впечатление на возлюбленную!

Фауст: **Мы должны понять разницу. Истина не в свете или тьме, а в том, что существуют и Свет, и Тьма!** Ложь сама по себе не является отражением чьего-либо Характера, поскольку, когда она используется для достойного дела, она просто несправедлива, и поскольку произвести впечатление на возлюбленного, в конечном счете, является благой целью, я не вижу никакого вреда в использовании ее в этих сердечных делах!

Маюри смеется: «И бессмысленно говорить, что говорить правду на данный момент — это фактическое самоубийство!»

Они оба сидят рядом друг с другом, играя с отражением луны в воде. Оба забывают весь окружающий их мир с его невзгодами! В этот момент только он и только она, наедине только со звуками биения их сердец!

Когда он целует отражение луны, она думает, что он целует ее отражение, и краснеет. Затем, когда он видит, как она краснеет, он краснеет, понимая, что причина в нем. Когда он ловит себя на том, что краснеет, на его лице появляется мошенническая ухмылка. Даже если они одни и их никто не слышит, они не знают, почему отвечают шепотом!

Внезапно в этот момент контроль переходит от их рук к их запутанным частотам, чтобы навести порядок во всем хаосе вокруг них! Затем, как будто сверхъестественные силы вступили в сговор со злом в них, на горизонте появляется гроза. Оба промокают. Они бегут, чтобы сесть рядом с камином.

## СОБЛАЗНЕНИЕ СОБЛАЗНИТЕЛЯ СОБЛАЗНИТЕЛЕЙ – ЕЩЕ ОДНА БЕСЦЕННАЯ УПАНИШАДА

Оба сидят рядом и смотрят на огонь. Будучи верным причине, по которой он здесь, он начинает с ней сеанс консультирования. Придерживаясь своего плана компромисса между воюющей парой, Фауст начинает свои серьезные усилия по примирению.

*Фауст* : «Хватит ли у тебя мужества проглотить горькую пилюлю правды?

*Маюри* : «У меня не осталось выбора, кроме как посмотреть правде в глаза! Мое сердце как у той маленькой девочки, которая должна подавать молоко с ядом своим овцам, которые сошли с ума и слишком нервничают, чтобы что-то сделать! Тогда мой разум стоически говорит мне: «Посмотри еще раз! То, что вы принимаете за овцу, на самом деле является лисой в овечьей шкуре. Эта овца утверждает, что не сошла с ума, но на самом деле это всего лишь притворство! Он очень хитрый и проницательный лис. Он бегает вокруг, громко лая, создавая суету, пока не получит все, что хочет, именно так, как хочет! Эта лиса не привязана к своему Хозяину, только к корму. Если Мастер не будет служить его потребностям. Не удивлюсь, если лиса убьет своего хозяина и потом без угрызений совести отправится на охоту за очередной добычей. Этот кот теперь попробовал кровь, стал еще злее и голоднее! В самом деле, он не может проиграть, как будто я живу, я плачу ему из своей зарплаты, а если я умру, он получит еще больше от полиса страхования жизни, который он оформил на мое имя с ним как с выгодоприобретателем! Брак должен быть признан одним из величайших обманов всех времен, дающим чувство ложной безопасности!»

Как только Фауст узнает о полисе страхования жизни, он может увидеть истинный мотив драмы с картой жертвы Чанакьи, и после этого его верность меняется на противоположную!

*Фауст удивился* : «Я пришел сюда, чтобы посоветовать

вам компромисс с ситуацией, но теперь, выслушав вашу точку зрения, я сам убедился, что, несмотря на то, что вы умная женщина, вы не можете сообразить, как выбраться из этой ловушки! В то самое время, когда вам нужен ваш муж, вместо этого он со своей сестрой! На что он тебе годен! Разводись с ним! Развестись с ним немедленно! Если уж на то пошло, зачем вообще тратить время на завершение всего процесса? Просто оставьте его сию же минуту! Твоя жизнь находится под большей угрозой!»

*Маюри* : «СуперКундалини дала женщинам священную дверь для доставки чистейшего дара природы, но когда та же самая священная дверь используется для мочеиспускания, это похоже на грех, насмехающийся над благочестивым! Что заставляет меня задаться вопросом, есть ли что-нибудь святое в этом мире?!»

Слушая эхо своих худших страхов из его уст, она сидит в ужасе от собственной тени! Внезапно, теперь этот мундштук начинает выглядеть в два раза красивее, чем когда-либо прежде! ...

## АКТ 3 - КОГДА КОСМИЧЕСКИЕ РАЗЛИЧИЯ ИСЧЕЗАЮТ, ЧТОБЫ СТАТЬ СВИДЕТЕЛЕМ ТОГО, КАК ЗАПАД ПРИНИМАЕТ ВОСТОК!

*« мано то ганга ма ху, на мано то бехта паани»*

*(Когда вы смотрите с благоговением, вы видите Реку как нашу мать, иначе это просто текущая вода)*

*- Неизвестно, популярная поговорка на хинди.*

После третьего Колеса Фауст и Жена Маюри теряют свои искусственные теги Отношения, чтобы стать просто Фаустом и просто Маюри, что они тогда делают!? Как дети, они начинают играть в глупые игры с монстрами! Простой. Фауст бежит за Маюри, крича: «Я чудовище! Я собираюсь съесть тебя! Беги, если твоя жизнь тебе дорога! Хахахаха»! Серьезно восприняв его угрозу, она тоже начинает бежать со всей возможной скоростью, чтобы попасть в главную спальню наверх, а затем под одеяло — место, где она чувствует себя в наибольшей безопасности, и именно там гравитация тоже работает на двоих. бьющиеся сердца, играющие в прятки друг с другом, чтобы, наконец, выйти из своего укрытия, так как теперь работа человека закончена, поскольку гравитационные энергии теперь берут верх, гарантируя, что работа будет выполнена!

После всей этой беготни по лестнице он не может удержаться и не падает на чистую манящую постель, которую она только что приготовила для себя и своего мужа! Это зрелище вызывает в ней горько-сладкое откровение: «Усилия никогда не пропадают даром! Комедия в этой ситуации заключается в том, что все это время, когда я подчеркивала, что все мои затраты времени на подготовку к этому вечеру, чтобы я могла насладиться этим мужчиной, пропадут впустую, только чтобы обнаружить, к моему приятному удивлению, что все инвестиции, которые я потратила приложенные усилия никогда не были напрасными, так как они окупятся, даже если не с этим мужчиной, а с тем мужчиной! Я буду дураком, если буду отдавать себе отчет в своих усилиях, как в чем-то, что началось сегодня вечером с подготовки постели, но еще задолго до того, как я встретила этого вооруженного американца! Все эти попытки найти свое место в американском обществе, выучить американский акцент для лучшего общения с американцами, которые я делал, думая, что они

## СОБЛАЗНЕНИЕ СОБЛАЗНИТЕЛЯ СОБЛАЗНИТЕЛЕЙ – ЕЩЕ ОДНА БЕСЦЕННАЯ УПАНИШАДА

предназначены для этого человека, только для того, чтобы обнаружить, что они действительно были предназначены для этого человека! Затем, если подумать о Вечных Промежутках Времени, то, возможно, даже раньше, от желания этого Человека из какого-то более раннего рождения, этого скрытого желания, которое потянуло меня через Океаны, на совершенно новый Континент, только ради этого одного момента Удовольствия! Итак, будет справедливо, если я скажу, что вся моя жизнь до сих пор была не чем иным, как большой подготовкой к этому единственному моменту экстаза!? Что же мне теперь делать, когда я сталкиваюсь лицом к лицу с этим парадоксом: плоды всех моих вечных достижений на кончике моего языка, а этика, с другой стороны, хмурится? Приостановить этику! Будь я проклят, если моя нога соскользнет сейчас! Простой."

Когда он видит, что она более открыта для его предложений, он смешивает свой смертоносный коктейль, который никогда не подводил ни в одном из его прошлых завоеваний — поет романтическую песню с марихуаной! Увидев, как он зажигает такой же тощий косяк, на ее лице отразился ужас!

*Маюри* : «Почему ты куришь марихуану, которая нелегальна, в то время как все эти сильные успокоительные и алкоголь имеют тот же эффект, только без головной боли от проблем с законом!»

*Фауст* : «Немедленно сожгите все эти успокоительные, которые у вас есть! Как можно не быть шизофреником, когда наши тела более чем на семьдесят процентов состоят из воды, и любой, кто говорит, что не видит никакой связи между водой и эмоциями, должно быть, никогда не видел безумных высот, на которые могут подняться приливы, чтобы поцеловать поверхность воды. Луна особенно в полнолуние! Среди множества лжи, распространенной в этом Мире, эта тоже ложна! Успокоительные и алкоголь действуют успокаивающе, а марихуана, наоборот, возбуждает, то есть поднимает настроение!»

*Маюри* : «Когда Господь Шива наслаждается этим растением, это не может быть так уж плохо. Почему бы и нет?"

Она подтверждает свое согласие, принимая его предложение. То, что она чтит его, уважая его слово, льстит ему. Видя, как горит огонь в камине, он не может удержаться от того, чтобы спеть в ее присутствии песню:

## СОБЛАЗНЕНИЕ СОБЛАЗНИТЕЛЯ СОБЛАЗНИТЕЛЕЙ – ЕЩЕ ОДНА БЕСЦЕННАЯ УПАНИШАДА

*'Снаружи бушует буря, внутри ревет буря*

*Гром и молния ревут вдалеке, предупреждая нас обрушатся на нас,*

*внешняя вода тушит огонь, внутренняя вода разжигает огонь,*

*безумие снаружи, безумие внутри,*

*закрой глаза, чтобы ничего не видеть, но ты все еще видишь,*

*но на этот раз с глазом на глаз,*

*что огонь, который ты видишь во мне для тебя,*

*на самом деле огонь в тебе для меня...*

Она сидит у его ног на полу рядом с диваном, на котором он сидит. Она ищет поддержки, чтобы встать, он протягивает руку, чтобы поднять ее. Когда она видит, что протянутая рука помощи сильна, но не ее мужа, в ней начинается конфликт! Держать за руку кого-то другого, кроме мужа, против культурных учений. Она хочет отказаться, но все же не знает, почему принимает это.

Когда она вкладывает свою руку в его руку, ей в этот момент открывается жизненная тайна: **«Мы все реагируем на внешние ситуации, как на химические процессы! Все, что мы можем сделать, это просто отпустить прошлое и с благодарностью принять все, что может предложить нам будущее! ...'**

Как только оба теряют всякую связь с этой фальшивой реальностью, созданной Человеком, начинают играть Сырые Природные Силы. Вселенная останавливается, чтобы увидеть это прекрасно выполненное судьбой сальто, увидеть этот редкий момент, когда Восток и Запад растворяют все свои различия, чтобы стать одним, когда господин становится рабом, королева этого человека становится королевой этого человека. ...

## ЗДЕСЬ СТАРЫЙ ИДОЛ БРАКА НАКОНЕЦ-ТО РАЗБИЛСЯ НА МЕЛКИЕ ЧАСТИ!

*Мое тело – храм,*

*Это Камни живы, нас, людей, никогда не*

## СОБЛАЗНЕНИЕ СОБЛАЗНИТЕЛЯ СОБЛАЗНИТЕЛЕЙ – ЕЩЕ ОДНА БЕСЦЕННАЯ УПАНИШАДА

*было...*

- *Маст Маюри, Опьяненный павлин, танцующий под дождем*

Как только похотливые страсти добились своего, они также оставляют эти тела холодными, чтобы найти свою следующую жертву! Их жертва, с другой стороны, чешет затылок, пытаясь понять, как такой разумный человек, как они, мог сделать то, что сделал бы только какой-нибудь сумасшедший! Теперь он шлепает себя за плохое исполнение роли брокера! Если бы он смотрел эту драму от третьего лица, а сам не стал бы первым... он торопливо уходит, чтобы не встретить у дверей мужа, а она бьет себя за то, что не осознала своей смерти, прийти к ней в образе этого обманщика, который уже оставил ее в покое! Она снова дает ей пощечину, чтобы напомнить себе об этом с трудом заработанном уроке, который она, кажется, забывает всякий раз, когда это необходимо больше всего: «источник удовольствия зависит не от качества другого партнера, а от собственного воображения, исполнения этого человек такой же, как у того человека, если не даже более жалкий!

*Маюри* : «Не знаю, почему я чувствую, как будто в самый первый момент, когда взгляды влюбленных встречаются, их будущее предрешено?! Подобно мотылькам, летящим в огонь с огромной скоростью, они тоже, несмотря на то, что знают, что их встреча закончится только болью и душевной болью, встречаются. **Если это противоречие не самую большую космическую шутку сыграло с нами, смертными, то что же?** Что ж, комедия ошибок не просто заканчивается здесь, поскольку, как только они поглощают свои желания, магнетическое притяжение вместе с ними также поглощается в каком-то невидимом вихре, оставляя любовников в недоумении, как нормальный разум, подобный их, мог сделать что-то настолько безумное, как что?!

Поскольку этот трагический эпизод также знаменует собой конец нашей недолгой дружбы, я чувствую себя дешевкой, как одноразовая туалетная бумага, и все же я не могу проклясть его, потому что я, должно быть, увидела Образ тех качеств, которые я ищу в муже, и поэтому впустила его. мой храм тела, или ни одна из всех этих мыслей не имеет никакого смысла, и что я просто слишком много зарабатываю на каких-то безобидных играх с собой! Если я ожидаю, что это станет какой-то пожизненной драмой, то вина в моих ожиданиях! Просто растопчи его и покончим с этим уже!»

Потоптавшись над этими тягостными мыслями, приходит и осознание того, что горевать совсем некогда! Ее беда в том, что она не может просто сидеть и превращаться в Камень, а бороться за свою жизнь, пока не закончится шоу! Она быстро встает и перестраивается, чтобы дипломатично справиться со следующим этапом этой темной ночи, которая, казалось, закончится только после того, как выпьет всю кровь из ее сердца, а затем подаст ее череп дьяволу на блюдечке с голубой каемочкой! Все ее страхи обретают форму, когда она начинает слышать тяжелые шаги своего Мужа, приближающиеся ко входу в место всех действий! ...

### АКТ 4 - МОЗГОВОЙ ЖАР!

Маюри сидит, одно колено касается кровати, а другое колено поддерживает ее локоть, а рука обхватывает лоб. Сейчас не время для размышлений, а для действий, и это тоже сейчас! В таком смятении и спешке царит только полное смятение!

*Маюри* : «Я не получаю удовлетворения! Когда сделка идет не так, убыток причиняет мне боль, а когда сделка идет хорошо, то и прибыль причиняет мне боль, потому что теперь я корю себя за то, что не пошел ва-банк в той единственной выигрышной сделке!»

Хороший игрок — это тот, у кого есть дисциплина, чтобы оставаться в пределах лимита, но ей быть новичком сложно! Ранее в течение дня, когда она устала от маленьких мелких выигрышей и мелких проигрышей, она играла в сделку, в которой было все или ничего! Поскольку мысль перешла в режим ожидания, и поэтому та же самая сделка все еще находится на ее экране, который находится всего в одном нажатии клавиши от исполнения, это отличная подготовка к серьезным потрясениям! В замешательстве она бежит к компьютеру, чтобы начать свою собственную маленькую драму, притворяясь занятой своей обычной офисной работой. В своей нервозности она нажимает ключ, который выполняет эту роковую сделку, которая действовала как последний гвоздь в ее гроб! В это время HFT - высокочастотной торговли, за доли секунды происходит исполнение всех открытых ордеров ! Не имея возможности отменить, он забирает все ее заработанные за всю жизнь одним фатальным нажатием клавиши! Менее чем за секунду из героя она превратилась в ноль! Теперь, когда нет выбора отмены, все ее деньги навсегда ушли в какую-то черную дыру, у которой нет ни начала, ни конца! Как только стрела сойдет с тетивы, она не сможет вернуться! Как бы она ни молилась, черное чудовище смерти отказывается извергать! Произошло крушение поезда, и все, что она может сделать, это проклясть свое время!

Реакция голубя на опасность - закрыть глаза в надежде, что хищник сделает то же самое и так его не увидит! Но то, что только снится и так, не становится пищей для хищника. Она тоже чувствует себя в том самом голубином состоянии - парализована тревогой! Как только страх полностью овладел ею, она чувствует, как пересыхает вся слюна во рту, жжение под кожей и как будто она забыла, как вернуть дыхание в свое тело! Не видя пути выхода из этого фиаско, она теперь видит, что все эти неблагоприятные предзнаменования, ужасные последствия обретают реальную форму...

## ПУБЛИЧНОЕ ЗАБИВАНИЕ КАМНЯМИ!

Опытный полицейский узнает преступника, как только увидит место происшествия. Сильный запах марихуаны щекочет его ноздри, шепча грязный секрет, когда он стоит у подножия лестницы. Когда он поднимался по лестнице, украшения, которые часто носила его жена, валялись на ступеньках, рассказывая ему трейлер истории, героиней которой является его жена, но герой не он, а его собственный лучший друг! Его мужское эго получает грубый удар, поскольку он не знает, почему он ожидал, что его жена либо убьет себя, либо захватчика, но никогда не сдастся этому другому мужчине, у которого нет общих качеств, ведь он мог запутать голову его бестолковой жене или что-то в этом роде. !

*Чанакья сам себе*: «Как это может быть? Эта женщина, которая была настолько тупой, что действовала как собственный силовик для цензурной комиссии, контролирующей свои собственные мысли, разрешая только мои мысли, теперь находится в руках другого мужчины! Это событие - большая пощечина моему умственному мастерству! Мало того, это также означает, что она не любит никого из нас, а любит только того, кто больше всего льстит ее эго; Но и это не может быть правдой, потому что я не вижу в ней признаков себялюбия. Значит, она всего лишь рабыня своего желания, которое тоже было не ее, а чего-то, что было подброшено в нее мной!»

Он продолжает идти в неверии и самоотречении, пока не оказывается на месте действия - в их спальне, где он теперь смотрит лицом к лицу с реальностью. Он ничего не говорит и просто сердито смотрит на нее, ожидая, что она объяснится сама.

Ее лицо выглядит бледным и озадаченным. Она бессвязно заикается и непреднамеренно протягивает руку, чтобы закрыть экран! Ее нервное рефлекторное действие, когда она закрывает экран, чтобы скрыть ошибку, вместо этого привлекает его внимание к тому, что она пытается скрыть! Он убирает ее руку с экрана, который кричал, что все ее торговые потери вспыхивают жирным кроваво-красным цветом! ...

## АКТ 5 - СИЛЬНЫЙ УДАР В ГРУДЬ БОГИНИ ДЕНЕГ, ЛАКШМИ!

Когда Чанакья видит, как все ее деньги или его деньги по доверенности исчезают в доли секунды, по его спине пробегает холодок. Затем, когда его взгляд поворачивается к жене Маюри, по ее спине пробегает холодок. Видя, как ее лицо побледнело, он хочет обнять ее, сказать ей, что все исправит, но в следующее же мгновение он смотрит на экран и снова горит огнем. Он берет ее за длинные волосы и тащит вниз по лестнице, говорит: «Ты никчемная женщина! Та самая Богиня Денег, Ма Лакшми, которая была самой щедрой с нами, ты только что ударил ее ногой в грудину! Теперь отчуждение от нее означает отсутствие денег, отсутствие денег означает, что ты тоже никуда не годишься! Ваше неведение об опасных последствиях беспорядочных половых связей положило конец нашему Браку! Просто чтобы вы понимали серьезность ситуации, заболевания, передающиеся половым путем (ЗППП), находятся на рекордно высоком уровне в мире, особенно здесь, в Америке, где вы живете! Теперь ты нечист для меня, чтобы жить с тобой больше! Ты была моей курицей, которая каждый месяц несла золотые яйца, а теперь ты не золотая и не хороша для своих сушёных яиц, ты теперь только источник моего позора! Причина твоего жалкого состояния сейчас в том, что ты хочешь чего-то, что находится за пределами возможностей твоего тела, поэтому сейчас я помогу тебе освободиться от этого рабства, направив твои желания только к одному желанию — смерти!

### РОДИЛСЯ ЕЩЕ ОДИН БАНАЛЬНЫЙ БРОДЯЧИЙ ЕВРЕЙ!

## СОБЛАЗНЕНИЕ СОБЛАЗНИТЕЛЯ СОБЛАЗНИТЕЛЕЙ – ЕЩЕ ОДНА БЕСЦЕННАЯ УПАНИШАДА

*Муж Чанакья*: «Кто ты?! я тебя больше не узнаю! Совсем недавно ты клялась в верности своему Великому Мужу Чанакье до вечности и дальше, но теперь, всего за одну ночь, когда меня не было с тобой, ты забыл обо всем, и оскорбление в мой адрес не заканчивается здесь, как ты танцевала и играла с совершенно новым Мужем, который не имеет на меня никакого сходства, чтобы обмануть себя, приняв меня за двойника! Тут я подумал, что сеть религиозных клятв, которые мы приняли с огнем в качестве нашего свидетеля, является проверенным методом укрощения львицы, снова сработает! Теперь я знаю, что нельзя недооценивать силу похотливых желаний! Теперь меня никто всерьез не воспримет, в том числе и я сама! Меня удивляет не столько поведение моей жены, сколько то, почему я так долго ее выгонял! Я БОЛЬШЕ НЕ ВАШ МУЖ!!! Ты фальшивка… БОЛЬШАЯ ФЕЙК! Я просто помог тебе, доказав тебе, потому что ты слишком отсталый, чтобы увидеть это самому! Вы должны быть благодарны мне за то, что я лопнул ваш пузырь и опустил вас в ЧЕРТОВУЮ РЕАЛЬНОСТЬ! «Терпение божественно», — вы все время говорите, верно? тогда просто подождите еще немного «терпеливо» и посмотрите, что я сейчас делаю! Просто, черт возьми, смотри!»

С этими убийственными мыслями, бешено блуждающими в его голове, он теперь думает о самом строгом способе наказать свою жену! Чтобы почувствовать свою значимость, он берет сигарету и, используя зажженный конец, сжигает верхний слой кожи, расположенный прямо посередине ее лба, как раз там, где находится Господь Шива, Третий глаз Господа Разрушения. Его легко не пропустить из-за светящегося красного кумкума (аксессуара, который носят большинство индийских женщин).

Он продолжает: «Этот ожог был стратегически нанесен в

место, где живет третий глаз, так как говорят, что когда третий глаз открывается, он сжигает все желания в человеке. Это означает, что вы будете бродить вечно голодными, как пресловутый «Бродячий еврей» или персонаж Ашваттхама в эпической «Махабхарате»!»

Она приседает, ожидая, что он побьет ее, но вместо этого, к ее удивлению, он уже исчез со сцены. Даже пройдя через все унижения, можно было бы ожидать, что человек отпустит все, но даже она не знает, почему она все еще считает себя его женой и все еще беспокоится о его благополучии! Итак, опасаясь, что он может сделать что-то, чтобы навредить себе, она бежит к двери и начинает стучать в дверь, прося его открыть дверь, говоря: «Это я! ... открой дверь... это я!»

Внезапно она перестает издавать свой собственный стук, чтобы услышать звуки, доносящиеся из его Комнаты, а когда она все-таки услышала, то наполняется ужасом, поскольку звуки его кожаного ремня касались его собственной голой кожи! Она приходит в еще больший ужас, когда понимает, что его настоящие намерения скрываются за таким исчезновением! Он делает отметки на своем теле, чтобы служить доказательством, которое не причинит ему большого вреда, но полностью уничтожит ее! Ужас написан на ее лице, теперь она нервно дрожит, когда понимает истинное намерение всей этой напряженной драмы!

*Маюри*: «Он пытается заманить меня в ловушку обиды, которая не соответствует действительности, но которую трудно отвергнуть. Он достаточно умен, чтобы не ждать, пока я сделаю то, что он только что сделал! Теперь мне интересно, какие сюрпризы ждут нас в следующем акте».

Полиция у дверей.

Акт 6 - Отпусти!

## СОБЛАЗНЕНИЕ СОБЛАЗНИТЕЛЯ СОБЛАЗНИТЕЛЕЙ – ЕЩЕ ОДНА БЕСЦЕННАЯ УПАНИШАДА

*Маюри* : Шаг вперед означает шаг в неопределенное будущее, а шаг назад вернет меня в адский котел, где я буду готовиться день и ночь, а затем вновь пережить смертный приговор.

*Полицейские* : Пожалуйста, пройдите с нами сейчас, вы всегда можете вернуться домой позже, как только начнется процесс юридических переговоров.

*Маюри* : Это он сам дал нашему дому новое имя — «Дворец грез», но теперь этот дом стал символом моей кошмарной жизни, так что теперь переименуйте этот дом в новое имя «Кошмар. Дворец." То, что вчера было нашей мечтой, сегодня превратилось в пепел!

Полицейские стоят и слушают каждое слово, но не говорят ни одного своего. Эти чиновники обучены не делать ошибку, прерывая нервную тираду неопытной избитой женщины, поскольку в тот момент, когда она перестанет говорить, они потеряют важную информацию! Наконец, как только разглагольствования расстроенной женщины заканчиваются, они тоже нарушают собственное молчание и стоически говорят: «Как полицейские, мы встречали всевозможные фантастические умы, поэтому для нас удивление означает, что границы были перейдены! Мы должны признать, что мы не просто удивлены, но и шокированы, увидев, как это происходит с индийской парой, культура которой хвастается, что уровень разводов составляет менее одного до двух процентов! Имейте в виду, что мы здесь не для того, чтобы решать, невиновны вы или виновны, это работа суда, и даже не для того, чтобы разбираться с нелепыми поворотами бесконечных драм любви-ненависти. Мы всего лишь исполнители отданных нам приказов. Мы здесь, чтобы вручить вам запретительный судебный приказ суда, который требует, чтобы мы выпроводили вас из этого Дома. Теперь контроль над последующим ходом событий не находится ни в ваших руках, ни в руках другой стороны! С этого момента «Система» возьмет на себя управление вашей судьбой по отношению к нему». Они говорят слова сочувствия, которые помогают ей чувствовать себя лучше: «Мы легко можем видеть хитрость вашего мужа в том, как он манипулирует системой в своих интересах, и все же мы не можем поступить иначе, поскольку мы не киногерои, а простые рабы» Система." Тем не менее, поскольку человечество еще не умерло, а мы настоящие герои, мы приложим все усилия, чтобы помочь вам добраться до ближайшей безопасной точки проката автомобилей".

Машины тоже нет! Все плохо.

СОБЛАЗНЕНИЕ СОБЛАЗНИТЕЛЯ СОБЛАЗНИТЕЛЕЙ
– ЕЩЕ ОДНА БЕСЦЕННАЯ УПАНИШАДА

# ИНВЕРСИЯ КОНТРОЛЯ / ОБАНКРОТИВШАЯСЯ РАНЕНАЯ ЛЬВИЦА НЕ ЗНАЕТ, КУДА ИДТИ

У женщины, которая в силах построить свой дом своими руками, в этом внезапном повороте судьбы больше нет дома для себя!
Она не знает, куда деваться, когда озорной порыв ветра сорвал с ее вуали, словно издеваясь над ней, дразняще обнажая перед всем миром ее грудь. Если бы этот ветер еще вчера имел такую дерзость, она тотчас же, с великой срочностью, прикрыла бы открытое место, но теперь все ее чувство стыда и женственности как будто унеслось вместе с ветром...

*Маюри* : «Куда теперь пойдет Маюри? Этот человек, в объятиях которого я была несколько минут назад, обязательно снова обнимет меня, а затем, приняв меня как свою жену, поможет мне вернуться и снова приспособиться к этому неумолимому обществу».

Агрессивная, как мужчина, она теперь также берет на себя роль мужчины.
«FFFAAUUST! ФАУСТ! ФААААУУУСТТТТТТТТ! ФАУСТ!!! Открой дверь! Это я! Открой дверь!" когда из черного хода выбегает маленькая двухлетняя девочка, чтобы посмотреть, кто этот взволнованный гость в их обычно тихом доме! Из парадной двери входит красивая молодая женщина, которая, увидев другую женщину, инстинктивно произносит неприветливое замечание: «У кого сейчас горят штаны!» Фауст мог бы представить посетителя как человека, которого он считает другом, и выказать ей уважение, сказав несколько приветственных слов, но он ничего подобного не делает.
Она опускает голову от стыда, осознав свое лицемерие, и

даже увидев его бессилие, она все еще стоит там, чтобы услышать, что должен был предложить ее обманщик! В ее ушах еще теплилась надежда услышать хорошие новости, которые могут подарить ей новую жизнь?!

*Маюри* : «Мой друг Фауст! Я потерял все. Мне нужно убежище, пока не кончится эта бесконечная темная ночь. Можно я буду жить с тобой здесь?»

Фауст молчит. Его молчание побуждает Его жену набрасываться со своим неконтролируемым и диким языком.

*Жена Фауста* : «Ни в коем случае! У нас здесь нет благотворительной организации! Предупреждаю вас, даже если я увижу вашу тень через семь домов, я арестую вас и посажу за решетку за то, что вы преследовали моего Человека!»

Маюри удивляется, почему ей кажется, что она уже слышала подобные слова раньше! Затем Маюри вспоминают о своей Карме из той истории с Вдовой в детстве. У нее кружится голова! Если бы Маюри услышала такие жестокие слова неуважения к ней, она бы оторвала этот язык, но сегодня она сглатывает, заливая всю кислоту своими словами! Ее глазные яблоки устремляются к Фаусту, но он молчит…

Маюри теперь смотрит прямо на Фауста: «Это вопрос к Фаусту».

*Фауст* : «Желания моей жены превыше всего!»

В очередной раз столкнувшись с унижением и услышав такие жестокие и бесчувственные слова в свой адрес, она недоверчиво закрывает глаза, проливает безмолвную слезу на себя, затем на свое беспомощное положение и, наконец, на свою неспособность распознать свою смерть, пришедшую под видом этого человека. , которого она боготворила даже больше, чем своего мужа!

Она оставляет. После того, как она повернула за угол, она с удивлением увидела машину Фауста, который

## СОБЛАЗНЕНИЕ СОБЛАЗНИТЕЛЯ СОБЛАЗНИТЕЛЕЙ – ЕЩЕ ОДНА БЕСЦЕННАЯ УПАНИШАДА

жестом пригласил ее встретить его на заправке впереди. Она не хочет ничего делать с этим мошенником, но не знает, почему следует его указаниям!

*Фауст* : «Это ты во всем виноват! Похоже, в твоем воображаемом мире ты единственный женат во всем этом мире, и поэтому ты даже не удосужился спросить меня о моем семейном положении! Тем не менее, я беспокоюсь о тебе. Я вижу эту свежую рану на твоем лбу, для которой я могу принести марихуану за небольшую дополнительную плату, чтобы твоя боль немного уменьшилась...

*Маюри* : «По поводу твоей заботы о моей боли, нравилась ли она мне, я все равно не включу ее в свою жизнь, просто потому, что если есть какая-то привычка, которая сделает меня зависимой от тебя, я просто не заведу ее! Тем не менее, спасибо, что еще раз напомнили мне, что я не зависим ни от вашего сочувствия, ни от сочувствия моего Мужа, а только от моего настоящего Мужа, который живет высоко в небе! Давайте прекратим все дальнейшие разговоры на этом месте, так как я чувствую, что начинаю терять к вам уважение.

Теперь, когда больше нечего сказать или услышать, Маюри начинает уходить с того места, когда он снова останавливает ее!

*Фауст* : «Это не потому, что я получаю какое-то извращенное удовольствие, делая вещи, противоположные тому, о чем вы меня просите, но на самом деле я хочу рассказать вам большой секрет, который может помочь вам закрыть все это событие».

Маюри затаила дыхание, услышав все о том, как ее подставила драма, режиссером которой является не кто иной, как ее собственный муж Чанакья!

*Маюри* : «Разве любовь не просто уловка хитрого Соблазнителя?! Вся моя вера в любовь поколеблена! Если ты пришел убить меня, почему ты этого не сделал?!

*Фауст* : «Я пришел убить тебя, если мне не удастся

разрешить спор. Но этого не произошло. По вечерам, когда берут верх темные страсти, мужчина всегда слабее перед женщиной, особенно когда она в течке! Кроме того, когда все внешние условия становятся благоприятными, лучший способ действий для оставшихся игроков — уважать решение сил природы, просто плывя по течению! Когда я позвонила вашему мужу, он не дал мне денег, потому что мне не удалось вас убить. Я растерян. Ваш муж Чанакья сказал мне, что вы тоже потеряли все свои деньги на акциях, поэтому, даже если бы вы были мертвы, он не получил бы и пенни, поэтому он тоже проиграл. Ваши потери слишком велики, чтобы даже пытаться их измерить. Короче говоря, в этой битве злобной кровавой бани проиграли все!»

Маюри спокойно слушает каждое слово Фауста. Как только она выслушает всю историю, она перестанет просить, спорить и рассуждать и вместо этого замолкает. Она могла слышать свои собственные слова, которые она узнавала каждый раз, когда падала: «**Жизнь — это синхрония слезы и смеха**». Слеза, для того единственного объекта, которого ты никогда не мог достать. Смех, который следует, при виде собственной глупости».

## СОБЛАЗНЕНИЕ СОБЛАЗНИТЕЛЯ СОБЛАЗНИТЕЛЕЙ – ЕЩЕ ОДНА БЕСЦЕННАЯ УПАНИШАДА

## НУЛЯ / СОСТОЯНИЯ

*Я становлюсь ничем, чтобы уподобиться*

*сущности всего – Любви...*

*, Пьяный павлин, танцующий под дождем*

*Могла бы / могла бы / должна была...*

### Злость

Эт Ту, Брут? Твой трусливый поступок не только разоблачил все лицемерие в брачных клятвах, но и лишил меня всей веры в любовь и человечество! Огонь во мне хочет, чтобы я сжег дворец твоей мечты так же, как ты только что сжег всю мою честь и престиж, которыми я наслаждалась, став твоей женой, и все же ты можешь расслабиться! Я никогда не совершу ничего подобного, не только потому, что в моих жилах течет мудрость крови Риши, но и потому, что надежда во мне достаточно сильна, чтобы не позволить моему прошлому разрушить новую жизнь, которая ждет меня...

*ненависть к себе*

Искушение зло! Эти кровоточащие пятна на моем теле подобны памятным подаркам, подаренным милостью Господа Вишну, Хранителя, как постоянное напоминание о том, что я слишком далеко ушел от своих этических ценностей! Мои роковые и греховные поступки могут привести меня только к моей гибели! Мне хочется кричать с крыш, чтобы предупредить всех моих сестер: «О, сестра! Довольствуйся тем, что имеешь, даже если он стар и измучен, и никогда не завидуй этому молодому итальянскому жеребцу, пасущемуся на зеленых пастбищах соседского дома! Как с детства всякий раз, когда я слышал истории о женщинах, пойманных в прелюбодеянии, я автоматически низводил их до нижестоящих личностей, чем мы, выходцы из культурных семей, только чтобы обнаружить, что я стал не просто одной из них, а талисманом этого клана! Если бы такая пародия произошла в каком-нибудь борделе, то не так-то просто было бы растеряться, но в том, что это случилось с внучкой священника, все же есть элемент неожиданности. Произошло событие, которое не должно было произойти!

## СОБЛАЗНЕНИЕ СОБЛАЗНИТЕЛЯ СОБЛАЗНИТЕЛЕЙ – ЕЩЕ ОДНА БЕСЦЕННАЯ УПАНИШАДА

### *Жалость к себе* / САМЫЙ БОЛЬШОЙ НЕУДАЧНИК

*Как мы можем назвать какое-либо сравнение справедливым, когда все уникально?*

Когда сам Мастер восстает против своего любящего питомца, тогда это становится всего лишь игрой с числами, прежде чем он сам угостит своего ничего не подозревающего питомца молоком с добавлением яда со своей любящей улыбкой!
Одним ударом несчастья я потеряла все, что вкладывала в детородные годы, свою молодость, свою физическую красоту! Утешает только то, что человечество не умерло, ведь вор оставил меня в чистом доме! Если когда-либо проводится соревнование по поиску самого большого проигравшего, то вам не нужно идти дальше. Вот ваш победитель, который победит легко. Наденьте мне на шею все свои победные венки... нет, не так... вы прячете гирлянду кровоточащих ран, которую мне подарили люди **, которым я больше всего доверял** !
Не мог получить ни ребенка, ни настоящую любовь, но то, что получил в изобилии, это грузы ушибленного эго и самозарядки ... то, что я считал чистым золотом, оказалось подделкой, подделкой, как моя улыбка, подделкой, как мои выступления! То, что снаружи выглядело как сияющий Кадиллак, оказалось драндулетом! И теперь я застрял с дополнительным счетом за буксировку драндулета с моей стоянки! Никогда больше я не буду класть все яйца в одну корзину, так как теперь, когда страховочная сетка исчезла, я не знаю, что со мной будет!

### *Чувство вины*

Как я могу винить в чем-либо своего мужа, когда вся вина

лежит на мне...? Это я уронил мяч. Это моя неспособность или инвалидность помешали мне выполнить свою долю долга жены и подарить ему счастье, которое приходит, когда я становлюсь отцом!

Почему я не мог смотреть на свою клятву безбрачия как на пустые слова, как и все остальные? Мое обещание никогда не жениться имеет большое влияние на все мои дальнейшие решения. Почему я должен носить гроб своей клятвы в эпоху, когда люди могут забыть обо всем, чтобы двигаться дальше, и это тоже, во имя защиты своих этических принципов, своих семейных традиций, прекрасно зная, что на принимающей стороне моя шея на плаху?

## СОБЛАЗНЕНИЕ СОБЛАЗНИТЕЛЯ СОБЛАЗНИТЕЛЕЙ – ЕЩЕ ОДНА БЕСЦЕННАЯ УПАНИШАДА

### Покорная просьба

Слушать! О уважаемые философы и авторитеты в области этики, я буду умолять все собрание провести более глубокое расследование, чтобы гарантировать, что никто не должен пройти через то, что я есть!

Мой запрос на изменение: каждая женщина получает мужчину по своему выбору! Кто будет подчиняться всем ее командам и исполнять все ее желания именно так, как она хочет! И если они откажутся исполнить мое желание, я откажусь от всех религий и создам свою собственную религию!

Я разделяю свой тайный позор, препарировать, как морскую свинку, чтобы никто не страдал так, как я...

### Извинения перед мужем

Адский огонь может показаться ледяной водой по сравнению с жаром стыда; Я сейчас переживаю! Как я могу винить его, если у него только что хватило смелости сделать то, что я хотел сделать! Я подобен птице, которая зависит от своего хозяина в его нежной любви и заботе; если он не покормит свою птицу вовремя, а затем, если птица поддастся искушению взять наживку от другого хозяина и улетит в дом нового хозяина, это может быть воспринято как выражение непостоянства в глазах быстро судящего мира, но для моих новых открытых глаз это выражение желания миража...

Если когда-нибудь мое поведение вас чем-то задело, простите меня, как кто-то справедливо сказал: «Человеку свойственно ошибаться», а я все еще на том низком животном уровне...

### *Телеология против этики*

*Человеку свойственно ошибаться, Богу*

*прощать*

*Источник неизвестен*

Большинство философов телеологии кричат нам, напоминая нам, что «человек должен быть предан цели, а не игрокам и объектам», но теперь, с моим новым опытом, я меняю утверждение, чтобы сказать, что действительно, верность должна быть направлена на цель, но только если Цель благоволит Всеобщему добру!

### *Извинения перед моими родителями*

Самым дающим родственником в мире должна быть мать, поскольку без ее рождения мое существование было бы невозможно. Мать первой встречает своих детей в этом мире. Окажутся ли они святыми или окажутся грешниками, она не различает, потому что ее любящие и заботливые глаза видят только в человеке того самого маленького ребенка, который высосал изобилие из ее груди!

Какой трус, я женился, не посоветовавшись с родителями! Но теперь, когда меня выгнал тот самый человек, ради которого я бунтовала против родителей, моя ситуация отвратительно печатна! Я знаю, что у моих родителей большое сердце, и они тоже примут меня обратно, но как я буду смотреть в лицо обществу! Внешне они могут не сказать мне жестоких слов, но внутренне все будут получать удовольствие от моего положения, я стану

## СОБЛАЗНЕНИЕ СОБЛАЗНИТЕЛЯ СОБЛАЗНИТЕЛЕЙ – ЕЩЕ ОДНА БЕСЦЕННАЯ УПАНИШАДА

горячей темой всех светских кругов. Вот почему я знаю, что понимаю, что даже когда весь мир восстанет против меня, моя единственная надежда на безоговорочное принятие — это мои родители, потому что, как я уже говорил, самые дающие отношения в мире должны быть у Родителей...

# THE ULTIMATE JOY - A KISS WITH DEATH 21.10.2014/ BIG BANG/GAME OVER

*Сатья мев Джаяте!*

*(Правда всегда побеждает)*

*- Мундак Упанишада*

## БОЖЕСТВЕННАЯ ПОДСКАЗКА – БОГИНЯ СИТА

Поскольку я не богиня, а просто еще один банальный смертный, Мать-Земля не окажет мне тех же милостей, что и богине Сите, разделив ее, а затем проглотив, как упоминается в «Эпосе Рамаяна», все, что имеет для меня значение в нем. , мой ключ из этого лабиринта! Когда в ее случае, после того, как Муж Богини Ситы оставил ее, она не вернулась, даже когда у нее был шанс вернуться! Теперь, когда это прояснило все мои сомнения, я не могу отступить, не потеряв остатки самоуважения! Эти огромные двери, которые, если смотреть глазами Невесты Маюри, были дверьми во дворец мечты, но теперь, когда я вижу их глазами моей новой осознанной Жены Маюри, они становятся дверьми в кошмарный дворец...

Чтобы укрепить свою решимость в своем

## СОБЛАЗНЕНИЕ СОБЛАЗНИТЕЛЯ СОБЛАЗНИТЕЛЕЙ – ЕЩЕ ОДНА БЕСЦЕННАЯ УПАНИШАДА

непостоянном уме, я клянусь сегодня перед Небесами в качестве моего свидетеля: «Я, дочь Отца Аакааша и Матери Адити, никогда больше не вернусь в этот «кошмарный дворец!»

В глубокой печали я сажусь в машину. Я вижу, как это событие должно быть последним окончательным пределом! Дверь, через которую должен будет пройти каждый, кто пришел, - единственная дверь, оставшаяся открытой! Тогда разве смерть не прекрасный выход из жизни, которая будет становиться все более болезненной? Мой разум кишит деструктивными мыслями, и чем разрушительнее они становятся, тем сильнее моя нога давит на акселератор, как будто я своей пугающей скоростью добиваюсь, чтобы ей некуда было деваться, кроме как нырнуть в глубины бездны! Когда свет моей бабушки покинул ее тело, я увидел, как ее тело одновременно извергало экскременты из своего тела. Теперь я испытываю такое действие каждый раз, когда использую свое тело, чтобы доставить мне максимальное удовольствие! Тогда не будет ли справедливо сказать, что объятия со смертью должны быть еще одной формой высшей радости? ...

## БОЛЬШОЙ ВЗРЫВ

*ОМ трямбака ṃ йаджамахе сугандхи ṃ пу шт и-вардханам*

*урварукам ива бандхананм ри тйор мук ш ия ма 'м ри тат*

ॐ त्र्यंम्बकं यजामहे सुगन्धिं पुष्टिवर्धनम् ।
उर्वारुकमिव बन्धनान् मृत्योर्मुक्षीय माऽमृता ○○ त् ।।

*- Махамритьюнджай Мантра Ригведа*

*(ОМ, о трехглазый, мы приносим жертву ароматному, добродетельному, высшему существу, дающему пищу, богатство, совершенство, точно так же, как урварукам (разновидность огурца), когда он созрел, легко отделяется от его держания , так же и я без труда освобождаюсь от смерти ко спасению)*

Машина Маюри больше не находится под ее контролем. Транспортное средство врезалось в сильное баньяновое дерево с сильным трансцендентным звуком, приведя в движение все сверхъестественные силы! Это похоже на третий глаз Господа Шивы — лицо СуперКундалини для наблюдения за разрушением, которое только что открылось, выражая Свой гнев, увидев любимую последовательницу СуперКундалини Индера, Маюри, беспомощно лежащую в этом умирающем состоянии.

## СОБЛАЗНЕНИЕ СОБЛАЗНИТЕЛЯ СОБЛАЗНИТЕЛЕЙ – ЕЩЕ ОДНА БЕСЦЕННАЯ УПАНИШАДА

Бедное дерево страдает молча, в отличие от Людей, которые гнались бы за ней до самого адского огня, пока не получат компенсацию за стресс и травмы , причиненные им аварией!

Небо взревело от грома и молнии, и все птицы в небе начали беспорядочно летать, как будто то, что они только что видели, было чем-то, что никогда не должно было произойти, и все же произошло. …

# ЧЕТВЕРТАЯ ФАЗА ЖИЗНИ: КОГДА ДУША ЦАРЬ

*Для верующего жизнь - рай, потому что нет ничего случайного,*

*в то время как для атеиста жизнь - ад, потому что он - причина всего, что пошло не так!*

Соблазнение соблазнителя соблазнителей
– еще одна бесценная упанишада

# ВМЕШАТЕЛЬСТВО СВЕРХКУНДАЛИНИ ДЛЯ ПРИВЕДЕНИЯ ПОРЯДКА ИЗ ХАОСА

Лорд Индер, полубог природных сил, сидит в собрании в окружении всех своих советников, состоящих из лучших умов, чтобы придумать лучший дипломатический способ сообщить Маюри, что она умерла по ошибке раньше время, а это значит, что она должна вернуться, но, поскольку это их вина, они чувствуют, что должны лично коснуться ее, подарив ей удовольствие, которое приходит только от созерцания лотосных стоп Господа!

Глядя на красоту лица лорда Индера, слезы радости покрывали лицо Маюри.

*Лорд Индер* : «Одна из моих любимых людей, Маюри, мы все здесь, чтобы сказать вам, что особая работа, ради которой вы должны были родиться, еще не завершена! Из-за непредвиденной ошибки вам придется вернуться!»

*Человек Маюри* : «Ложь, мой Лорд! Мои враги, должно быть, настроили ваши уши против меня, дав вам неполную информацию, потому что какую бы работу я ни должен был сделать, мой коллега, который работает с удвоенной скоростью, уже работает над ней! На Земле мне больше нечего видеть или делать!»

Лорд Индер улыбается ей своей загадочной улыбкой!

*Лорд Индер* : «Я не имею в виду эти игрушки, которые отлично справляются с задачей отвлечения людей от их истинной обязанности научиться делать что-то правильно, иначе их неграмотность станет причиной «пралайи» (санскрит/катастрофа на английский), который уничтожит это прекрасное творение! Вы можете подумать, что видели все, но на самом деле то, что вы видели, меньше, чем капля в море! Причина выбора вас не только в том, что одно из ваших многочисленных имен - Бабушка Малышка Маюри, или из-за ваших разговорных навыков, но и в том, что у вас есть правильный баланс опыта, необходимого для Востока и Запада, правильное количество воздействия огня. , необходимый для превращения угля в алмаз, необходимый для выполнения этой специальной задачи».

*Человек Маюри* : «Как и любая другая твоя непостижимая загадка, я не могу понять и эту твою загадку!»

*Лорд Индер* : «Когда придет нужное время, вы поймете смысл моих слов, и даже если бы я раскрыл их вам, это мало поможет, поскольку это ограничение человеческой формы, которое мешает смертным когда-либо понять эти особые совершенно секретные концепции высокого уровня. Итак, без лишних разговоров возвращайтесь на Землю и возобновляйте свою жизнь после этой короткой, но важной паузы и с моим благословением: омолодились!»

*Маюри* : О Деврадж, царь всех полубогов, если я действительно твой любимец, исполнишь ли ты мое желание?

*Лорд Индер* : Я ни на йоту не верю в вашу хитрость, люди, так что сначала скажите мне, в чем дело?

*Маюри* : «Пожалуйста, обещай мне периодически приходить ко мне не потому, что каждая пора моего тела радуется твоему присутствию, а потому, что когда мне нужно направление, я могу спросить тебя напрямую».

*Лорд Индер* : «Я не приду не из-за распространенного среди людей предположения, что у меня должен быть камень там, где лежит сердце, а потому, что абсурдно просить кого-то, кто уже там, прийти. (Улыбается своей убийственной улыбкой из всех улыбок). Все ответы в тебе, нужно только слушать! Единственный совет, который у меня есть для вас, — наберитесь терпения и больше доверяйте путям Вечного!

«Bin maange moti mile, mange mile na bhheekh (древняя поговорка на хинди, означающая «часто мы просим и все равно ничего не получаем, в то время как в других случаях, когда мы даже ничего не ожидаем, мы получаем жемчуг»). Уже много времени ушло на разговоры, так что теперь возвращайся на Землю, где тебя ждет новая жизнь!». Слушая слова Господа, Маюри вдруг понимает, что она находится в присутствии того, кого она когда-либо любила, и тогда слезы радости покрывают ее лицо, и, прежде чем она даже признается в любви к своей истинной любви, Господь уже исчез вместе со всей ее памятью о ней. это событие! …

## ИНЪЕКЦИЯ АНГЕЛА СПАСЕНИЯ

Объятиями поцелуя губ она пробуждается

…

«Я нашел своего соблазнителя, я нашел своего обманщика!

я нашел своего соблазнителя; Я нашел своего обманщика!

я нашел своего соблазнителя; Я нашел

## СОБЛАЗНЕНИЕ СОБЛАЗНИТЕЛЯ СОБЛАЗНИТЕЛЕЙ – ЕЩЕ ОДНА БЕСЦЕННАЯ УПАНИШАДА

*своего обманщика...»*

Действительно, глубокие выражения, поучающие Мир, две самые ужасные противоположности, дающие миру образ вечности! Отец Аакааш и Мать Адити, которые бросили все, чтобы приехать в Америку из-за того, что были рядом с ней, стоят там, загипнотизированные тем, что они одни из немногих Родителей, которые видят рождение своей дочери во второй раз в течение одной жизни! Все ее жизненные признаки, подтверждающие жизнь в теле, мигают ярко-зеленым цветом на вывеске, крича миру о ее победе над смертью! Ее глаза сияют, как солнце, тело сияет, как будто она невеста, а феи в своей колеснице, запряженной разноцветными павлинами, и поводья, сделанные из плюща, спустились прямо с небес на землю, чтобы одеть для нее фаворитку своего лорда Индера. жених! Слезы немы, они не знают разницы между удовольствием и болью, таким образом выражая обе крайности эмоций одинаково в форме слезы, оставляя любой здравомыслящий ум, задающийся вопросом о собственном состоянии души, были ли они вне счастья или печали !?

Все врачи, медсестры и другой персонал, преодолевая все границы человеческих форм, объединяются, чтобы присоединиться к семье и другим доброжелателям, радуясь знаку подтверждения от Милосердного о том, что милость Бесконечности бесконечна, пением и танцами. гимнам, которые сейчас звучат на полную громкость над эфирными волнами в зале! Все начинают рассказывать разные истории об автомобильных авариях и о том, как Маюри — одна из тех немногих счастливиц, которые только что вышли из огня живыми! Ее отец Аакаш не может не задаться вопросом, является ли ее возвращение к жизни формой подтверждения утверждения из Писания о том, что, когда у кого-то еще есть какой-то важный незавершенный телос, человек может вернуть себя к жизни!...

СОБЛАЗНЕНИЕ СОБЛАЗНИТЕЛЯ СОБЛАЗНИТЕЛЕЙ
– ЕЩЕ ОДНА БЕСЦЕННАЯ УПАНИШАДА

# ИПОХОНДРИЧЕСКОЕ ЛЮБОПЫТСТВО, КОТОРОЕ УБИЛО КОТА!

Даже когда люди радуются, их пытливые умы уже мчатся, чтобы узнать больше об этом секретном нетрадиционном методе, который использовал этот молодой доктор, который больше похож на воплощение какого-то доктора Франкенштейна, возвращающего мертвых к жизни! Семья слишком переполнена восторгом от победы их дочери над смертью, чтобы негативно думать о средствах, которые использовал Доктор, который так переполнен тревогой из-за того, что его поймали за лекарством, которое может разрушить всю его карьеру:

«Когда я вошел в комнату, Маюри лежала в коме одна в комнате. Когда мой взгляд упал на ее лицо, в моих ушах зазвенели слова поэта: «Объятиями поцелуя губ она пробуждается…». В моем сознании начался конфликт!Если я добьюсь успеха, я получу высшие награды, но если я проиграю, я потеряю все свои инвестиции в получение медицинской степени, и меня ждет мрачное будущее, но, черт возьми, вся бюрократия, которая убила Доктор, я рисковал всем, чтобы вдохнуть в нее жизнь с помощью самого сильнодействующего флюида на Земле, которым нас, мужчин, благословила сама Суперкундалини! волшебники вытаскивают кроликов из шляпы, я тоже вытащил это чудо из шляпы! Да здравствует сила любопытства! К сожалению для меня, не успел я даже отпраздновать свою победу, как все знаки жизни на доске начали бешено мигать, пугая всех, включая меня, и меня поймали с поличным!»

*Отец Аакааш (нарушая тишину)*: «Мы безмерно рады тому, что ваш нетрадиционный метод вдохнул жизнь в Коматичного пациента; однако я боюсь, что из-за того, что ее естественная защита была в очень ослабленном состоянии, ее подсознание также было более обнаженным для предложения. Для вас это больше о победе вашего эксперимента, но мы не можем объявить его полной победой, пока не получим более полную картину этого эксперимента и над психикой пациентки. Так как, вы способствуете ее второму рождению, есть вероятность, что она начнет испытывать чувства, очень похожие на то, что жена испытывает к своему мужу! Я боюсь, что власти могут начать действовать против вас, что может быть даже слишком строгим, чтобы послужить сдерживающим фактором для остальных! Так что это будет в интересах всех вовлеченных сторон, чтобы мы внимательно проверили пациентку не только на предмет ее физического выздоровления, но и ее психики!»

Доктор Безымянный, придя в себя, говорит: «Прежде всего, примите мои извинения, мадам, за то, что я даже не знаю вашего имени и до сих пор экспериментирую с вами без вашего разрешения, даже больше за то, что не смог умело это скрыть. Я принял все превентивные меры, чтобы защитить гордость и достоинство моей смуглой девушки. и все же наш грязный маленький секрет только что взорвался таким неприятным образом, что теперь я понимаю, что в уравнении есть некоторые необъяснимые переменные, которые могут поднять свою уродливую голову в любое время! со мной, произошло не кем иным, как мной! Я сам сомневаюсь в своем здравомыслии из-за того, что действовал с такой небрежной чинностью!

Теперь, с еще большим любопытством на лице, он не может не задать Маюри личный вопрос. «О, простите меня, если я кажусь слишком любопытным, поскольку мне все еще любопытно узнать, откуда у вас этот черный шрам посреди лба». Воспоминание Маюри о проклятии превращает цвет ее лица в бледно-желтый. Заметив дискомфорт на ее лице и атмосферу внезапной тишины в комнате, он отмахивается от собственного вопроса, развеивая его с помощью юмора: «Один поэт так справедливо сказал однажды своей возлюбленной, у которой на лбу был шрам, что я говорю: тебе, «даже у Луны есть темное пятно на лице, а между тем она хороша, то же самое и у тебя», я и тебе говорю то же самое...»

Больная смотрит на врача с широкой ухмылкой, как ребенок, который оглядывается по сторонам, еще не зная названия отношений, только ощущение, что она в надежном месте! Потом, глядя на молодого доктора, удивляется, почему он выглядит таким фамильярным, как будто они знают друг друга с незапамятных времен, даже если это их первая встреча...

*Маюри* : «Кто ты? Глядя на твой возраст, ты мог бы быть сыном, которого у меня никогда не было, а сын, если бы я когда-либо был, был бы твоего возраста... Тогда, в таком случае, могу ли я усыновить тебя, учитывая, что я более- или меньше возраста вашей матери?

*Доктор* : Меня зовут Сарти, я получил образование в Наланде, Индия. Мой любимый человек тоже называет меня разными любящими именами, но мы поговорим о том, как я их получил, в другом разговоре.

*Маюри* : Как я могу приписывать свои несчастья

выпускникам Наланды, когда один убил меня, а другой вернул к жизни! Ваше имя красивое! Твоя фамилия Сарти на санскрите означает Возничий! Я чувствую, ты укажешь мне путь в рай! Однако ваше имя меня смущает, так как первое имя «Сорен» — датское, а последнее — хинди, но вы из Индии, пожалуйста, разгадайте загадку, стоящую за ним.

*Сарти (смеется, показывая все зубы)* : Спасибо за комплимент. Что касается секрета моего имени, то он прост. Просветительские сочинения философа Серена Кьеркегора оказали значительное влияние на жизнь моей матери, поэтому в знак своей привязанности к нему она дала мне это имя в качестве моего имени.

*Маюри* : Как только я подумала, что меня уже ничем не удивить, ты пришел и разбудил меня, но не легкой дрожью, а душераздирающей дрожью! Как прекрасно ваше тело и душа, что еще прекраснее! Как можно не поклоняться твоей загадке? Как кто-то может не хотеть тебя? У каждой темной тучи есть положительный аспект, и встреча с тобой, должно быть, является серебряной подкладкой ко всему трагическому эпизоду, который поставил меня на эту больничную койку в первую очередь! Точно так же, как человек из истории Хальсы, который бежал по улицам с криками «Guru ladore, Guru ladore» («Нашел своего гуру на панджаби»), найдя настоящего Гуру среди десятков подделок, я тоже хочу бежать по улицам, крича « Я нашел свою загадку, человека, который достоин потратить всю свою жизнь на разгадку своей загадки!»

*Мать Адити:* Помедленнее! Вы также делаете ту же ошибку, что и многие! Тот, кто спасает девицу, попавшую в беду, спасенный начинает видеть в Нем Бога, а спаситель всего лишь очередной смертный человек, зараженный теми же болезнями, что и любой из нас в этом Материалистическом Мире! Он просто оказался подходящим кандидатом в этой ситуации, чтобы быть в состоянии **исполнить волю Творца всего Творца.**

Как всегда говорят мудрые люди, любое решение, принятое в состоянии головокружения или депрессии, скорее всего, окажется неверным! Когда человек счастлив, он в конечном итоге дает слишком много, а когда грустит — слишком мало, в то время как решения, принимаемые уравновешенным умом, часто оказываются более приблизительными.

Далее, по поводу блестящего комментария Маюри, который потряс всех в этой комнате. Когда вы сказали, что вы «для него как мать»; ответ кроется прямо в вашем вопросе! Подобное не равно, а эквивалентно. Это проверенный инструмент в доспехах манипулятивного ума, который ловко меняет термины, взаимозаменяемо, в соответствии со своими собственными планами! ...

## ПРЫЖОК ВЕРЫ

Один из самых ужасных моментов в жизни любого человека, должно быть, когда неожиданное известие о том, с кем у вас не только одна кровь, но и воспоминания о золотых годах совместного детства, сейчас борется между жизнью и смертью, что сейчас является опытом Чандрашекхара! Его состояние таково, что он не знает, сможет ли он сделать следующий вдох теперь, когда он достиг точки гипервентиляции! Тревога от всей неопределенности, окружающей инцидент, нервирует, но он не дает эмоциям взять над собой верх, так как многое ложится на его плечи, например, выполнение всех формальностей, необходимых для встречи с сестрой из Смерти...

Раз он не врач, то ему и нет смысла находиться рядом с больным, а там, где он нужнее всего - в расчетном отделе, так вот куда он ходит без остановки! При встрече с агентом по выставлению счетов он заверяет их, что они без колебаний будут использовать нужное оборудование, даже если это будет дорого, поскольку потеря жизни его сестры - это потеря, которую он не желает нести!

Еще одна инъекция ангела теперь появляется в виде медсестры для помощи пациенту Маюри. Это красивая индийская девушка по имени Чхандани из Нью-Дели, которая приезжает в страну, чтобы пройти краткий курс подготовки медсестер. У нее красивая пышная фигура с длинными густыми, черными и вьющимися волосами из того же места, что и Чандрашекхар - Сердце Индии! Самое главное, когда она вошла, она была одета в синие джинсы, именно такие, которые творят чудеса для него! Кто сказал, что нам нужно делать сложные цветочные композиции, чтобы любовь случилась, когда любовь случается в тот момент времени, когда он смотрит ей в глаза, а она опускает свои, связывая двоих под чарами Кам Дева (Бога Желания). )!

Когда он быстро проходит мимо, у нее возникает сомнение, не унизил ли он только что краткий поцелуй между их глазами, как какой-то простой взгляд! Чувство потери его побуждает ее разум к действию, чтобы придумать какой-нибудь трюк, чтобы превратить ее желание в реальность.

*Чхандани* : «Самая хорошая история любви начинается с воодушевления. Что-то должно произойти, и в моем разуме уже складывается мини-драма!»

Быстрая, как молния, она делает прогиб назад и кувыркается с прыжком веры и приземляется прямо в распростертые объятия Чандрашекхара. Видя прекрасную координацию между его инстинктами, сильным балансом рук и прекрасной наградой, он улыбается!

В восторге от своей победы и пребывания во владениях своего будущего мужа Чандрашекхара, мужа, который никогда не позволит ей упасть, она переходит к следующему шагу драмы, притворяясь, что теряет сознание в его объятиях. Он сразу кладет ее на пустые носилки, лежащие на боку. Незаметно он прижимается губами к ее губам, чтобы передать ей воздух, чтобы она могла вернуться к жизни! Поскольку все хорошее должно закончиться, его восторженный, но короткий сеанс сердечно-легочной реанимации тоже заканчивается, когда они слышат дикие звуки аварийных сирен, доносящиеся из комнаты пациента Маюри!

Чандани тут же вскакивает на ноги, теперь он мог видеть сквозь ее выходку и, подмигивая ей и поправляя рубашку, говорит: «Подробнее позже»! Пока она еще кружится от вина его страсти, она шепчет ему на ухо нежные слова: «Мой Волшебник сначала убивает взглядом, а потом вдыхает жизнь губами!» …

Она думает, что он похвалит ее за смелость, но, поскольку для него это безумный поступок, он ругает ее: «А если бы я опоздал хотя бы на долю секунды, то у тебя могло бы быть сотрясение мозга. Тогда вместо того, чтобы ухаживать за этими пациентами, вы сами стали бы пациентом!»

Чхандани (смеется): Шаг вперед с верой и неудача — это не предательство веры, а именно ее отсутствие. Это просто невнимательность!

Схватив куртку, он говорит, недоверчиво качая головой: «Как странно, что мы из одного и того же родного города, и все же мы встречаемся не в месте, где вероятность высока, а за океаном, где вероятность встречи наименьшая!

*Чандрашекхар*: Я пообещал себе держаться подальше от девушек, завязал глаза и бросил вызов любви, сказав: «Позвольте мне увидеть, как вы теперь войдете в мое Сердце, потому что говорят, что любовь входит через глаза, но теперь я нахожу новый путь любви, который проходит через губы, а оттуда прямо к сердцу!»

Оставив все любовные разговоры, которые никогда не хотят заканчиваться, он начинает уходить, когда Чхандани сразу же поправляет волосы и одежду, чтобы тоже пойти за ним, говоря: «Никуда не уходи без меня, я тоже пойду, куда бы ты ни пошел!» ...

# КАЛБХАЙРО НАМО - СИМВОЛИЧЕСКИЕ ПОХОРОНЫ

*Калбхайраво Намо,*

*Калбхайраван Намо,*

*Калбхайраван Намо...*

*(Кал - Темное время*

*Бхаи - Страх*

*Раван - Разрушитель*

*Намо - Мы приветствуем вас) - Ведическая литература*

СОБЛАЗНЕНИЕ СОБЛАЗНИТЕЛЯ СОБЛАЗНИТЕЛЕЙ
– ЕЩЕ ОДНА БЕСЦЕННАЯ УПАНИШАДА

# ПОТОМ Я ПОЛУЧИЛ СВОЮ УЛЫБКУ / ВОСХОЖДЕНИЕ ФЕНИКСА

*Да, я тоже могу ошибаться,*

*Теперь, когда одна из сильнейших энергий человека – Похоть – больше не тратится впустую на погоню за миражом, я чувствую свет, как и должен заключенный, который, прожив все это время во тьме, проводя каждый день в темной, грязной, и холодная камера, усиленно охраняемая семью воротами, запертая на тяжелые замки, наконец-то получает первый пик солнечного света, должно быть, это именно то, что я чувствую сейчас...*

*- Чанди, умная королева воинов*

# S-КУБ

# ПОТОМ Я ИЗУЧИЛ ПРЕДМЕТ ТАНТРА-ШАСТРА/КВАНТОВАЯ НАУКА

*СуперКундалини не жив, Люди не мертвы*

*я не не друг; Люди не враги*

*Маюри брату Чандрашекхару* : Вселенная — это я! Сходство между тем, как устроена наша Солнечная система, и тем, как устроена мельчайшая единица материи во Вселенной - Атом, одинаково! Солнце находится в центре Вселенной, так же как ядро в атоме и не только это, Планеты вращаются вокруг Солнца во Вселенной, а в Атоме Электроны тоже вращаются вокруг Ядра так же по эллиптической орбиты. Итак, не означает ли это, что мы и есть Вселенная в двух словах, что я всего лишь очередная банальная попытка Соблазнителя Соблазнителя пережить реальность так же, как в этом Автаре, как и Просто Маюри. ...

*Брат Чандрашекхар* :
Итак, говоря простыми словами, вот как я понимаю точку зрения квантовой науки. Комары почти невидимые

существа-легковесы, там движения как танец под какой-то занудный электрический импульс вокруг своей Жертвы, где в один момент они слева и почти как в тот же момент справа и эти прыжки слева направо напоминают мне о «квантовых скачках», которые электроны совершают со своей орбиты на другую, и, как и в случае с принципом неопределенности Шредингера, где наблюдатель влияет на результат того, где будет находиться электрон, мы, наблюдатели, не можем понять, в каком направлении находится комар. Подобно этим прыжкам, наше внимание тоже перескакивает с «сейчас-сюда-сейчас-там»! Вот как может выглядеть сканирование рассеянного мозга. Чтобы исправить эту ситуацию, древние техники медитации отлично подходят для возвращения пациентам Фокусирования к уровням точности лазерной точки. После регулярной практики вы сможете овладеть этим искусством и начнете намного лучше сосредотачиваться на текущей задаче. Поскольку текущей задачей человека во время медитации является только дыхание, он начинает получать удовольствие именно от этого! Поскольку избыточный стресс — верный путь к катастрофе для человека, пребывающего в настоящем, все тревоги о Будущем или призраки из прошлого не могут нас больше одолевать! ...

S-КУБ

СОБЛАЗНЕНИЕ СОБЛАЗНИТЕЛЯ СОБЛАЗНИТЕЛЕЙ
– ЕЩЕ ОДНА БЕСЦЕННАЯ УПАНИШАДА

## ЛУЧ НАДЕЖДЫ

*Вера подобна рискованным инвестициям.*

*без страха и беспокойства, которые исходят от компонента неопределенности...*

- *Маст Маюри, пьяный танцующий павлин под дождем*

*Маюри брату Чандрашекхару* : Кто лучше тебя, кто не только мой брат, но и один из самых успешных управляющих портфелем хедж-фондов из Нью-Йорка, чтобы ответить на этот забавный вопрос, который только что возник в моем озорном уме?

*Чандрашекхар* : Если я никогда не отказываю никому, кто обращается ко мне за советом в области моей компетенции, есть ли у меня небольшая причина не позволять моей старшей сестре не воспользоваться этим предложением? Это глупо, просто спроси!»

*Маюри* : «Хорошо, тогда вот мой вопрос? Что, если бы я был акцией с символом, торгуемой на Nasdaq, Нью-Йорк «Citay», и учитывая, что вы хорошо знаете меня, поскольку я был моим братом, каково было бы ваше рейтинговое действие из эти три - покупать, продавать или держать?"

Сначала Чандрашекхар держит голову поднятой, касаясь указательным пальцем лба, в позе Сократа, что вызывает смех в комнате.

*Чандрашекхар* : «Поскольку это особенно хороший вопрос, я не спешил отвечать на него, так как это испортило бы красоту невероятно красивого вопроса. Не думайте, что причина моих утверждений заключается в том, что вы принадлежите мне, и поэтому я пытаюсь говорить что-то только для того, чтобы подбодрить вас, поскольку то, что я собираюсь вам сказать, подкреплено научными показателями.

Так как для вас появляются из жизненной канавы, алгоритмы метрики риска всегда ищут эти впадины, так как с этой точки рост вниз невелик, так как мало места для роста, а вверх отсюда неограничен, так как есть много места для роста! Таким образом, только дурак осмелится

## СОБЛАЗНЕНИЕ СОБЛАЗНИТЕЛЯ СОБЛАЗНИТЕЛЕЙ – ЕЩЕ ОДНА БЕСЦЕННАЯ УПАНИШАДА

открыть короткую позицию сейчас, когда весь ущерб уже нанесен; поскольку вы любите говорить в терминах Бесконечности, ставка против вас может разорить любого, кто посмеет открыть короткую позицию сейчас, поскольку это будет означать для него не что иное, как фактическое самоубийство! Поэтому мое сообщение г-ну Сорти: «Вы копаете себе могилу, потому что, если бы вы осмелились сократить средства, вы никогда не смогли бы понять разрушения в Торнадо; Если вы осмелились сократить, значит, вы никогда не сможете понять силу гордых Гималаев, которые возвышаются после миллионов лет экологического стресса; если ты осмелился на короткую, то значит, никогда не мог понять безумия волн, неустанно пытающихся поцеловать луну; Если вы осмелились закоротить, то вы просто никогда не понимали Огонь в Вулкане;

Итак, ваш символ — «Надежда», и любой, кто инвестирует в вас, знает силу Надежды!

Ваш символ также «Мужество», что означает, что только тот, кто знает силу в нем, будет инвестировать в вас!

Ваш символ символизирует «Волю», только тот, кто знает силу в нем, будет вкладывать в вас!

Ваш символ означает доверие к «Чудесам», только тот, кто знает его силу, сделает ставку!»

Поскольку я верующий, я бы пошел на все, чтобы купить ваши акции на все инвестиционные деньги, которые у меня есть! Иди ва-банк! Даже если это означает нарушение всех корпоративных правил, гласящих: «диверсифицируй свой портфель и т. д.»! Я нарушу все эти правила, не оставлю камня на камне, чтобы сделать этот ход! Это самое благоразумное, что нужно сделать для собственного успеха и особенно для моих клиентов, чей успех для меня важнее, чем мой!» ...

# ЧУДО НАУКА

*Мать Притам* : «Чудо подобно Науке, которая является насмешкой над доказанной Наукой.

Что бы Наука ни говорила, это правда, Чудесная Наука приходит и говорит, что противоположное ей также верно...

Другой способ, которым мы можем определить Чудо, состоит в том, что когда царит хаос, это форма вмешательства Творца для спасения жизни Его Творения от погружения в хаос...»

*Доктор Сарти* : «Все разговоры о Чудесах — не что иное, как способ пустого развлечения скучающего праздного человека или, короче, вздор!»

Отец Аакааш любит учиться в ходе хороших дебатов. Он тоже вносит свой вклад, сообщая некоторые новые факты.

*Отец Аакааш* : «Как однажды сказал датский философ Сарти Кьеркегор – 1855:

*«Чудо — это не отмена естественного закона, а действие высшего закона».*

Это утверждение заставляет меня смотреть на чудеса с гораздо большим уважением!

Из моего опыта и исследований по этой теме из ведической литературы я тоже пришел к своему собственному выводу:

«Вечные Законы больше, чем даже наш Творец. Единственный способ, которым СуперКундалини вмешивается, это как это делает маг. Чудеса больше похожи на трюк Лорда с исчезновением. Подобно волшебнику, Бог тоже заставляет объекты появляться, когда их нет, или заставлять их исчезать, даже если они есть!» ...

## НАИЛУЧШИЙ АЛГОРИТМ

Дорогой дневник Маюри,

Когда я увидел, как в самый тяжелый жизненный кризис, когда все предали меня, единственный человек, который, несмотря на то, что не поддерживал дело, уважал мое существование, рискуя всем, чтобы

отправиться на край Земли, чтобы получить необходимое лекарство для моего выживания, был человек, с которым я не только разделял кровные узы, но и разделял много воспоминаний детства – мой брат, я пролил тихую слезу!
...

Я не пошла по пути усыновления, потому что жаждала не детского плача, а похвалы, которую всегда получает женщина, став матерью! Я не знаю, почему, даже увидев, что я слишком сильно борюсь, пытаясь уйти, вставив квадратный колышек в то место, где нужен круглый, я не уважал ограничения своего тела. Только после выхода из этой токсичной ситуации истинное счастье может состоять не в том, чтобы получить то, на что вы не способны, а в том, чтобы расширить свои возможности, соблюдая граничные условия ! Теперь я вижу, что бежать за Миражем было все равно, что иметь петлю на шее, чем больше я бегу к нему, тем больше вешаю себя! ...

Люди женятся и начинают называть себя Семьей. Неправильный! Правильное определение Семьи – это две наиболее подходящие отдельные личности, симбиотически дополняющие друг друга, связанные с детьми! Когда провозглашают традиционные определения, их связывает доверие между собой, это либо

## СОБЛАЗНЕНИЕ СОБЛАЗНИТЕЛЯ СОБЛАЗНИТЕЛЕЙ – ЕЩЕ ОДНА БЕСЦЕННАЯ УПАНИШАДА

самообман, либо лицемерие! Эта подстраховка, или, другими словами, Семья – это обретение, дарованное Богом. Таким образом, доверие между родителем и ребенком должно быть выше, чем у посторонних, доверие между братьями и сестрами еще выше, поскольку выбор полностью является даром Творца, и, наконец, наибольшее доверие должно быть к СуперКундалини, который запускает свои сложные алгоритмы, чтобы выбрать для нас лучшее. - подходящее чрево для нас, из которого можно родиться!

Теперь я вижу, как эти великие риши, писавшие мифологии, писали, давая людям идеальные ценности, которые, когда им следуют, работают как химические процессы для внутренней гармонии. Работа этих риши гениальна. Я приветствую это, однако, когда я вижу их собственный образ жизни, их проповедь одинакова для всех, но то, как они живут своей жизнью, совершенно противоположно! Итак, тот, кто полностью поверил в Риши, верно повиновался каждому слову, стал великим Царем Народа, но не осознавая, что только что убил в себе этого Риши своими богоподобными силами! Из этого наблюдения я делаю вывод, что разумный образ жизни состоит в том, чтобы по-прежнему использовать эти проводники, но больше как средство посвящения.

Продолжайте практиковаться, а затем идите дальше, чтобы я мог испытать жизнь во всей ее полноте ...

## ЛЕСТНИЦА ДЛЯ СКАЧКА - ИНВЕСТИЦИИ, А НЕ АЗАРТНЫЕ ИГРЫ

### БРОСЬТЕ КОСТИ ЕЩЕ РАЗ

*Чандрашекхар* : Когда даже оставаться в стороне/класть деньги под матрац небезопасно из-за чудовищной инфляции и других хитрых финансовых инструментов, таких как демонетизация, когда государственная политика может легко поглотить всю стоимость валюты, тогда это только имеет смысл всегда смотреть на каждую инвестицию как на еще одну авантюру!

Теперь вы можете заподозрить меня в здравом уме или начать видеть во мне своего врага, когда, несмотря на то, что вы знаете, что акции были одной из главных причин вашего банкротства, я рекомендую вам бросить кости еще раз! Причина, по которой я хочу, чтобы вы остались в игре, заключается в том, что то, что способно превратить вас из богатства в нищету, должно также иметь силу вернуть вас обратно к Бесконечным достижениям! Просто попробуйте взглянуть на это так:

акции — это как игра с огнем. Подобно тому, как огонь, не прирученный, может поглотить целый лес, и с другой стороны, находясь в руке Гуру, знающего Природу этого Зверя, тот же самый огонь может служить этому Человеку послушным рабом, сжигая так же, как хозяин. хочет, готовит вкусные блюда для всей семьи.

Таким образом, не очерняйте Силу, тем самым вы совершаете роковую ошибку, вроде выплескивания вместе с водой младенца! ...

## ЛЕСТНИЦА ДЛЯ ПРЫЖКА – САМООТВЕРЖЕННАЯ ЛЮБОВЬ

## ТИХИЙ УБИЙЦА

*Ключевое слово «Все еще».*

*Не как труп, а как Дерево,*

*ибо первый мертв, а второй жив...*

*Доктор Сарти (удивляясь вслух про себя)* : «Моя Мать должна была предупредить меня об этом самом опасном убийце из всего, что есть в женском арсенале — молчаливых губах и говорящих глазах, но, к сожалению, она этого не сделала. Теперь сижу раненый! Когда я сидел рядом с ней, я почувствовал нервозность и тревогу в ее голосе, поэтому я сказал ей, чтобы она не говорила ни слова в течение нескольких минут, не зная, что эти тихие минуты окажутся самыми опасными из всех, так как сейчас оружие нападения перешло от слов к глазам, и нет нужды говорить, что когда на поле боя врагом является женщина с глазами лани, мужчина оказался слабее их двоих! Я чувствовал себя совершенно голым, когда она не пощадила меня своим скорострельным снарядом и остановилась только после того, как я упал на землю без сознания! В эти безмолвные минуты, как опустился ее глаз, когда я сканировал ее глазами, как она озорно улыбнулась, когда почувствовала свою победу надо мной, потом, когда она кокетливо убежала, оставив меня наедине с моими мыслями, она убила меня! Теперь я стою, раненный теми же стрелами, что послал в нее».

*Маюри (удивляясь вслух про себя)* : «Поскольку директор постановщиков всех направлений благословил меня вторым шансом на жизнь, он, должно быть, ввел в мою жизнь этого нового актера, чтобы я мог отпустить прошлое, в -чтобы принять дары будущего! Я не знаю, почему каждый раз, когда я смотрю ему в глаза, я чувствую, как будто с предыдущих рождений он приходил как особое упоминание в самых важных главах моей жизни! ...

Дети ведите себя!

*Я так занят, заканчивая свой замок из*
*песка, что даже если бы сейчас пришла*
*смерть,*

# S-КУБ

*Скажу с самой обворожительной улыбкой:*
*«Одну минутку, еще одну...*

- Мачта Маюри

Казалось бы, любой новый научный прорыв , панацея, которая поможет всему человечеству , пусть даже и оскорбительная для Полиции Морали, будет вознаграждена, но, однако, в этом реальном фальшивом мире, чего не произошло! Вместо этого медицинская комиссия занята пролистыванием своих сводов правил в поисках способов остановить прославление имени Доктора после нарушения их Морального кодекса! Опасаясь гнева радикальной религиозной толпы, они вместо этого решают отстранить доктора, и то на неопределенный срок!

Услышав эту новость, люди не могут не задаться вопросом, не является ли то, что они видят в очередной раз, просто очередной банальной историей любви, которая встретит свой трагический конец, даже не начавшись! ...

СОБЛАЗНЕНИЕ СОБЛАЗНИТЕЛЯ СОБЛАЗНИТЕЛЕЙ
– ЕЩЕ ОДНА БЕСЦЕННАЯ УПАНИШАДА

## В ОБЪЯТИИ ОБЛАКА

Новости, которые хорошо влияют на будущее, не вызывают столько эмоциональных откликов, сколько основанные на страхе, которые плохо влияют на будущее! Вот почему медсестра Чхандани освежает свои дипломатические навыки, прежде чем сообщить плохие новости о том, что Доктора занесли в черный список с его работы. Итак, одетая в свое лучшее покерное лицо, медсестра Чхандани дает знать пациентке Маюри нежными словами, которые помогут свести к минимуму удар, но в этом случае, поскольку даже минимальный удар подобен капле в океане, Маюри лежала плашмя на полу от обморока! Медсестра Чхандани тут же бросается к ней со стаканом воды, который может помочь ей вернуться в этот мир, но Маюри в гневе швыряет стакан в стену! Сама мысль о том, что она является причиной падения кого-то, кто является причиной ее возвращения из Смерти, делает ее неспособной проглотить что-либо в горло, даже воду!
*Маюри* : «Я счастлива, думая, что он как луна; его сияние для всех, поэтому никто не может отнять у меня это счастье только для того, чтобы обнаружить, что он не

луна, а больше похож на облако, которое испарилось в тот момент, когда я попытался его обнять. Тот же самый источник, который был тогда источником моего счастья, теперь вместо этого является источником моего несчастья! Это несправедливость, и что еще больнее, так это то, что я являюсь ее причиной!"

Пока эти мысли проносятся через нее в фоновых процессах, ее взгляд цепляется за медитацию редакционной статьи о йоге, лежащей на столе.

*Маюри*: «После того, как я выросла в культуре, которая была объявлена свободной, но все еще не свободной от Колониального похмелья, я всегда насмехалась над этими святыми, называя их Отсталыми, чтобы игнорировать их, но теперь я не знаю, почему я читаю сейчас. Пока я читаю, каждое слово проникает в каждую пору моего тела, вселяя в меня Надежду, которая говорит мне, что я не беспомощен, что силы, необходимые для обращения вспять этой несправедливости, есть во мне, что, используя силу Йоги, я могу пробуди во мне Божественную Богиню, которая затем благословит меня мудростью, необходимой, чтобы справиться с этой ситуацией!"

На лице Маюри появляется улыбка. ...

СОБЛАЗНЕНИЕ СОБЛАЗНИТЕЛЯ СОБЛАЗНИТЕЛЕЙ
– ЕЩЕ ОДНА БЕСЦЕННАЯ УПАНИШАДА

## СТРЕМЛЕНИЕ К МЕДИТАЦИИ, ВДОХНОВЕНИЕ БАГУЛАМУКХИ (ЛЕБЕДИНОЕ ЛИЦО) БОГИНЯ

*ОМ ЮЗ ГА*

### ДЕНЬ 1 - ЮГ

*Когда я закрываю глаза, я слышу лучше,*

*Когда я закрываю уши, я вижу лучше,*

*Вот почему я решил встретиться с людьми с повязкой на глазах и наушниками, чтобы лучше их понимать...*

*а-а-а-а-а*

Дорогой дневник Маюри,

Сначала поклон Багуламукхи, одной из десяти богинь высшей науки из ведической литературы, прежде чем я начну с чего-либо!

Громкий страшный крик, издаваемый мной посреди сна, пробуждает меня к моему собственному отрицанию, всему страху во мне, к столкновению со скрытыми страхами внутри меня! Заставляет меня осознать, что во мне есть часть страха из-за того, что я посвятил себя этой Медитации, поскольку на карту поставлено мое здравомыслие! Несмотря на то, что я достаточно мудр, чтобы не рисковать своим рассудком из-за чего-либо, я не знаю, почему я не могу удержаться от того, чтобы прыгнуть в этот лабиринт, который влечет меня к нему, а затем, как огонь притягивает мотыльков, я тоже не могу остановить себя, как и те, кто даже после видя все трупы своих друзей, разбросанные вокруг, не могу удержаться от своей участи смерти и притворства, я тоже не могу удержаться! Теперь я мог бы просто войти с завязанными глазами, но поскольку одним из побочных эффектов этого усилия является также то, что я кажусь мудрее, поэтому имеет смысл, если я уже начну использовать свою мудрость, чтобы настроить себя на успех. Используя концепцию вакцины, я тоже решаю подвергать себя воздействию областей, которых я боюсь, но справляться с ними в микро-малых дозах.

В моем первом испытании, чтобы оценить ценность моего зрения, я пытаюсь делать что-то с повязкой на глазах! Затем я должен найти свой путь от начала к центру и к середине. Приключение не просто заканчивается на этом, так как теперь вам также предстоит вернуться к точке, с которой вы начали. Чтобы сделать вещи еще более интересными, пути не статичны, а постоянно меняются. Ой!

Драма должна начаться с десяти вечера и закончиться в

пять утра. План состоит в том, чтобы закончить сто восемь повторений любой мантры во славу выбранной Богини. Я уже сделал необходимые приготовления для устройства отдельной комнаты в качестве Храма. Подготовка включает в себя много уборки и расхламления. Поскольку я тоже верю словам философа Сарти Кьеркегора, что «чистота сердца заключается в том, чтобы желать одного», я также отказываюсь от всех других своих обязательств, чтобы полностью погрузиться в это единственное усилие. Так я могу наслаждаться каждым моментом, видя себя третьим лицом, совершающим это медленное, но неуклонное движение от Майи (санскрит)/ Миража к Вечной Истине!

## СЕКРЕТ-АУТ – САМЫЙ УСПЕШНЫЙ, ЕСЛИ НЕ ВСЕ ОТНОШЕНИЯ ЯВЛЯЮТСЯ СИМБИОТИЧЕСКИМИ ПО ПРИРОДЕ!

*Успешная политическая структура для сосуществования - и бактерии, и вирусы должны иметь свободу существовать на своих условиях...*

После нескольких дней минимизации всех моих

социальных обязательств я начинаю лучше понимать, что даже если мы жалуемся на то, что отношения и дружба отнимают у нас много времени и энергии, они все равно ценны! Мы должны научиться взаимодействовать друг с другом, чтобы удовлетворять наши повседневные потребности выживания и размножения. Таким образом, мы можем сказать, что все успешные отношения, встречающиеся в природе, носят симбиотический характер, начиная с зачатия ребенка, выживание которого зависит от материнской утробы, иначе его там нет...

## SECRET-OUT – ПОСМОТРИТЕ РЕАЛЬНОСТЬ СО ВСЕХ СТОРОН, ЧТОБЫ ПОБЕДИТЬ ВСЕ НЕПЛОХИЕ УСЛОВИЯ!

Оставаясь вне связи с кругами моих друзей, многие обиделись и уже покинули мою группу, но я не позволяю этому остановить мое продвижение внутрь, так как те самые люди, которые бойкотируют меня сейчас, вернутся, когда я стану активным в сцена!

Теперь я лучше понимаю, как наши тела могут наилучшим образом использовать внешние источники топлива для увеличения нашей внутренней ауры, для пробуждения в нас божественных энергий! Основа всей жизни — дыхание. Растения выделяют кислород в течение дня, как и большой шар огненной энергии, Солнце.

Поскольку правая ноздря помогает нам вдыхать кислород, а левая — выдыхать его, и поскольку правое полушарие мозга наблюдает за работой симпатической системы, а левое — за функционирование парасимпатических функций в Наше тело, мы должны посылать Энергию дыхания в обе системы, поэтому хороший способ должен состоять в том, чтобы подвергать свое тело солнцу, чтобы получить его согревающий эффект при подпитке моего тела, а затем ночью Луне, чтобы получить ее охлаждающий эффект при расслаблении. свое тело, приспособив свои знания дыхательных практик йоги к моему составу тела. Большой вдох — яркий день, за которым следует большой выдох — темная ночь. То есть Дыхательный Цикл, то есть сама жизнь — ОМ...

### *СЕКРЕТ-ВНЕ - ЕСТЬ СИЛА ШИВА, ДОКТОР ВРАЧЕЙ ВНУТРИ / КОГДА Я ПОЛУЧИЛ СВОЮ РАДОСТЬ В ЕДЕ!*

Одна только мысль о том, что мне придется обходиться без моих удивительно вкусных и вкусных блюд, наполненных маслами и специями, уже вызывает у меня мурашки по спине! Терпеть голод для кого-то вроде меня, который никогда не осмеливался бороться с голодом даже в течение дня, может оказаться чрезвычайно сложным, если не сказать больше, и все же, получив уверенность от чтения подобных случаев, я продолжаю двигаться вперед в своей борьбе ни с чем!

Мне стыдно! За то, что ни разу не подумали об этом важном вопросе и продолжали грешить без угрызений совести! Я ел мясо всю свою жизнь, но теперь, поскольку я не ел его достаточное количество времени, это говорит мне о том, что я достаточно отвык от всех веществ,

## СОБЛАЗНЕНИЕ СОБЛАЗНИТЕЛЯ СОБЛАЗНИТЕЛЕЙ – ЕЩЕ ОДНА БЕСЦЕННАЯ УПАНИШАДА

вызывающих привыкание, чтобы высказать непредвзятое мнение. Вот моя взвешенная оценка: главная причина, по которой я не откажусь полностью от мяса, заключается в том, что, когда Бог дал нам собак для употребления в пищу мяса, это должно быть потому, что Бог хочет оставить этот выбор открытым для нас, уча нас, что для удовлетворения потребностей выживания, если нет хороших альтернатив, можно есть плоть других существ. В природе есть много примеров, например, некоторые животные, такие как скорпион, поедают своих собственных детей.

Основная причина, по которой я откажусь от мяса, заключается в том, что с тех пор, как я начал смотреть на вещи с точки зрения энергии, моя точка зрения приобретает больший вес, поскольку теперь она, как рентгеновский аппарат, захватывает внутреннюю историю!

Всякий раз, когда животное убивают, тело животного становится моментальным снимком всех Энергий, переживаемых в конце. Поскольку они могут предвидеть приближение неестественной для себя смерти, они должны испытывать тревогу, и через них проходят гормоны страха, а это означает, что, когда мы потребляем ту же плоть с захваченными гормонами страха, мы тоже обязаны отражать то, что мы едим. Затем, когда мы его потребляем, мы вносим в себя ту же негативность по доверенности.

Поэтому неудивительно, что многотриллионная мясная промышленность хочет, чтобы мясо животных было единственным источником, из которого мы можем удовлетворить нашу суточную потребность в белке, хотя правда в том, что животный белок даже не является полноценным белком! Кроме того, вредоносные вирусы и микробы спонтанно генерируются только на мясе животных!

Как бы нам ни хотелось верить, что мы можем победить любую вакцину с помощью вакцины, мы не можем, так как вирус тогда мутирует, и тогда нам придется тратить больше усилий и денег на производство другой вакцины.

Таким образом, единственный выход из этой бесконечной скуки — принять растительный образ жизни и начать революцию, которая поможет регулировать методы, которым следует мясная промышленность!

К моему большому удивлению, после того, как я сел на диету из кокосового молока, смешанного с его мякотью, и от одного до двух свиданий тут и там, я испытываю прилив энергии, которого никогда раньше не видел! Теперь я понимаю, что все это время я ел больше из-за страха потерять мышечную массу и прочей лжи! В результате, даже если мое тело не подавало никакого сигнала о голоде, я все равно ем без остановки!

Занятый образ жизни лишил меня настоящего удовольствия от еды. В результате я плохо пережевываю и, что еще хуже, набиваю свое тело всевозможной едой с ничтожно малой питательной ценностью, лишь бы сдержать крики голодного желудка! Теперь я контролирую свой голод, а не наоборот!

При более глубоком размышлении над этим вопросом я могу найти связь со своим собственным опытом, который произошел со мной всего несколько дней назад.

У меня была сильная головная боль, и в конце концов я съел некоторые продукты, на которые у меня аллергия, но из-за моих недавно полученных знаний из «Принципов йоги», которые учат нас принимать удовольствие и боль с равным уважением, я тоже решил не бежать за какой-либо посторонней помощью. пока мое лицо больше не может скрывать мою боль. Поскольку я знаю, что многие процессы восстановления организма происходят во время сна, я сделал сознательное усилие, чтобы уснуть. На следующее раннее утро, около четырех часов, у меня возникло сильное желание встать, так как я почувствовал, что бегущий понос сказался без моего разрешения, а страх испортить все мои роскошные постельные принадлежности помогает нарушить мой глубокий сон. Я сидел на унитазе и видел смерть рядом со мной, потом позывы к рвоте заставили меня бежать в душевую. Там я просто упал на пол, но мой третий глаз продолжал видеть себя! Без каких-либо усилий с моей стороны одним автоматическим рефлюксным движением все содержимое вышло наружу! Для меня отмахнуться от этого волшебного момента как от какой-то случайности было бы только моей потерей, так как в этом происшествии кроется для меня доказательство! Что во мне живет сила Шивы, истребителя врагов, что во мне есть врач и активно работает над восстановлением моего здоровья! В тот момент, когда я почувствовал присутствие Шива, слезы радости наполнили все мое лицо!

Затем я понял, что, когда я принимаю обезболивающие, я лечу только симптомы, а не причину, и что хорошего в том, что, когда сила Шива, доктор внутри меня обладает разумом убить причину боли, из самого ее корня. !

Нам никогда не приходилось учить свое тело, как

выполнять свою работу по перевариванию пищи, а это значит, что в нас есть тайный центр силы, Разум, который знает все о том, как функционирует наше тело, и может, поэтому, если он знает это, он должен знать и это. , знание заживления поврежденных частей. Затем это также предполагает, что эта тайная божественная сила знает, как восполнить все наши недостатки!

Таким образом, все, что мне нужно сделать, это слушать свое тело и уважать его ограничения, давая ему достаточно времени, чтобы восстановиться самостоятельно!

## СЕКРЕТ-ВНЕ - ПРИНЕСТИ ЗАПАД В ЖЕРТВУ, ЧТОБЫ ПРИОБРЕСТИ ВОСТОК!

*Истинное счастье — это когда и правая, и левая стороны объединяются, не попирая уникальности друг друга.*

Я просыпаюсь рано, чтобы приветствовать солнце. Я ловлю свои зрачки с поличным, снова и снова с огромной скоростью мчащиеся к Интернет-устройству, лежащему рядом со мной, открывая мне опасную зависимость, которая работает очень хитро и поглощает большую часть моего времени и внимания - Мои ворота в «Майю», в Другими словами, всем моим социальным связям из моего прошлого, настоящего и подражателям, которые хотят их присутствия в моем будущем, через все эти замечательные сайты социальных сетей! Благодарю Тебя, Богиня Мудрости, во мне, за то, что помогаешь мне вовремя обнаружить эту дорогостоящую ошибку, поскольку здесь я пытаюсь идти на восток (внутрь), в то время как эта зависимость сильна, что она может разрушить все мои усилия, поставив меня в тупик. вместо этого противоположный конец – запад (Внешний). Поскольку я могу направить ресурсы своего тела на то, чтобы наслаждаться только одной стороной за раз, мне придется пожертвовать одной, чтобы получить другую. Я ни в коем случае не преуменьшаю важность отношений, но чаще всего это время, когда вам нужна их поддержка, даже когда они хотят помочь вам, но не могут, поскольку у них может не быть необходимого набора навыков для удовлетворения вашей потребности, но когда вы работаете над собой, вероятность более высокой отдачи от вложенного времени высока, поскольку тогда мы полагаемся не на людей с их шизофреническими наклонностями, а на сверхспособности Суперкундалини! Я вижу, как по мере того, как моя способность принимать на себя больше стресса увеличивается автоматически, как магнитные силы, мы тоже начинаем привлекать нужных людей, из чьей компании мы оба можем помочь больше всего, симбиотически! Я использую важный урок в нем, чтобы помочь мне простить всех людей, которые оставили меня, когда я думал, что я еще слаб, чтобы перенести потерю, поскольку теперь мои сознательные глаза могут видеть, что то, что я считал своим оскорблением, было огромной услугой, как это только потому, что они ушли, что я все еще жив! Как бы это меня убило? Поскольку тот, кто оставил меня, потому что этот человек действительно был сильнее, и поэтому для меня, чтобы сесть на этого человека, чтобы также насладиться радостью, которая приходит только на тех уровнях, где

## СОБЛАЗНЕНИЕ СОБЛАЗНИТЕЛЯ СОБЛАЗНИТЕЛЕЙ – ЕЩЕ ОДНА БЕСЦЕННАЯ УПАНИШАДА

сила легких еще не готова для этих уровней, я умер бы сразу! Теперь я понимаю, что все эти социальные связи уводили меня от моего доверия к божественным богоподобным силам во мне, поскольку они были как костыли, которые мне давали люди, думая, что, не давая мне упасть, они помогают мне, не понимая, что они только что лишили меня ниспосланной Небесами возможности развить силы, необходимые, чтобы пережить любое подобное падение! Таким образом, я жертвую западом, чтобы получить восток, в то время как запад-запад я благодарю за сохранение Пламени Йоги, демонстрируя миру непревзойденные потрясающие представления!

## ДЕНЬ 13 – СЕВЕР

Поскольку я нахожусь в последний день работы, я проверяю свою почту, и, к моему удивлению, я получил письмо от юристов медкомиссии!

Это помогло мне снова сосредоточиться на главной причине, по которой я начал это делать, чтобы мирские проблемы выживания были устранены!

Увидев содержание письма, подтверждающего мою победу, я не знаю, почему мне трудно принять, что все это не совпадение, а благословение в виде этих благоприятных условий, которые помогут получить то, о чем я молился!

На этом я прекращаю дальнейший анализ этой темы, чтобы направить свою энергию на покорение новых рубежей! ...

СОБЛАЗНЕНИЕ СОБЛАЗНИТЕЛЯ СОБЛАЗНИТЕЛЕЙ
– ЕЩЕ ОДНА БЕСЦЕННАЯ УПАНИШАДА

# ИНДИЯ. ДОМ.

*Добро пожаловать, добро пожаловать, добро пожаловать!*

*Даже если моя мачеха баловала меня,*

*Осыпал меня гораздо большим, чем я когда-либо ожидал,*

*И все же я не знаю почему, мои глаза все еще смотрят с тоской в сторону моей биологической матери...*

*Добро пожаловать, добро пожаловать, добро пожаловать!*

## ЗАПРЕТНЫЙ ДЕН ГРЕХ - ЛЮБОВЬ

*Что такое любовь?*

*Жертва отпускания. обязанность улететь...*

*- Маст Маюри, Опьяненный павлин, танцующий под дождем...*

## МОКРОЕ ПРОЩАНИЕ

После долгих напряженных дней в больнице Чандрашекхар и Чхандани наконец-то получают шанс, даже если они хотят попрощаться!

Когда мужество Чандрашекхара и запутанные чувства любви Чхандани встречаются тогда, это становится только вопросом времени, прежде чем уровни опьянения от вина похоти достигнут запрещенных уровней для вождения, что может иметь только непредвиденные последствия!

Она прощается насухо и начинает возвращаться.

## СОБЛАЗНЕНИЕ СОБЛАЗНИТЕЛЯ СОБЛАЗНИТЕЛЕЙ – ЕЩЕ ОДНА БЕСЦЕННАЯ УПАНИШАДА

Когда она ходит, ее охватывает страх, тревога, и она начинает задумываться о причине беспокойства.

*Чхандани думает*: «Хорошие дела идут быстро! Жених тоже товар, в конце концов! Если хорошее предложение поступит от какой-то другой стороны, он может уйти. Все это время я был под впечатлением, что обман — это зло, но большинство моих друзей, использовавших его, ловко вытягивая обещания и обмениваясь кольцами, действительно получали желаемого мужчину, так что я не вижу ничего плохого в том, чтобы использовать те же уловки, когда причина это благородно, и что может быть благороднее, чем выйти замуж за человека, который обладает всеми качествами хорошего отца, и если мы поженимся с помощью ведических ритуалов, тогда наш союз может продлиться даже на несколько жизней!»

Как только приходит эта мысль, ее ноги не могут остановиться, пока не приведут их к нему! Оставив все свои женские колебания, она не позволяет любопытным взглядам сорвать свой бег к любимому… а вдруг он уже сел и двери уже закрыты для всех пассажиров… кабина самолета… она узнает его по спине… видя свою любовь, она ускоряет шаг еще больше… бег, казалось, никогда не закончится, но это происходит… ее усилия вознаграждаются, когда она обнимает его со спины, а затем, когда он обернулся, чтобы увидеть ее лицо, удивленная улыбка на его лице подарила ей счастье на миллионы!

Его тело теперь твердое, как камень... он просит ее пойти в ванную и подождать его... она с застенчивой улыбкой подчиняется и идет к мужскому туалету, но непреднамеренно натыкается на другого друга-мужчину, который также приходят провожать Чандрашекхара ... Друг-мужчина думает, что она, должно быть, ошиблась, поэтому он начинает указывать ей дорогу к женскому туалету, который она уже знает ... она заикается, умудряется сказать какую-то белую ложь, которая, спасет их тайну от того, чтобы она перестала быть тайной... стоя в мужском туалете, ее охватывают тревожные мысли, а вдруг она упадет в обморок прямо здесь, в мужском туалете, или что, если он передумает и не придет! Но потом она улыбается, расслабляясь с мыслью о том, что, как же ему не прийти, когда мучительны эти дела страсти! ...

## ЧЕРТ БЫ ПОБРАЛ ЭТИ ЦЕНТРЫ ЙОГИ

Пережив один из самых приятных моментов в жизни,

даже если он происходит в ванной, все, что можно задаться вопросом, это то, как можно было ехать на север, а в итоге оказаться на юге?!

*Чандрашекхар* : «К черту эти центры йоги! Как могли потерпеть неудачу все эти часы практики над самоограничением, лучшие практики, полученные от самых лучших гуру в области Йоги, смытые в канализацию перед желаниями львицы в Жаре! ? Все, что должна была сделать эта красавица с глазами лани, это подарить мне свою самую обворожительную улыбку, и тогда я был бы обречен!

Я никогда не делаю ничего, что нарушает культурные правила, и тем не менее, это сделал я! Это похоже на того осторожного человека, который смотрит налево, потом направо и снова налево, и все равно попадает под удар вертолета, пролетающего над его головой! Сию же минуту я обещаю себе; Я никогда больше не буду пробовать эти позы безбрачия, они прекрасно работают каждый раз, за исключением тех случаев, когда они должны сработать!»
...

## ПАМЯТНЫЙ УЗОР

# S-КУБ

*Если я получу тебя, я достигну своего*
*Спасения*

*Если женщина еще жалуется, после*
*любовника*

*чтит ее высшим даром любви,*

*подарок, за который большинство*
*женщин убило бы, должен быть ведьмой*
*высшего порядка*

Дорогому Чандрашекхару от Вашего Чандани,
Сначала я забеспокоился, когда ты просто растворился в воздухе, не оставив и следа, показав мне чудесные сны! Теперь я могу простить лжеца, но никогда не вора!

Ты забрала мое сердце и уехала со мной на память, которая теперь никогда не даст мне забыть о том происшествии! Семя твоего содеянного со мной уже пустило крепкие корни в этом благодатном клочке земли - моем чреве. Как только этот маленький подсолнух обзаведется крыльями, то будьте уверены, он будет искать вас, где бы вы ни были, возьмет вас в плен, свяжет вас веревками из моей веревки, как косы Парранды (индейской прически), а затем выведет вас вперед. меня, твоей жертвы, чтобы выбрать лучшее наказание для тебя!

Я сижу в той же одежде, слушаю ту же музыку,

которую ты поставил в тот вечер, когда наши отношения перескочили с чего-то на все! Вспыльчивые люди могут счесть наш союз нечистым! Действительно, мы ошиблись, не приняв никаких обетов перед вечным символом - Огнём снаружи, но ведь огонь горел внутри нас! Я не вижу, чем эта форма хоть как-то уступает другим вариантам.

Только из-за того, что мы не получили свидетельство о браке и не дали обетов в присутствии Вечного Огня по ведическим законам, как может наш союз быть нечистым, если результатом этого действия является высшая форма чистоты?

Как женщина я тоже наделена божественной добродетелью терпения. Как яйцо в женском теле никуда не девается, оно ждет прихода мужской змеи, так и настоящая женская красота ждет предложения от мужчины. Тем не менее, в силу обстоятельств я отказываюсь от своей природы, превращаюсь в мужчину и предлагаю тебе выйти замуж. Если вы упустите момент, у меня не останется другого выбора, кроме как выйти замуж за этого другого мужчину, который невероятно богат, даже если он стар.

Он готов дать ребенку в моей утробе свое имя и оплатить все денежные расходы, необходимые для воспитания ребенка. Сам он не может иметь детей из-за проблем со здоровьем, которые часто приходят с возрастом!

Сходство между ним и вами настолько велико, что я часто путаю его с каким -то моим мужем по доверенности! Я боюсь не этого старика, а хитрого дьявола, который тоже во мне сидит! Мои эмоции теперь подобны диким океанским волнам, они уязвимы и могут выбрать любой путь, который предлагает наименьшее сопротивление. Вот где ты мне нужен! Спаси меня, прежде чем я сделаю шаг на путь, который не ведет к тебе! Не испытывай больше моего терпения. Только приди теперь, следуя за биением сердца Твоего Младенца, развивающегося в моей утробе, и спаси меня от позора сущности жизни - Любовь, спаси меня от моих злых мыслей...

Твоя забытая потенциальная жена?

Чхандани


Дорогому Чхандани из Чандрашекхара,

Я могу драться за тебя с кем угодно, моя дорогая, но ты угрожаешь мне золотой палкой старого Ричи Рича! Это может заставить любого мужчину намочить штаны!

Кроме шуток, причина, по которой я не мог

## СОБЛАЗНЕНИЕ СОБЛАЗНИТЕЛЯ СОБЛАЗНИТЕЛЕЙ – ЕЩЕ ОДНА БЕСЦЕННАЯ УПАНИШАДА

ответить вам раньше, не столько в том, что я был занят сменой молозива моей больной сестры, сколько в другой зловещей причине моего позднего ответа, заключавшейся в том, что вы осознали риск, связанный с доверием кто угодно, особенно большинство из нас, современных мужчин, которые большую часть времени подобны голодным волкам, ищущим свою следующую добычу!

Пожалуйста, не принимайте поспешных решений, чтобы потом сожалеть! Вы еще невероятно молоды, не думайте, что после одного желание другого не возникнет, но если вы замкнетесь на ком-то, у кого меньше энергии, вы только попадете в очень токсичный сценарий! Просто поверьте мне, когда я говорю, что у меня есть навыки и степени, необходимые для достижения вершины и удовлетворения всех потребностей моей семьи!

Во мне течет кровь воина кхатри, и я не из тех трусов, которые убегают и обвиняют других в своих действиях!

Я начну работать над планированием официальной церемонии бракосочетания с вами, которая будет следовать всем ритуалам и традициям, установленным ведическими законами для нашего блага.

Ваш гордый будущий муж,

Чандрашекхар

S-КУБ

СОБЛАЗНЕНИЕ СОБЛАЗНИТЕЛЯ СОБЛАЗНИТЕЛЕЙ
– ЕЩЕ ОДНА БЕСЦЕННАЯ УПАНИШАДА

## ТАЙНЫЕ ЭПИТЕТЫ ЛЮБВИ – ПИСЬМА/ПРОБЛЕМАТЫ

Дорогой Сарти от Маюри,
Тема: Иллюзия космоса
Я последовал совету друзей и остался на западном побережье, оставив ее на восточном побережье, думая, что космическое расстояние между нами заставит нас забыть друг друга через три или четыре дня, но теперь я хочу сам застрелить этого лжеца, так как ничего подобного получилось. А вместо этого произошло прямо противоположное! Я смеюсь сейчас, когда вижу безумие в этом предположении, потому что свет нашей любви никогда не перестанет гореть, когда для меня ночь, для тебя день, поэтому, когда я сплю, он горит в тебе, и когда цикл меняется на противоположный. горит во мне и так, как кольцо, продолжает гореть и после смерти, ведь все мы вечные существа...
Ваша Мачта Маюри, пьяный павлин, танцующий под дождем
Дорогой Сарти от Маюри,
Тема: Темная лошадка
Я чувствую себя шахматной женщиной, которая хочет нарушить все правила и прыгнуть, как темная лошадка, и захватить короля, но она не может, потому что она не лошадь, она пешка, которая может идти только по прямой, только на короткое расстояние. И если она когда-нибудь попытается обмануть, ведя себя как сильная лошадка, есть большая вероятность, что ее поймают,

потому что, как я уже говорил, она не темная лошадка. Поэтому, если только тогда, когда она примирится с собственной идентичностью, с улыбкой понесет крест собственной ограниченности, сможет ли она провести остаток жизни, мечтая о своем короле, иначе система возьмет верх, объявит ее ментальной и отнимет ее право быть увиденной в любом месте, где он живет, приходит и уходит, и если бы это было в их власти, они бы с радостью даже запретили ей встречаться со своим королем во сне!
Ваш,
Маюри

Дорогой Сарти от Маюри,
Субъект: Унижен, как собака, лающая без ответа...
Бедный я! Я мирно спал, уткнувшись лицом в одеяло, когда ты разбудил меня, увидев, что ты сидишь на мне. Разве ты не только что совершил величайший грех, пробудив во мне змея похоти, а затем исчез, не исполнив их. Теперь мое состояние плачевно, как может быть, потому что сейчас я чувствую себя собакой, которая безудержно лает на вас всю ночь, а вы все еще не отвечаете! Я чувствую себя униженным, униженным перед глазами, и все же не знаю, почему я продолжаю терпеть унижение от единственного человека, которому хочу показать свою красивую сторону!
Хорошо ли оставлять того, кто любит тебя, в таком жалком состоянии?»
Ваш пациент,
Маюри

Дорогой Маюри из Сарти,
Тема: Ваше лекарство: Просто слушайте!
Ты думал, что все те письма, что ты посылал мне, из любви ко мне и только ко мне. Неправильный! Я, как ваш доброжелатель, хочу помочь вам выйти из этого заблуждения осознанием истинной тайны, стоящей за этими действиями! Как только вы осознаете настоящую

## СОБЛАЗНЕНИЕ СОБЛАЗНИТЕЛЯ СОБЛАЗНИТЕЛЕЙ – ЕЩЕ ОДНА БЕСЦЕННАЯ УПАНИШАДА

причину своих действий, вы сможете лучше контролировать свои действия. Одна из причин заключается в том, что средний возраст для женщины особенно сложен из-за всех гормональных изменений, происходящих в организме за кулисами. Когда женщина достигает менопаузы или пременопаузы, ее положение можно рассматривать как человека, перед которым находится гора, называемая старостью, к которой ей нужно будет подготовиться, чтобы взобраться на нее с этими коленями, которые уже начали показывать признаки. износа, в то время как, с другой стороны, оптимизм, который хочет, чтобы она хваталась за любые удовольствия, которые может иметь только молодое тело! Будучи частью этого материалистического мира, где все участвуют в безумной погоне за все более чувственными удовольствиями, она впадает в отчаяние из-за выбора, который у нее есть – есть все, что попадется ей на пути, даже если эта пища окажет на нее токсическое воздействие! Такая проклятая жизнь годится только для горных птиц, которым приходится полагаться на несвежие и вонючие туши! Одна из главных причин того, что вы сейчас находитесь в таком же положении, как и эти горные птицы, заключается в том, что вы нарушаете Законы, установленные природой для женщины, и выходите замуж в нужное время, когда ее тело готово принять дары Матери. Природа!
Лучший способ выбраться из такой адской жизни — это сосредоточиться на открытии своего Телоса, а затем быть верным ему!
Ответ в вас, все, что вам нужно сделать, это **слушать** !
Ваш истинный Доброжелатель,
Сарти

--

## СТАРЫЙ МИФ О СНАХ, ЯВЛЯЮЩИХСЯ ГОЛОСОМ БОГА, НАКОНЕЦ-ТО РАЗРЕШЕН ЗДЕСЬ / ПЕРЕВОДЧИК ДЛЯ ОБЩЕНИЯ МЕЖДУ РАЗНЫМИ ОБЛАСТЯМИ

*Мой злейший враг - моя собственная душа! Почему? Потому что оно слепо и требует от меня самых нелепых, запрещенных действий, тогда как мои чувства ясно видят, как однажды казненное, это общество отречется от меня и никогда не позволит мне жить как почетному члену...*

*Маюри брату Чандрашекхару (в контексте доктора Сарти)* : «Поскольку синтаксис языка, которому следует мужчина, отличается от того, что использует женщина, это предполагает, что разрыв может привести к путанице, которая иногда вызывает чувство нежной любви и заботы, но чаще мы видим отвращение от непонимания! Итак, что мне нужно, так это надежный переводчик, который может передать ему правильное намерение в том, что я говорю, и в том, что я не делаю.

*Брат Чандрашекхар*: «Осторожно, дорогая сестра! Одураченный один раз, его можно отбросить как ошибку по невинности. Дважды обманутый, вы должны оставаться начеку. Теперь, если вы снова совершите ту же ошибку, вы заслуживаете самого сурового наказания! К сожалению, теперь вы попали в категорию самых суровых наказаний. Теперь вы не можете позволить себе ошибиться, так как это будет означать, что вы потеряете то немногое, что у вас осталось! На этот раз вы не можете позволить себе ошибиться.

Итак, если в этом человеке, о котором идет речь, скрывается какой-то вор, вы должны сначала оценить его честность. Не становитесь жертвой очередного обмана! Позвольте мне напомнить вам о вашем происхождении, которое началось со скромных переулков Пахарганджа в городе Нью-Дели, Индия!»

*Сестра Маюри:* «Моя энергия полностью иссякла, я просто сейчас хочу вести жизнь, наблюдая за игрой других, как старушка, стоящая в стороне, подбадривая и освистывая игроков на арене, но я не могу. Почему? Ибо что является ключом к тайне жизни? Мечтать. Что такое любовь? Содержание мечты. Поэтому. Сны должны видеть картины, нарисованные глазом, голоса, исходящие из уха

уха, сказать языком языка. Они не связаны какими-либо ограничениями того, что правильно, а что неправильно. То, что мне снился мой герой, и не один раз, а несколько раз, говорит мне о том, как сильно я хочу его!»

*Брат Чандрашекхар:* « Я вижу, как толкование снов может привести ко многим неправильным толкованиям. То, что вы видели, это то, что требует ваше тело. Мечты подобны слепому, который видит красочные образы как возможность утолить голод! Вы говорите, что любите его, но это ядовитая похоть к тому, кто оказывается в ваших охотничьих угодьях, и сны видят в нем возможность, которую не видит ваше сознание!

Вы так долго были одиноки, что похоть в вас начала управлять вашими действиями, потворствует вашему разуму, чтобы захватить этого единственного мужчину, с которым вы постоянно взаимодействуете. Те же самые эмоции могли бы легко развиться у любого другого мужчины, который оказался бы на вашем игровом поле».

*Отец Абнаш* : «Это не сон, а просто пробный прогон сценария/возможности исхода, своего рода помощь в видении почти как в киноформате, чтобы вы могли потом узнать, какой была бы эта жизнь, если бы вы выбрали этот выбор, как параллельная вселенная! Если вам понравилось это путешествие, то вы знаете, что оно того стоит, иначе послужит хорошим предупреждением об опасностях, которые ждут вас впереди, если вы решите продолжить это вместо этого!? ...

# СИЛА ПОДЧИНЯЕТСЯ ЕГО ВОЛЕ

*Научитесь находить удовольствие в боли,*

*от женщины во время родов,*

*наслаждайся каждым мгновением,*

*как правило, не то, что закон средних*
*чисел может преобладать,*

*а если быть точнее будет...*

— *Маст Маюри, пьяный павлин,*
*танцующий под дождем*

Дорогой Маюри из Сарти,
Тема: Как я победил зависимость

У меня сломалась кофемашина. Теперь все, о чем я могу думать, это кофе, и все, что мне нужно, это кофе! Это заставило меня понять, что это привыкание природы. Тогда я захотел контролировать свою зависимость. Тогда я понял, что вы хороший человек, чтобы спросить, поскольку вы доказали, что можете контролировать, перейдя от написания мне длинных писем со всего дня к нулю! Это наблюдение пробуждает во мне ипохондрическое любопытство, и я должен получить на него ответ! Помилуй меня, о Матерь всего, и открой мне Секрет Твоего Успеха! Как можно добиться дисциплины ! Как твои хрупкие руки сдвинули гору? Пожалуйста, решите для меня эту загадку, иначе я умру от любопытства!?

Сарти.

Дорогой Сарти от Маюри,

Тема: Секрет самоконтроля - Полное подчинение Его Воле / Hoi soi jo ram rachi rakha (Произойдет только то, что написал Шри Рам из "Рамаяна" Шри Тулсидаса)

Если самой причиной того, что я жив, является ваше любопытство, то я никак не могу быть тем, кто обескураживает вас из-за этого качества вашей натуры! Если на то пошло, моим этическим долгом становится серьезно ответить на все ваши вопросы, поскольку ваши выводы могут сделать открытия, которые помогут всему человечеству!

Мой ответ на то, как я добился успеха в контроле своих побуждений к мужчине, которого я люблю даже больше, чем себя, таков: в тот момент, когда я мог увидеть свою ошибку, в тот же момент я мог исправить безумие! Ошибка в том, что все мы, замученные люди, ходим просить тирана о пощаде, не понимая, что он даже не решающая инстанция, что в его руках ничего нет. Как только вы начнете видеть вещи более внимательно, вы будете удивлены, когда увидите, что все события работают так же, как химические процессы! Итак, я пришел к выводу, что нет необходимости отвлекать нашу энергию на изменение или контроль внешних условий, особенно когда вовлеченные переменные близки к Бесконечности, вместо этого мы укрепляем себя со всех сторон, чтобы Враг не мог победить нас ни с какой стороны. !

Если то, что говорится в писаниях о нас, вечных существах, которые приняли несколько рождений, верно, то это говорит о том, что не о чем беспокоиться, поскольку время — это просто миф, смерть — только омолаживающий поцелуй, огонь никогда не умирает и, надеюсь, вместе с ним. , между нами тоже огонь! ...

Маюри

--

## ВСТРЕЧА СВЕКРОВИ И НЕВЕСТКИ В ВИДЕ РЕКИ ГАНГА И РЕКИ ЯМУНЫ!

### ПРИНЯТИЕ СВАДЬБЫ

Встреча свекрови и невестки в виде реки Ганга и реки Ямуны! Как произошло это Чудо?! Что ж.

Что такое любовь? Жертва, чтобы отпустить. Обязанность улететь. Что может быть лучшим подтверждением этого высказывания, чем Любовь матери к своему единственному Сыну!

В этом сеансе передачи власти между невесткой Чхандани и матерью сына Адити Чхандани очень тщательно следит за тем, чтобы ее наряд, манеры и речь были элегантными и формальными!

Зная о значении пословицы «первое впечатление — последнее впечатление», невестка Чхандани впервые прикасается к лотосным стопам своей свекрови Адити. Этот метод работает как слэм-данк. Это помогает рассеять все напряжение в битвах за собственность, поскольку этот жест показывает, что Чхандани уважает Мать Адити, существо, которое претерпело боль, чтобы родить существо, которое теперь является ее опекуном / мужем! Мать Адити чувствует такое уважение, что тут же поднимает ее с ног и с искренней радостью обнимает! Затем Чхандани садится рядом с Ма Адити.

*Чхандани:* «Мама, ты родила человека с характером, вскормила его своим молоком знаний и мудрости, чем я глубоко тебе обязана! Я очень хорошо знаю, что репутация отношений между невесткой и Свекровь много страдала на протяжении веков, но пришло время нам обоим стать образцами для подражания, которые вернут эти отношения на какой-то приличный уровень!»

Чхандани, довольная своим выступлением, улыбается. Ма Адити тоже улыбается в ответ. Она рассказывает небольшую шутку о свекрови и невестке, которая еще больше поднимает настроение.

*Ма Адити* : "История гласит, что царица Сита предпочла отправиться в изгнание из-за своей любви к мужу, но виноградная лоза говорит, что ей лучше быть без всяких удобств дворца, чем пройти через пытку жизни с тремя свекровями. законы!"

Все весело смеются, когда понимают иронию в шутке.

*Ма Адити продолжает со своей очаровательной улыбкой* : «Вы упомянули ранее, что обязаны мне за то, что привели моего сына в этот мир, и даже больше, за то, что воспитали его как Человека с характером. Это правда, и все же в некотором смысле это так. нет, так как я всего лишь смотритель этого имущества!Теперь, когда пришел настоящий владелец этого имущества, начинается испытание моей любви.Это имущество, о котором я заботился, своей кровью и потом, вскормил его своим собственным молоко!Я так привязалась к этому имуществу, что даже если мы два отдельных тела, я относилась к нему как к одному!Но теперь я должна сама содрать его со своего тела и вернуть его настоящему владельцу!Да ,сердце мое обливается кровью,слезы мои не слушают меня,печаль моя безмерна и все-таки уважая любовь,я тоже жертвую своими эгоистичными желаниями привязывать сына к груди всю жизнь,передавая эстафету тебе!Когда он забудет меня, я буду счастлив, зная, что ты хорошо заботишься о нем, что ты действительно женщина для него!

Мои благословения с вами в том, что вы станете успешной женой, которая сделает вас также хорошей матерью и, таким образом, подарит мне также счастье, которое приходит при встрече с внуками. Должно быть, я совершил много благотворительных поступков в прошлой жизни, чтобы заполучить такую невестку, как ты!

Вы завоевали мое сердце. Желаю тебе всегда процветать и быть благословленным многими сыновьями и внуками!»...

## СВАДЕБНЫЕ ИГРЫ

*Лаатон ке бхут баатон се нахи мант*

*(Эти негодяи слушают только язык пинков, болтать - пустая трата времени!) - Древняя индийская поговорка*

*Чандрашекхар обращается к небольшому собранию обеих семей на религиозной церемонии помолвки* : «Теперь, когда преодолены все препятствия на пути жениха и невесты, я за простую и приятную свадьбу, которая послужит хорошей возможностью для обе семьи смешаться, чтобы стать большой семьей! Пусть все наши близкие тоже разделят и станут частью наших благословений и радости!»

Будучи традиционной индийской свадьбой, после всех молитв и обещаний верности священному Огню и СуперКундалини в качестве свидетеля обычай также требует, чтобы Жених возложил гирлянду принятия на шею невесты, а затем невеста делает это. одинаковый. Теперь это кажется простой задачей, но в этом маленьком обычае тоже есть важный урок победы-в-сдаче-в-любви! Что касается надевания гирлянды на шею более высокого жениха, то невесте придется воспользоваться его помощью, чтобы выполнить задание, так как без того, чтобы он не склонил перед ней голову, она не может выполнить его, не рискуя опрокинуться на него, обнажая всему свету ее нетерпение обнять его, тем самым смутив всю свою семью!

Теперь , когда невеста Чхандани смотрит на жениха Чандрашекхара, ожидая, что он склонит голову, все молодые люди с его стороны начинают кричать, чтобы он не наклонял голову, так как в примете говорится, что если он сейчас склонит голову, он скорее всего, будет преклонять голову перед всеми ее желаниями до конца своей жизни!

С этим беспокойством начинается новый раунд жестких переговоров! Пока все переговоры заходили в тупик, кто-то со стороны девушки кричит, что жених должен сейчас склонить голову, так как сейчас благоприятное время и если его не соблюдать, брак не принесет большой радости!

Когда невеста слышит это, она паникует и инстинктивно сильно бьет жениха кулаком в живот, и о чудо, он рефлекторно наклоняет голову. Невеста не упускает такой возможности и сразу же надевает гирлянду на шею Жениха! Затем она застенчиво хихикает над своей победой, и все, включая более слабую сторону Жениха, начинают от души смеяться! Жених

Чандрашекхар ухмыляется своей озорной улыбкой и со смехом говорит: «Остерегайся, дорогая, я заставлю тебя заплатить за это, заставив отплатить мне даром любви!» Понимая намек, скрытый в его замечании, она краснеет. Видя, как она краснеет, он чувствует, как по его телу от головы до кончиков пальцев ног пробегает теплый покалывающий поток! ...

# ЛЕСТНИЦА ДЛЯ ПРЫЖКА: РОЖДЕНИЕ БЕССМЕРТНОЙ ДОЧИ/ ПОСЛЕДНЯЯ ТЯЖЕЛАЯ НОЧЬ

## ОМОЛАЖИВАЮЩИЙ ПОЦЕЛУЙ – СМЕРТЬ

*Дорогой Маюри из Сарти ,*

*Тема: Подобно фениксу, восставшему из пепла .*

Поскольку эта новость, которую я сейчас собираюсь сообщить вам, имеет отношение к вашему прошлому, я хотел бы начать с предостережения. Память — это вор, который крадет «текущий момент» из Настоящего, чтобы отдать его Прошлому, а **храбрый** человек — это тот, кто сражается за дело, а не за победу, и имеет мужество уйти с поля битвы, как только война закончится. давно закончилось!

## СОБЛАЗНЕНИЕ СОБЛАЗНИТЕЛЯ СОБЛАЗНИТЕЛЕЙ – ЕЩЕ ОДНА БЕСЦЕННАЯ УПАНИШАДА

Мне нужно много времени, чтобы удивиться, но эта новая новость о наклоне стола меня поразила! Моя специальность не в том, чтобы сообщать новости в дипломатической манере, но это мое бремя, поэтому извините меня, если, не придавая новости ни положительного, ни отрицательного толка, я просто передаю вам новость как есть:

Вы **беременны** .

Кроме того, в отчете упоминается, что вы также заразились **венерической болезнью,** которой никогда не было, пока вы не забеременели. Я вижу необходимость обучения людей безопасным интимным прикосновениям! Это одна из основных причин того, что большинство культур продвигают моногамию или же гарем проверенных людей против полигамного общества без каких-либо ограничений! Весь запретный характер, связанный с этой темой, понятен, поскольку в тот момент, когда я начал говорить об этом с вами, я почувствовал, как меня охватывает неловкость, поэтому я не удивлюсь, если вы тоже почувствуете то же самое.

У меня был откровенный разговор с ответственным за это человеком — Фаустом, и похоже, что он сам не в хорошем психическом состоянии из-за множества недоразумений, которые теперь достаточно серьезны, чтобы дестабилизировать его Брак.

Поскольку он тоже может видеть все риски, связанные с женщиной в возрасте, у которой есть заболевания, беременность сейчас небезопасна ни для ребенка, ни для матери, он будет сотрудничать на протяжении всего процесса аборта, от начала до конца. финиш.

Помимо этого краткого сообщения, он отказался от дальнейших комментариев.

*От вашего врача,*
*Сарти*

...

## ДЕМОНЫ ВОЗВРАЩАЮТСЯ В ПРИЗРАК

Весь медицинский персонал видит в этой новости о беременности Маюри серьезное изменение правил игры, поскольку связанные с ней темные тени могут разбудить всех спящих Змей, ставя под угрозу ее выздоровление, поскольку ее снова могут столкнуть в ту же яму желаний исполнения ее неисполненных желаний, что она также считает одной из своих этических обязанностей как женщины!

Как и все ожидают, спящие змеи прошлого начали переворачиваться в своих могилах, подавая признаки новой жизни.

Сарти ворочается в своей постели, думая: «Жить с ней с этим знанием невозможно, но быть с ней приносит мне огромную радость! Этот эпизод в прошлом нельзя рассматривать как прошлое, так как это прошлое на самом деле является настоящим, несущим в себе семена будущего. ...»

Фауст ворочается в постели. «Я хочу подать в суд на этого несчастного священника с его глупым прогнозом! Надо было больше верить в свою мужественность, чем в ее заявленное бесплодие! Быть одним телом, плывущим одновременно в двух разных лодках, невозможно! Таким образом, я серьезно рассматриваю возможность хирургической кастрации для себя и для нее, чтобы пойти на аборт! Этот эпизод в прошлом, не является прошлым, поскольку это прошлое является настоящим, поскольку это прошлое несет в себе семена будущего! Ранее я сказал себе, что я верну ее духовный долг грандиозно, способами, которые мир не может понять, только для того, чтобы найти моего Господа Иисуса Христа, извивающегося в своей могиле из-за моих уникальных способов оплаты, поскольку, да, я действительно плачу, просто способами, которые находятся за пределами чьего-либо понимания, включая меня! Этот эпизод в прошлом нельзя рассматривать как прошлое, так как это прошлое на самом деле является настоящим, несущим в себе семена будущего. ..."

Маюри тоже в ее конце, ворочается и ведет молчаливые разговоры с СуперКундалини. «О Господь Бхаван Шив, я избранная тобой раковина, через которую должен вытечь весь яд мира, чтобы мир мог увидеть, сколько боли может вынести Телец-Бык?

Насколько глубоко Фауст проник в меня, видно из того факта, что, даже если он все еще принадлежит к другому измерению моего нынешнего существования, я не знаю, из какого таинственного колодца внутри продолжают течь эти слезы, поскольку на каждой слезинке есть его имя. ! Дорогой Фауст, ты помог мне увидеть истинную причину моих действий, что ясно из того факта, что, несмотря на то, что я знаю все о твоих беспорядочных связях, которые могут стать для меня большой проблемой для здоровья, я все же прыгнул в огонь вместе с тобой!

О Сарти, как глубоко ты проник в каждую пору моего тела, и это в то время, когда меня отталкивает даже запах мужчин, заставляет меня задуматься, а не ты ли для меня! Вы вкладываете в меня жизненную энергию, которая заставляет каждую пору моего тела прыгать от радости!

Как похоже мое состояние на осла Боудойна, который был голоден и хотел пить одновременно. Несмотря на то, что с одной стороны было Сено, а с другой — Вода, он умер не из-за стереотипа о том, что у осла практически нет мыслительных способностей, а потому, что он не мог выбрать одно вместо другого, пока его время не закончилось, как и мой. время для начала новой жизни домашнего счастья!

Этот эпизод в прошлом нельзя рассматривать как прошлое, так как это прошлое на самом деле является настоящим, несущим в себе семена будущего. ..."

## ПЛАВАНИЕ БОЖЕСТВЕННОЙ ПОДСКАЗКИ – ПОБЕДА, МОЙ ПУТЬ!

*Я в золотой жиле довольства,*

*как все, что я делаю, я делаю, как ребенок,*

## S-КУБ

*играть без ожиданий...*

Дорогой дневник Маюри,

Эврика! Я думаю, что этот эпизод из моего детства несет в себе простое Наблюдение, которое, однажды понятое, может положить конец всем путаницам, окружающим сложную тему вокруг наших Телеологических целей!

*Наблюдение* : Сцена — мой бассейн. Каждый раз, когда я шел плавать, я видел своих сверстников, всегда пытающихся найти кратчайший путь, чтобы обойти всех в какой-то невидимой гонке, происходящей в их головах, в то время как я, с другой стороны, как рыба в воде, мгновенно превращался в воду. сам! Топперу не было зависти, с другой стороны, я сознательно тормозил!

Пока я плавала в воде, я поняла, что радость заключается в переживании самого акта! Наслаждение в том, чтобы брызгать водой вокруг себя, в том, чтобы крутить своими тонкими ручками взад и вперед, в том, чтобы пинать свои красивые ноги, в том, чтобы чувствовать, как солнечные лучи целуют тело, тогда я чувствую, что оно не будет надуманным, когда я скажу, что оно только в тот момент, когда человек жив!

Как только это осознание пришло ко мне, игра изменилась! Что хорошего сделал победитель гонки, когда он потерял весь смысл гонки - получать удовольствие! Тогда не означает ли это еще и то, что в тот момент, когда я исполню свое желание, у меня также заканчивается все веселье, связанное с Путешествием!

**Тогда, в конце концов, не победитель ли проигравший? ...**

## НЕЙТРОН

*Полный, как стерилизованный кот,*

*ничего не имеет, ни в чем не нуждается...*

Жизнь должна быть довольна, если она подобна Нейтрону - Компоненту мельчайшей частицы, образующей любую материю, Атому, обладающему свойством ничего не притягивать и не отталкивать! Когда любой человек находится в этом состоянии, он должен сказать нам, что эти люди находятся на пути к достижению своей Высшей Цели, к объятиям со своей первой настоящей любовью, высшим Возлюбленным, чья любовь к нам — единственная константа, которая остается с нами. верно, когда мы прыгаем из одной Вечной Жизни в другую. ...

## ОЧЕРЕДНОЙ БАНАЛЬНЫЙ ПАРАДОКС

*Маюри родителям* : Быть женщиной-Тельцом, родившейся в полдень, когда солнечный фейерверк в самом разгаре, предполагает, что во мне преобладает элемент огня Солнца, что он никогда не впустит в меня бойца, покажет свою силу. еще на поле боя, но теперь, я не знаю, почему я струсил! Разве это противоречие не требует дальнейшего изучения этого вопроса: «Разве не в принятии поражения действительно заключается победа?»

Напрасно я обольщаюсь на свой возраст! Рисую борозды на лице, покрывая седину волос флуоресцентно-красными красками, в надежде, что мой возлюбленный всегда видит во мне милую шестнадцатилетнюю нимфетку! Бунтарь во мне не позволит мне продолжать этот обман, который обманывает только меня, а не других! Затем эти болезненные симптомы, которые должна пройти каждая женщина, приближаясь к паузе в ее репродуктивном возрасте, еще раз подтверждают для меня, что начался мой переходный период, когда я прощаюсь со своей юностью и принимаю любой следующий этап своей жизни. путешествие уготовано

## СОБЛАЗНЕНИЕ СОБЛАЗНИТЕЛЯ СОБЛАЗНИТЕЛЕЙ – ЕЩЕ ОДНА БЕСЦЕННАЯ УПАНИШАДА

мне, с классом!

Поскольку похоть тоже является энергией, а будучи энергией, она неразрушима, значит, она все еще есть во мне, даже если она затемнена, все еще кричит на меня, спрашивая: «Почему бы не утолить нашу жажду друг друга, тогда наша жажда исчезнет вместе с той ночью, и таким образом все дело может закончиться без каких-либо серьезных сбоев? Что снова ставит меня на распутье перед выбором между двумя вариантами, которые у меня есть: либо я готовлю свое тело к началу новой семейной жизни и жду, либо смирюсь с поражением и иду дальше?

*Мать Адити:* Из всех моих наблюдений за тобой с детства я знаю, что, имея в себе природу Тельца, ты упрям, как твой солнечный знак - бык! Всегда делал все по-своему, но на этот раз просто попробуй думать непредвзято. Вот очень хорошо охраняемый секрет, которым я собираюсь поделиться с вами:

Все разговоры о браке как о начале новой жизни, которая наполнит каждый день чувственными удовольствиями, в то время как на самом деле все это хитрый маркетинговый трюк, призванный соблазнить эту доверчивую и неопытную молодежь на брак! Фильмы и романтические романы — инструменты, которые помогают распространять эту ложь. Если бы пара знала истинное определение брака, они никогда бы этого не сделали! **Брак не имеет ничего общего с интимными моментами между парой, а является долгом, очень требовательным долгом, который требует тяжелых жертв, не жертв бесполезными вещами, которые потеряли для вас всякую ценность, но предметом, который вы любите больше всего на свете. ! Вы жертвуете своим временем и энергией для воспитания детей, чтобы они стали самостоятельными личностями!**

*Отец Аакаш*: На этот раз я хочу, чтобы вы не думали о том, какой была бы ваша жизнь, если бы у вас был ребенок, а думали о том, какую жизнь вы дадите своему ребенку! Ребенок может стать для вас источником развлечения на какое-то время, но в долгосрочной перспективе станет утомительным не для вас, а для ребенка! Задумайтесь на мгновение о жизни ребенка. Каждый раз, когда он видит других детей с их любящими отцами, он будет испытывать боль от отсутствия в своей жизни фигуры отца. А когда чей-то ребенок страдает, как может любая хорошая мать не чувствовать себя несчастной вдвойне, особенно если она является первопричиной несчастья ребенка? Это превратит жизнь ребенка в ад, да и матери тоже!

## СОБЛАЗНЕНИЕ СОБЛАЗНИТЕЛЯ СОБЛАЗНИТЕЛЕЙ – ЕЩЕ ОДНА БЕСЦЕННАЯ УПАНИШАДА

А теперь представьте себе сценарий, который является для вас золотым, но до сих пор ускользал от вас! Вы рожаете ребенка, а потом начинаете побеждать свою победу в том, чтобы наконец-то получить звание «матери», но что тут побеждать, когда рождение ребенка — это даже не искусство, особенно когда каждое хозяйство занято экспоненциально размножающимся, как кошки и собаки? Искусство заключается в воспитании детей! Только когда вы смогли воспитать своего ребенка с ценностями, полезными для Вселенной, можно назвать это победой Родителей, можно назвать женщину успешной матерью! Именно эта победа отличает неуспешную мать от успешной матери. Поэтому быть хорошей матерью – это не детская игра! Это ответственный долг, который требует каждой унции энергии!

**Это чрезвычайно мощный парадокс, который находится за пределами понимания большинства людей, чтобы когда-либо понять его значение! ...**

## ПРИНУДИТЕЛЬНОЕ ПРЕРЫВАНИЕ БЕРЕМЕННОСТИ – НЕОБХОДИМОЕ ЗЛО

Дорогой Маюри из Сарти,

Тема: Пожизненное заключение - это форма пожизненного заключения!

В Гарбха-упанишаде в разделе, посвященном стадиям формирования эмбриона, упоминается, что именно на седьмом месяце «жизнь»/«дживатма» на санскрите входит в матку, до тех пор продолжают развиваться различные части тела, что означает, до семи месяцев эмбрион еще как глина...

Если кто-то хочет найти пример эгоистично-любовных отношений в природе, не смотрите дальше, у нас уже есть победитель, поскольку он между матерью и ребенком, поскольку то, что в глазах осуждающего мира является выражением самого чистого форма любви, в нынешних глазах является выражением самой эгоистичной любви в природе! Ждать! Положи свои камни и выслушай сначала мое назидание, потом только с равноценным умом реши, заслуживаю ли я наказания или вознесения на высший пьедестал!

Вот те положения на ваш суд, которые привели меня к этому назиданию: «Как же так, несмотря на то, что хорошо зная, что жизнь не ложе из роз, а терновник, есть не благословение , а проклятие, добрая мать не будь доброй достаточно, чтобы утопить собственного ребенка, как только ребенок родится? Ладно, кроме оправдания доброжелательной мамы , так как она признает, что у нее проблемы с самодисциплиной, то это тоже не оправдание, почему она тогда не перевязывает свои трубы, чтобы предотвратить несчастья? Нет, не хочет, по причине, которую я вам только что рассказал. Она эгоистична.

Таким образом доказано, что отношения между матерью и ребенком являются хорошим примером эгоистичной любви в природе!

Чудовищный парадокс временных циклов заключается в том, что, в отличие от Сатьюги - Века Истины, где размножение есть акт, угодный СверхКундалини, тот же самый акт теперь, в Кальюге - Веке Тьмы, является актом эгоизма, актом, который не в пользу любви как жизни в этом веке, это пожизненный приговор к тому, чтобы жить как рабы в тюрьмах, которые мы делаем сами и для себя!

*Прощальный привет,*

# S-КУБ

*От Вашего доброжелателя доктора Сарти.*

*Дорогой Сарти от Маюри,*
*Тема: Ответ на пожизненное заключение является формой пожизненного заключения! / Письмо-согласие*

Забеременев на этом более позднем этапе своей Жизни и изменив неблагоприятные условия для рождения детей, я признаю, что произошла серьезная ошибка! Подобно тому, как красоту различных глав жизни можно лучше всего испытать только тогда, когда у вас есть соответствующие потребности в энергии, попытки наслаждаться материнством в этих условиях будут только изматывающими и утомительными! Продукт из организма, который стареет и страдает от многих заболеваний, может не дать здорового продукта. Тогда я не уважал требования Времени, так теперь вместо этого Время наказывает меня!

Несмотря на то, что я знаю, что дать вам согласие на аборт в этих обстоятельствах правильно, я все же не знаю, почему эти слезы не прекратятся! Они текут, как дамба, которую только что прорвало! Это решение является одним из самых трудных решений, которые мне когда-либо приходилось принимать в своей жизни, и я бы никогда не пожелал, чтобы даже моему злейшему врагу

## СОБЛАЗНЕНИЕ СОБЛАЗНИТЕЛЯ СОБЛАЗНИТЕЛЕЙ – ЕЩЕ ОДНА БЕСЦЕННАЯ УПАНИШАДА

пришлось пройти через то, через что я сейчас прохожу!

Это решение об аборте может разозлить активистов, выступающих за жизнь, но имейте в виду, прежде чем выносить какое-либо суждение, знайте, что каждый случай индивидуален, что только тот, кто заплатит цену, должен иметь последнее слово. окончательное решение. Люди, которым никогда не приходилось сталкиваться с такой ситуацией, могут проповедовать всю ночь напролет, но прежде чем осуждающие люди начнут выносить свои суждения, имейте в виду, что когда именно на них упадет молния, их ждет большой сюрприз. обнаружив, что их действия полностью противоположны их советам, поскольку очень немногие из нас даже знают, что правильно, какова истинная цена, которую мы платим, кроме как просто доллар доллар доллар!

Венозные массы могут принять этот конец моей главы с Фаустом за позор для любви, но в суде любви наверху мы получим упоминание в Списке почета за то, что поступили правильно при данных обстоятельствах!

*Прощальный привет,*

*От Маюри.*

После долгих размышлений, со спокойной,

отдохнувшей душой, Маюри берет перо, чтобы написать человеку, которого давно нет , но все еще чей аромат витает в ней, - Фаусту.

*Дорогому Фаусту от Маюри,*

*Тема: Мир — это один большой Господь Вишну Катумб (Семья Вишну).*

Если бы вы видели весь мир как большой Вишну Катумб (Господь Вишну, Семья Хранителя), а не только свою кровь и жену, я не знаю, сколько еще гор вы бы покорили тогда!

Законы о разводе здесь несправедливы, так как они дают абсолютную власть женщинам, и именно в этом заключается причина проблемы, поскольку доказанный факт, что абсолютная власть абсолютно развращает! Пожалуйста, постарайтесь не переживать из-за будущего ваших детей, так как ваши дети также являются личностями, которые приходят со своей собственной судьбой, отличной от вашей !

Я знаю, что это тяжелое время для всех, но у Веры, как и другие бури, это тоже пройдет, и достаточно скоро мы все забыли бы все эти трудности и уже начали видеть новые мечты для новых целей! ...

*От доброжелателя,*

*Маюри.*

## СОБЛАЗНЕНИЕ СОБЛАЗНИТЕЛЯ СОБЛАЗНИТЕЛЕЙ – ЕЩЕ ОДНА БЕСЦЕННАЯ УПАНИШАДА

## ВЫПОЛНЕНИЕ ЕЩЕ ОДНОГО БЕСЦЕННОГО ТЕЛОСА

*Асато ма сат гамайя*

*Тамасо ма джьотир гамая*

*Mrt_yor ma amrt_tät gamayá*

*Ом шанти шанти шанти Ом*

*(От лжи перешли к правде,*

*Из Тьмы к Свету вышел,*

*От смерти ушел в бессмертие*

*Ом Мир Мир Мир Мир Ом)*

*- Вед шастр/ Ведическая литература*

*Сарти улыбается своей самой очаровательной улыбкой*: «Как только вы подпишете этот последний юридический документ, вы освободите меня не только от финансового и карьерного краха, но и от моего психического здоровья! За этот долг я готов быть твоим рабом навеки, делай, что хочешь!»

Теперь, после долгого пребывания в одиночестве, ее интуиция более синхронизирована с ее действиями. Она закрывает глаза, а затем отстраняется сначала от ситуации, рассматривает ее как третье лицо.

*Маюри (после долгой паузы):* Позор мне! За то, что не умеешь сопереживать! Как в кино, я вижу, этот молодой человек прячет свою нервозность! Вся его карьера зависит от этой единственной подписи на этом клочке бумаги, от этой женщины, которая все еще во власти своих неудовлетворенных желаний и может шантажировать его, заставляя делать все, что она пожелает! Молодой человек не может сказать «нет», так как это может разозлить ее, поэтому она может больше не сотрудничать, что будет означать для него мгновенное самоубийство в карьере!

Теперь, когда я могу лучше понять вашу ситуацию, пожалуйста, сначала расслабьтесь! Теперь, когда я могу видеть настоящую причину своего танца, как маньяк, вокруг мужчины, который не подходит для моего нового жизненного пути и целей, не является ли этот змей моих скрытых неудовлетворенных желаний, который обманывал меня, заставляя поверить, что это просто невинная любовь заставляя меня писать все эти любовные письма, которые не имеют ничего общего с любовью, а являются обманом неудовлетворенных желаний, пытающихся обманом заставить тебя подчиниться! Я действительно чувствовал несоответствие между моим новым путем и вашим путем, и все же продолжал обманывать себя, веря лжи, и все это двигалось этими скрытыми силами! Теперь, когда это осознание помогло мне быть более синхронизированным с моими намерениями благодаря вам, я чувствую огромную благодарность к вам! Спасибо за то, что помогли мне выйти из лжи!

Я хочу выразить вам свою благодарность, и за это, несмотря на то, что я знаю, что вы готовы заплатить мне любую сумму денег в обмен на эту статью, я не возьму с вас за нее ни копейки! Не потому, что мои желания все еще сильны по отношению к тебе, а за то, что помог мне освободиться от рабства твоих чар и моего тайного желания продолжения рода, которое токсично для любой женщины в пременопаузе со многими предыдущими заболеваниями!

*Сарти* : «Фу! Мне тоже сейчас полегчало! Я попросил у матери разрешения, и она наотрез отказалась! Давайте сменим эту острую тему на что-нибудь сладкое прямо сейчас!

Мне любопытно узнать, скажи мне, что тебя так занимает?»

*Маюри (смеется)* : «Готовлюсь к родам».

*Сарти* : «Рожать? Пожалуйста, прекрати больше говорить

со мной загадками и просто ответь мне прямо!»
Маюри сначала смеется, а затем становится серьезной, когда доходит до иронической части его утверждения:

*Маюри* : «Тебе не нужно напоминать мне о твоей любознательной натуре, потому что в каком-то смысле только благодаря этой твоей любознательной экспериментальной натуре я сейчас жив. Поскольку одной из главных телеологий женщины является продолжение рода, я выполняю ее, рождая эту прекрасную дочь, которая находится в форме этой Книги, которая будет жить вечно, просветит все Будущие поколения всеми заложенными в ней знаниями. Теперь вы должны захотеть узнать ответ на вопрос «какое знание?» Так как, даже после того, что другое название любви — жизнь, это одна из самых больших трагедий, что мы так мало живем и по большей части каменные! Чем больше я вижу города за городами, полными бессильных людей, тем больше я понимаю необходимость этого литературного произведения, чтобы развеять большинство сомнений по одной из самых неправильно понятых тем во всем мире! Итак, чтобы вернуть жизнь в этот мертвый мир, который висит на грани уничтожения, это литературное произведение имеет решающее значение для внедрения в людей божественных ценностей, которые помогут вернуть этих мертвых людей к жизни!

Осталось еще много работы, поэтому, пожалуйста, не думайте, что я веду себя грубо, когда прошу вас уйти сейчас! ...

# ЛЕСТНИЦА ДЛЯ ПРЫЖКА – СЛУШАЯ БЕССМЕРТНУЮ ПЕСНЮ – ЛЮБОВЬ К НАШЕМУ ОТЦУ/ ТОГДА Я СНЯЛ СВОЮ СТАРУЮ КОЖУ, ЧТОБЫ ПРЕВРАТИСЬ В МОЮ НОВУЮ КОЖУ БХАКТА/ЛЮБОВЬ-, ВДОХНОВЕНИЕ ИЗ БХАКТИ-ЙОГИ

*Даже в этом случае мельчайшая частица материи бесконечно прекрасна, потому что на ней стоит печать «Сделано Бесконечным».*

*Все мои действия направлены на пользу, моя любовь к вечному...*

## СОБЛАЗНЕНИЕ СОБЛАЗНИТЕЛЯ СОБЛАЗНИТЕЛЕЙ – ЕЩЕ ОДНА БЕСЦЕННАЯ УПАНИШАДА

*Песня, как сердцебиение,*

*пробуждая ноги танцевать под бессмертную*
*песню-любовь,*

*играет волшебная флейта...*

*в этой форме медитации я нашел самый*
*сладкий из всех нектаров...*

*- Маст Маюри, пьяный павлин, танцующий*
*под дождем*

## БХАКТИ-ЙОГ

Дорогой дневник Маюри,

Я начал приветствовать солнце каждый день и начал смотреть прямо на Центр всей Вселенской Деятельности, на Солнце, только чтобы обнаружить, что мое зрение становится нечетким, и если бы я продолжал в том же духе, я мог бы ослепнуть из-за состояния, которое часто называют как вс ретинопатия!

Страдание от солнечной ретинопатии открыло мне жизненно важное тайное откровение! Творец всей этой вселенной хочет, чтобы мы не разгадывали Его собственную загадку, а чтобы мы жили!

Цель жизни - продолжать флиртовать со смертью! Здесь по умолчанию победа всегда за вами, так как если вы победите смерть, вы обретете уверенность, иначе если нет, то вы все равно победите, так как теперь смерть будет вынуждена окончательно взять вас в свои крепкие руки и обнять!

Просто прекратите все эти разговоры о страхе каждый раз, когда вы стоите на перекрестке жизни, изменяя решения, например, задаваясь вопросом, есть ли для нас что-то лучшее и светлое, что мы упустили из виду, что мы просто поторопились! Вместо этого я обнаружил, что все, что мне нужно, это просто слушать и видеть, не справа и слева, а прямо между бровями, где находится третий глаз или, другими словами, Аджна-чакра!

Когда я сижу с прямой спиной и смотрю на экран монитора Аджна-чакры с закрытыми глазами, я начинаю просто видеть как безмолвный свидетель любых мыслей. По мере того, как я продолжаю рассматривать сцену за сценой, этот «фильм» говорит мне, что процесс устранения всех неправильных дверей уже происходит некими невидимыми, таинственными силами, которые уже активны в создании ситуаций, которые заставят двери ни предназначены для меня, чтобы автоматически отключиться самостоятельно! Это знак, которого я ждал!

## СОБЛАЗНЕНИЕ СОБЛАЗНИТЕЛЯ СОБЛАЗНИТЕЛЕЙ – ЕЩЕ ОДНА БЕСЦЕННАЯ УПАНИШАДА

Теперь, когда я знаю, какая дверь для меня, вся путаница исчезает, на моем лице появляется улыбка, поскольку теперь я вижу красоту возможности, которую открывает для меня эта открытая дверь в текущей ситуации!

Даже если мое уязвленное эго хочет отомстить всем тем людям, которые закрыли передо мной двери, я не беспокоюсь! Я выбираю не сосредотачиваться на мертвых, а вместо этого перенаправляю всю свою энергию на то, чтобы перепрыгнуть через все возможности, которые может предложить эта золотая дверь!

Теперь, когда все сомнения развеяны, мой первый шаг на этом пути должен быть одним из самых прекрасных из всех шагов, так как этот шаг является знаком уважения к тому Оку Ока, так что теперь мои глаза могут видеть то, что они не могли видеть раньше. .

Первый шаг — это знак того, что у меня достаточно веры в Господа, чтобы теперь просто отпустить тревогу, которая исходит от неуверенности в Будущем, и затем просто следовать за этим светом, исходящим из конца туннеля! ...

# ВЕКОВАЯ МОШЕННИЦА БОЖЬЯ НАКОНЕЦ-ТО РАСКРЫЛАСЬ ЗДЕСЬ!

*Для истинно верующего жизнь - Небеса,*

*потому что нет ничего случайного в том, как все распутывается,*

*а для атеиста жизнь - ад,*

*потому что он причина всего, что пошло не так!*

*- Маст Маюри, пьяный павлин, танцующий под дождем*

Дорогой дневник Маюри,

Большинство людей, которые верят в существование Бога, в основном люди, которые верят в полное подчинение причудливым путям Всемогущего, я уважаю их веру, но, поскольку я изучал ее в течение большого количества времени, я чувствую, что могу сказать новая теория, которая может помочь нам лучше понять, как Бог вписывается в общую картину!

Во-первых, как по часам, каждый раз, когда я

## СОБЛАЗНЕНИЕ СОБЛАЗНИТЕЛЯ СОБЛАЗНИТЕЛЕЙ – ЕЩЕ ОДНА БЕСЦЕННАЯ УПАНИШАДА

начинаю свой Проект с принятия имени Бога , я с треском провалился , однако с теми , что я сделал, следуя шагам, подобным «Гуру», / технике, лежащей в основе созданных Богом творений , я вкусили успеха!

Таким образом, красота моего Проекта зависит не от способности моего мозга создавать новые вещи , а от моей способности реконструировать то , что уже существует в своей естественной форме!

С этим осознанием мои глаза теперь могут видеть , как использует нашу любовь к нашему Создателю и нашим предкам, чтобы толкнуть нас во тьму !

действовать Бог ? Истина присутствует в инкапсулированном формате, покрытом слоями секретности. Точно так же, как наши процессы пищеварения, весь процесс потока и знания о том, что и когда есть, скрыты. Это говорит о том, что Бог помогает или мешает нашим планам , используя этот мощный инструмент познания. Я чувствую, что когда Гуру Гуру хочет, чтобы мы преуспели, Гуру делает это, раскрывая нам знания, необходимые для того, чтобы все работало, как задумано, иначе, когда мы еще не готовы к благословению Гуру , высокомерные повязки на глазах помешают нам . нас от получения тинг к этому знанию. ...

# АХАМ БРАХМАСМИ НА САНСКРИТЕ / Я ТВОРЕЦ МОЕЙ ВСЕЛЕННОЙ

*Представляю вам двух могучих претендентов на эту эпическую битву, в которой я постоянно сражаюсь:*

*мои собственные пороки против моих собственных качеств!*

*Это должно быть самая трудная война в моей жизни, так как и Враг, и Друг — это только я.*

*а между тем являются для меня самой непостижимой загадкой…*

Как гласит доказанный Научный Закон Сохранения Энергии, Энергия не может быть ни создана, ни уничтожена, а только трансформируется в другую форму. А что такое наше тело? Инкапсуляция для размещения нашей жизненной энергии. Таким образом, все принципы, применимые к энергии, должны применяться и ко мне! Это также означает, что истинное я все еще блуждает из одной формы в другую! Это также означает, что утилизация трупов требует особого внимания. Поскольку мы имеем дело с энергиями, я нашел Гаруд Пуран надежным источником информации о правильном способе избавления от мертвых тел.
Что мне нужно сделать, чтобы обострить свой третий

глаз, чтобы я мог отличать правильное от неправильного? Путь заключается в том, чтобы питать во мне божественные свойства, оттачивая мое понимание математики, чтобы я мог лучше находить шаблоны проектирования, которым следуют созданные Богом вещи. Все эти знания должны помочь мне лучше находить свои ошибки, и, выполняя все свои повседневные действия правильно, постепенно эти техники станут моей второй натурой, и таким образом я буду побеждать старого себя новым собой день за днем! Строительство прекрасного Рима заняло не один день, как и мои неприятные привычки, обвинять в этом невежество — не очень хорошее оправдание. Используя оружие веры в методах, используемых в творениях Творца всего, у меня есть ощущение, что я добьюсь успеха в достижении своих вечных целей.

Во время Сагар Мантана, когда мир собирался утонуть от утопления в отравленной воде, тогда Господь Шива выпил весь яд, чтобы спасти мир, так же это время для моего Сагар Мантана. Чтобы спасти свою душу, мне тоже придется выпить весь яд в моем теле! Какой яд и как он попал в мою Систему? Этот яд исходит от моих неудач, не тех, которые я пробовал и потерпел неудачу, а тех, которые я перестал пытаться или никогда не пробовал; этот яд также исходит от тех побед, которые достались мне, даже если у меня не было для этого соответствующих навыков.

S-КУБ

# ПОСЛЕДНЕЕ СЛОВО

*Никогда не думал, что на этот раз придет конец,*

*но как самый надежный друг,*

*Время пришло, как и было обещано,*

*ни минутой позже или раньше...*

*А теперь хватит болтовни!*

*Вы делаете свою работу, а я свою!*

СОБЛАЗНЕНИЕ СОБЛАЗНИТЕЛЯ СОБЛАЗНИТЕЛЕЙ
– ЕЩЕ ОДНА БЕСЦЕННАЯ УПАНИШАДА

# МОЛИТВА В КОНЦЕ ЭТОГО УСИЛИЯ, ЗА ПРЕВОСХОДЕНИЕ ОЖИДАНИЙ, ПОСКОЛЬКУ Я НИЧЕГО НЕ ПОЛОЖИЛ В ПЕРВОМ МЕСТЕ... АХЕХЕХЕ

*Сатьям Шивам Сундарам*

*(Истина вечна, вечна красота)*

*- Упанишады*

Спасибо тебе, СуперКундалини, за то, что всегда давала мне обеими руками гораздо больше, чем когда-либо требовали мои усилия. На этот раз, когда ты будешь доволен мной и захочешь дать мне что-то, тогда благослови меня иметь мужество сделать выбор, который всегда будет служить удобрением для божественных сил и пестицидом для зла, живущего во мне». ...

СОБЛАЗНЕНИЕ СОБЛАЗНИТЕЛЯ СОБЛАЗНИТЕЛЕЙ
– ЕЩЕ ОДНА БЕСЦЕННАЯ УПАНИШАДА

# ДОЖДЬ ЦВЕТОВ

*ОМ - Звук вибрации, издаваемый*

*разрушителем Тьмы: Отец всех Отцов -*

*Солнце*

Лорд Индер вместе со всеми своими министрами собирается почтить память этой смертной Маюри за то, что она спасла этот мир от утопления в море отчаяния, подарив ему эту прекрасную дочь в форме этой Упанишады, которая поможет человечеству для всех грядущих поколений!

Все нимфы, феи и все существа вокруг начинают танцевать под мелодии успокаивающей музыки, и пока Маюри улыбается, увидев дождь из цветов с неба, сделанный ее истинной любовью к его истинной любви в знаменитых стихах «Пурнамада» из Иша Упанишада (санскрит):

*Ом пурнамада пурнамидам*

*Пурнаат пурнамудачяте*

*Пурнасья пурнамадая*

*Пурнамевавасишйате*

*ОМ шанти шанти шанти ОМ*

_____:-)

## СОБЛАЗНЕНИЕ СОБЛАЗНИТЕЛЯ СОБЛАЗНИТЕЛЕЙ – ЕЩЕ ОДНА БЕСЦЕННАЯ УПАНИШАДА

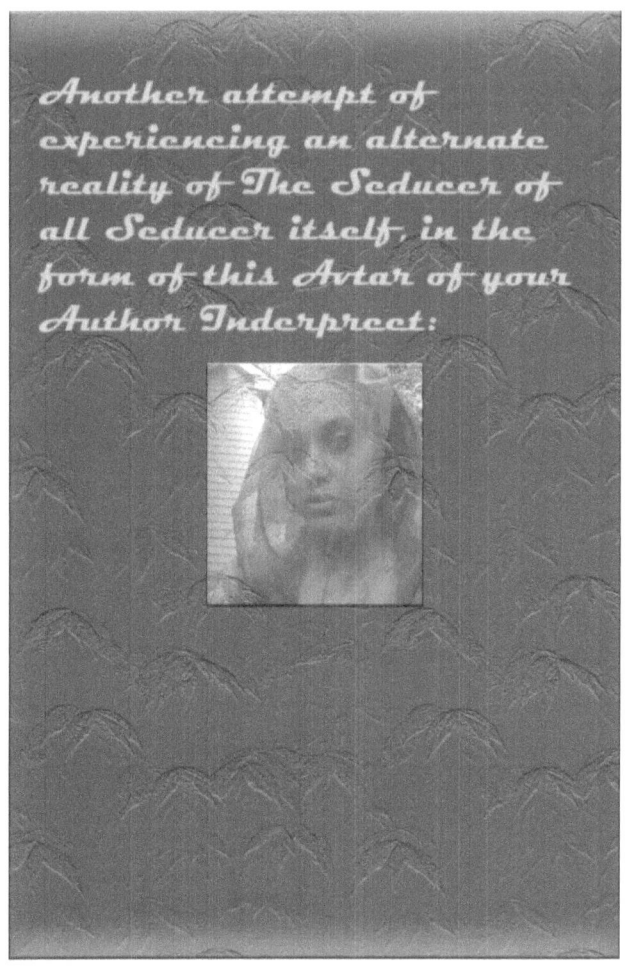

Another attempt of experiencing an alternate reality of The Seducer of all Seducer itself, in the form of this Avtar of your Author Inderpreet:

# S-КУБ

www.ingramcontent.com/pod-product-compliance
Lightning Source LLC
LaVergne TN
LVHW091653070526
838199LV00050B/2167